KB271202

학급긍정훈육법

· 실천편 ·

※ 이 책에 등장하는 모든 아이는 가명으로 하였습니다.

학급긍정훈육법 실천편

초판 1쇄 발행 2018년 4월 27일
초판 4쇄 발행 2023년 8월 11일

지은이 ǀ PD 코리아

발행인 ǀ 최윤서
편집장 ǀ 최형임
디자인 ǀ 김수경
마케팅 ǀ 최수정
펴낸 곳 ǀ 교육과 실천
도서문의 ǀ 02-2264-7775
일원화 구입처 ǀ 031-407-6368 (주)태양서적
등록 ǀ 2018년 4월 2일 제2018-000040호
주소 ǀ 서울특별시 중구 창경궁로 18-1 동림비즈센터 505호

ISBN 979-11-963601-0-8 (13370)
값은 표지에 있습니다.

친절하며 단호한 교사의 비법

학급긍정훈육법

· 실천편 ·

PD 코리아 씀

PDC IN KOREA

교육과실천

차례

3장. PDC 학교 이야기 — 257

낯선 곳으로의 여행!
학급긍정훈육법

김성환

2012년 EBS에 아름다운 학교로 소개된 양평의 조현초등학교로 오게 되었다. 우연히 알게 된 조현초등학교, 그해 가을에 조현초등학교를 아내와 가 보았다. 학교로 가는 길이 너무도 아름다웠고 그 풍경에 빠져 아들이 초등학교에 입학하던 그해, 도시 생활을 정리하고 양평으로 이사를 왔다. 혁신학교에 대한 아무런 준비 없이 2012년 혁신학교에서 교사로서 학부모로서의 삶을 동시에 시작하게 되었다. '분양 중'이라는 학교 초입에 있는 전원주택은 그 장밋빛 그림을 더욱 선명하게 했고, 3억 원이면 내 인생 처음으로 집을 살 수 있다는 기대감이 나를 행복으로 초대했다. 그것도 작지만 푸른 잔디가 있고, 개울이 보이는 그런 꿈같은 집을 말이다.

하지만 그때부터 내 계획은 무언가 틀어지기 시작했다. 공사장에 갑자기 유치권 플래카드가 걸리더니 집을 지어주겠다던 시행업자는 연락이 닿지 않았다. 아름다운 꿈은, 그렇게 날아갔다. 지금도 학교에 출근할 때면 집을 지으려던 그 곳을 지나서 간다.

그해 집을 구하지 못해 3평 민박집에서 4명의 식구가 살게 되었다. 세탁기도 가스레인지도 없이 6개월을 지지고 볶고 살았다. 그런데 신기하게도, 지금까지의 양평생활 중 가장 행복했던 시절을 이야기하라면, 단칸방에서 불편하게 살던, 우리

집, 주인집 그리고 함께 사기를 당한 집, 이렇게 한 지붕 세 가족으로 살았던 그 시절이 가장 기억에 남는다.

두려움이 생기다

3월 첫날, 운동장에 모든 아이가 모여 있었다. 궁금한 몇몇 부모님도 운동장 철봉 아래에 삼삼오오 모여 있었다. 바로 담임 발표 시간!

아이들의 기대가 커질수록 내 긴장감도 커져 갔다. 담임을 발표할 때마다 아이들의 반응이 엇갈렸고, 마음의 준비가 안 된 내가 감내하기는 어려운 일이었다. 아이들의 솔직한 환호와 실망! 지금까지의 경험은 학부모총회에서 담임교사들이 쭉 인사하는 정도였다.

내 이름이 발표된 순간 아이들의 반응은 냉랭했다. 처음 보는 선생님에게 환호한다는 것이 지금 생각하면 이상한 일이었지만, 유독 내 차례에 환호 소리가 작았던 것은 분명 좋은 기억은 아니었다. 좋고 나쁜 것을 솔직하게 표현하는 아이들을 보며 자존감이 낮은 난 조금씩 두려움이 생기기 시작했다. 내년에도 이 자리에 서야 하는데, 아이들은 날 어떻게 평가할까? 혹시 내 이름이 불렸을 때 아이들이 실망하는 것은 아닌지? 너무도 유치한 것 같지만, 내게는 두려운 장면이었다.

흔들리는 교사

유명한 혁신학교, 능력 있는 동료 교사, 도시의 삶을 정리하고 선택해서 온 학부모들, 생각을 자유롭게 표현하는 아이들, 내게는 참 낯선 변화들이었다. 준비가 안 된 내게 찾아온 것은 혹독한 시련이었다. 지금까지는 보통의 학교에 보통의 동료 교사, 학구여서 온 학부모들 그리고 자신의 생각을 적절하게 조절했던 아이들을 만났다. 하지만 이 특별한 학교는 보통의 학교들과는 달랐고, 이 바뀐 환경에서 준비되지 않는 나를 알아차린 것은 몇 년이 지나고였다. 그때는 환경을 탓하고 아이들을 탓하고 동료를 탓했을 뿐, 나를 이 환경에 맞게 변화시켜야겠다는 생각을 하지 못했다. 그때 가장 힘들었던 것은 비교였다.

"5학년 때 선생님은 이렇게 했어요."

그냥 넘어갈 수도 있었겠지만, 흔들리던 그때, 적응하려 노력하던 그때, 이런 비교는 날 끊임없이 흔들었다. 지금은 "애들아, 선생님이 제일 싫어하는 것이 뭔지 아니? 바로 옆 반 선생님이나 전 학년 선생님과 비교하는 거란다"라고 말하는데, 그것도 어쩌면 그때의 아픈 기억 때문일지도 모른다.

내가 나의 빛깔을 지키지 못하고, 그렇게 흔들릴 때 문제는 찾아왔다. 우리 반 여학생들과 옆 반 여학생들이 카톡에서 심한 욕을 주고받았다. 그리고 우리 반 아이들이 욕을 한 것은 캡쳐가 되어 명백하게 잘못을 한 상황이었다. 그 해결과정에서 여자아이들은 6학년 전체 학생 앞에서 공식 사과를 하기로 했고, 그것으로 사건이 정리될 줄 알았다. 그런데 이 문제를 해결하는 과정에서 오히려 이 아이들은 진정으로 반성하는 것이 아니라 억울해하고 자기들끼리 똘똘 뭉치기 시작했다. 그때는 몰랐지만, 지금 PDC로 본다면 보복의 단계에 있었던 것이다.

'내가 상처받은 만큼 돌려줄 거야.'

'저의 상처받은 마음을 알아주세요.'

아이들의 신념을 이해하기에는 난 너무 흔들렸다. 아이들의 숨겨진 메시지를 읽는 것 또한 그때는 불가능했다. 신념과 메시지를 가지고 있었지만 흔들리는 내가 아이들의 마음을 이해하기란, 그때는 너무 힘들었다. 아니 나 자신을 챙기는 것도 힘들었다. 어쩌면 나는 아이들의 문제를 해결하려 했던 것이 아니라 내 문제를 해결하고 있었다. 시간이 지날수록 아이들의 마음을 보는 것이 아니라 나를 불편하게 하는 아이들의 행동만 지적했다.

"너희들, 벽에 낙서했다며?"

"너희들, 수업시간에 태도가 뭐야?"

"수업시간에 껌 씹지 말라고 했지?"

"수학 다 풀었어, 안 풀었어?"

이렇게 문제행동에 개입하면 할수록 아이들과의 관계는 꼬여갔다. 모범적이던 아이들도 나를 '정색남'이라 불렀다. 별일 아닌 일에도 화를 내기 일쑤였고 그런 나를 보며 아이들은 인상을 찌푸리며 반항하는 단계까지 이르렀다. 교실 문을 여는 것이 두려웠고, 아이들을 보는 것이, 아이들 앞에 서는 것이 너무도 두려웠다. 나만 빼고 다른 선생님들은 모두 잘 지내는 것 같았다.

이 상황에서 공개수업을!

교실 상황이 최악으로 다다를 무렵, 공개수업을 요청받았다. 유명한 학교라 찾아오는 손님과 수업 공개가 많았고, 그중 한 번은 나더러 수업을 공개해 달라는 것이었다. 교육청에서의 방문이었다. 며칠 전부터 잠이 오지 않았다.

'텔레비전에 아름답게 나온 그런 학교에서 아이들과의 관계가 어색하고 경직된 분위기에서 수업을 하는 모습, 그 와중에 아이들이 삐딱하게 나오기라도 한다면?'

마음속으로 최악의 시나리오를 써 내려갔고 수업은 내일로 다가왔다. '도대체 어떤 수업을 해야 하지?' 조현초에 오기 전 '최고의 영어교사'로 소개되었고, 수업 실기도 두 번 나가 모두 1등을 받기도 한 나름 잘 나가는 교사였는데 도대체 어디서부터 꼬인 건지? '그해 가을에 오지 말았어야 해. 괜히 이렇게 특별한 학교는 와 가지고…'라고 생각하기도 했다. 하지만 되돌릴 수 없었고 결국 수업 공개 전날, 나는 장애를 극복하고 자신의 삶을 최선을 다해 살아가는 '닉 부이치치' 영상을 보여 주면서 장애에 대한 이야기를 나누기로 결정했다. 아무리 삐딱한 아이들이라도 이렇게 감동적인 영상을 본다면 마음을 돌리지 않을까 하는 마음이었다.

드디어 공개수업 날, 시간에 맞게 영상을 틀었다. 하지만 내 예상은 완전히 빗나갔다. 아니 염려했던 상황들이 기가 막히게 현실이 되었다. 딴짓하는 아이들, 경직된 아이들, 관심 없는 아이들, 최고의 영어교사로 뽑힌 내가 최악의 수업이라고 하는 모든 상황을 공개수업으로 보여주고 있었다. 발문을 해도 손을 드는 아이가 한 명도 없는 이 상황. 하늘은 내게 왜 이토록 가혹한 시련을 주는지.

그 순간 어두운 색 정장을 입은 교육장과 장학사들이 복도를 지나는 것이 보였고, 이제 몇 초 후면 우리 교실로 들어오기 직전이었다. 우리 교실로 들어오는 찰나, 그 순간이 슬로우비디오처럼 아주 길게 느껴졌고 지금도 그 순간을 기억하면 아찔하다.

여러분이라면 그 순간 어떻게 했겠는가? 나는 이렇게 말했다.

"여러분, 장애를 이해하기 위해 활동을 해 볼게요." 그리고는 안대를 챙겼다.

"여러분, 운동장 지나 숲속교실로 이동하도록 할게요. 서둘러 나와주세요."

교육장과 장학사들은 교실 뒷문으로 들어오고, 나는 앞문으로 나갔다. 아니 도망갔다. 이 교실을 도저히 보여줄 수 없었다. '실수는 배움의 기회'라는 말은 내게는 사치였다. 그리고는 그분들이 보지 못하는 학교 가장 먼 곳으로 도망을 갔다.

실패를 인정하는 것이 가장 두려운 나!

그렇게 힘들면서도 더 힘들었던 것은 내 교실이 실패했다는 것을 받아들이는 것이었다. 나름 최고의 영어교사였고, 수업 실기 1등급 교사였는데, 왜 갑자기 이런 시련이 찾아왔는지 빨리 그해가 가기만을 바랐다. '동료가 하는 조언을 들어도 그 아이들에게는 통하지 않을 거야'라고 생각했고, 어떤 해결책도 이 아이들에게는 통하지 않을 것만 같았다.

"선생님은 왜 화를 안 내세요. 눈치를 보는 거예요?"라고 우리 반 아이 하나가 내게 물었다. 그때 깨달았다. 나는 아이들을 존중해서 화를 안 내는 것이 아니라 두려워하고 있었다. 혁신학교에서 화를 내는 방식은 좋지 않다고 스스로 주문을 걸었지만, 그런 내가 어쩌면 잘하고 있는 걸지도 모른다는 자기변명을 하며 용기를 내지 못하고 있었던 것이다.

전국 꼴찌 교사

지금도 교원능력개발평가가 있다. 학생들이 교사를 평가하는 것이 불편하지만, 그해는 더 불편했다. 아이들이 내게 좋은 점수를 줄 리가 없기 때문이었다. 그래서 안내장만 어쩔 수 없이 나누어주었고, 설문을 하라고 알림장에 쓰거나 밴드에 올리는 것은 일부러 하지 않았다. 아무도 하지 않았으면 했다. 하지만 내 바람과 달리 평가 점수가 나와버렸다. 우리 반 딱 한 명의 학생이 모든 영역을 '매우 불만족'으로 표시를 한 것이다.

충격 그 자체였다. 그 전 학교에서 영어전담교사였지만, 학교에서 가장 좋은 점수를 받아왔다. '왜 평가는 해가지고? 차라리 여러 명 했으면 적어도 전 영역이 매우 불만족은 아니었을 텐데.' 하지만 되돌릴 수 있는 상황이 아니었다. 시간이 지나 공문이 왔다. '교원평가에 따른 추후~' 뭐 이런 주제의 공문이었고, 전국 꼴찌였던 나는 다음 해 장기연수를 가야 하는 상황이었다. 도대체 그런 교사는 누굴까 했는데, 그게 바로 나였다.

나행히 교감 선생님께서 상황을 성리하여 교육청에 호소를 했고, 나는 연수 대상자에서 탈출할 수 있었다. 그때 해주신 교감 선생님의 격려가 큰 용기가 되었다.

아이들의 속마음

겨울이 되자, 마음을 내려놓게 되었다. 그리고 이제는 아이들의 잘못된 행동을 통제하는 것이 아니라 그냥 속마음을 나누고 싶었다. 아니 도대체 왜 그러는지 궁금했다. 모든 아이에게 편지를 쓰고 우표를 붙여 집으로 보냈다. 방학을 마치고 온 아이들의 표정은 아주 조금 달라져 있었고, 용기를 내어 옆 반과 심하게 싸웠던 그 여자아이들을 불러 다시 이야기를 해보았다. "너희가 한 잘못이 얼마나 잘못되었는지 알아?"라고 묻는 대신 "그때 마음이 어땠는지 듣고 싶어"라고 이야기를 꺼냈다. 아이들의 이야기는 충격적이었다.

"선생님은 몇 년 있다가 가시지만, 저희는 이 마을에서 태어났고, 어쩌면 이 마을에 계속 살 수도 있는데 이렇게 낙인찍혀서 어떻게 얼굴 들고 살죠?"

성공적인 학급을 만들기 위해, 아니 실패하지 않으려고 하다 보니 아이들의 마음을 보지 못했다. 그 불안을 보지 못했다. 그런데 아이들과 헤어질 때가 되니 욕심을 내려놓을 수 있었고 그때야 마음을 나누었다. 아이들에게 사과하고 아픈 마음을 들어주었다.

PDC와의 만남 그리고 여행

그해 홍역을 앓은 나는 변화를 선택하고 싶었다. 격려받고 싶었고 방법을 찾고 싶었다. 그때 같은 학교에 있던 정유진 선생님이 『학급긍정훈육법(PDC)』 원서를 선물해주셨다. 그렇게 PDC로의 여행이 시작되었다.

책을 읽으며 미국의 이야기가 대한민국에서도 가능할지 궁금했다. 그래서 저자인 제인 넬슨에게 메일을 보냈고 제인 넬슨은 자신의 워크숍 초대장을 보내주었다. PDC를 창시하고 실천하는 제인 넬슨의 강의를 직접 들은 그 경험은 잊을 수 없는 추억이자 배움이었다.

그후 미국 멘토링 프로그램에 참가하고 격주 화요일마다 실천한 것들을 미국의 멘토 메리와 나누었다. 일 년을 그렇게 격주 화요일마다 스카이프로 궁금한 것을 묻고, 교실에서 실천한 것을 나누다 보니 책의 내용은 내 삶이 되어가기 시작했다. 그해 겨울 드디어 『학급긍정훈육법』을 정유진 선생님, 강소현 선생님과 함께 번역 출판했고, 다음해에는 『학급긍정훈육법 활동편』을 번역 출판했다.

세계 52개 국가에서 함께 실천하는 교사, 상담사, 심리학자들과 만났고, 이 경험들은 내게 새로운 경험과 안목을 선물해주었다. 2016년에는 PDC 심화 과정인 EC(격려상담)를 만나게 되었고 이 과정을 통해 나 자신을 만나고 나와 대화를 하며 인생의 과제였던 아버지와의 관계도 해결하게 되었다. PDC가 교사로서의 나에게 용기를 주고 방법을 제시했다면, PD(긍정의 훈육)는 가정의 남편으로, 두 자녀의 부모로의 여행을 더 즐길 수 있게 했다. 그리고 마지막으로 EC는 나를 만나고 내 삶을 업그레이드 하는 데 큰 도움을 주었다.

혹시 저처럼 용기가 필요하고 아이들을 만나는 방법이 필요하다면
그래서 PDC로의 여행을 떠나고 싶다면
이 책을 선물하고 싶습니다!
이 장을 넘기면 이 여행을 한 선생님들의 이야기가 시작됩니다!

1장

PDC 교사 이야기

01. PDC 교사 되기
_ 중등편

윤주영

나와 마주하기

PDC는 아무래도 중등보다는 초등에서 훨씬 활발하다. 일과 대부분을 함께하는 초등과 달리, 교과수업 시간에 퐁당퐁당 아이들과 만나는 중등교사들은 PDC 교실 만들기에 어려움이 많다. 그래서 아마도 많은 중등교사가 이런 고민을 할 것이다.

"PDC의 철학은 이해하지만, PDC의 많은 실천 방법이 중학교 시스템과 같이 갈 수 있을까요?"

나도 그랬다. PDC를 하겠다고 마음먹었는데 두려움이 앞섰다. 어떻게 해야 할지 막막했다. 경험도 없었고, 오직 책과 강의, 워크숍 그리고 공부 모임에 의지할 뿐이었다.

준비되지 않은 교사에게 결과는 혹독했다. PDC 교실을 만든다며 교과수업에 들어가는 모든 반에서 야심 차게 학급 가이드라인을 만들고, 친절하고 존중하는 교사가 되기 위해 애썼다. 그런데 시간이 갈수록 나도 모르게 아이들과의 만남에서 자꾸 화가 차오르기 시작했다. 소리치지 않으려고 애쓰면 애쓸수록 오히려 내 감정이 메말라가는 듯했고, 머리 굵은 아이들은 때론 나를 만만하게 보았다. 교사의 의도를 이용하면서 좋지 않은 행동을 반복하는 아이도 생겼다.

또한 학급 가이드라인을 어긴 학생들을 지도하는 것도 어려웠다. 학교에는 상벌점제가 시행되고 있는데, 가이드라인을 어겼다고 벌점을 줄 수는 없는 노릇이었다. 그렇다고 그 많은 학생을 따로 불러 지도하는 데는 시간적 여유가 허락되지 않았다. 하려면 할 수도 있겠지만, 그건 교사와 학생이 모두 원치 않은 방식이었다.

첫해부터 마음의 갈등이 심했다. 갈등이 심할수록 내 마음은 요동쳤다. 나는 2015년 PDC 학급 만들기라는 거창한 목표를 접어야만 했다.

교사도 때로는 격려가 필요하다

교사가 되어 가장 많이 들었던 말이 무엇인가? 돌이켜보니 나는 이 말을 제일 많이 들었다. '선생님.' 새삼 이 말이 감사하면서도 무겁다. 먼저 선(先), 나다 생(生). 세상에 먼저 태어나 삶의 경험과 지혜가 있어 누군가에게 가르침을 주는 존재. 그래서인지 교사는 늘 무엇이든 잘해야 한다는 강박감이 있는 듯하다.

교사도 아이들처럼 실패를 두려워한다. 아이들에겐 입버릇처럼 늘 잘할 수 있다고 격려하지만, 정작 자신은 그렇게 하지 못할 때가 많다. 한 해를 망칠 수 있다는 두려움, 늘 해오던 방식을 고수하려는 안일함, 다른 사람의 시선 따위가 도전을 가로막는다.

그런데 만약 교사로서 경험한 수많은 실패와 좌절의 순간에 '실수해도 괜찮아!'라고 토닥여주고, '실수는 배움의 기회이며 성장의 기회'라고 말해주는 이가 있었다면, 그 순간 얼마나 위안이 되었을까. 우리에게도 '완벽한 교사가 아니어도 괜찮아'라고 격려해주는 선생님이 계셨다면 얼마나 힘이 되었을까.

PDC를 만나면서 나는 그런 선생님을 만난 것 같았다. 나는 이상적인 교사가 되려고 애쓰지만 늘 실수투성이인 나와 마주했고 동시에 성장하기 위해 노력하는 나와 만날 수 있었다. 실패는 곧 성장의 기회라고 생각하는 관점. 그 사소한 변화가 실수투성이인 나를 격려하는 힘이 되었다.

사족이지만, 그래서 나는 PDC의 철학이 꼭 우리 아이들에게만 필요하다고 생각하지 않는다. 학부모, 교사 그리고 실패를 두려워하고 사회적 관계를 맺는 데 어려움이 많은 '어른'들에게도 유효할 것이라 생각한다.

두려움을 떨쳐내고 격려받은 교사는 자신만의 신념을 세울 수 있다. 다음은 내가 세운 3가지 믿음이다.

첫째, 나는 아이들이 건강한 사회인으로 성장하길 기대한다.

둘째, 나는 친절하고 단호한 교사가 되어 이런 아이들의 성장을 돕는다.

셋째, 위 두 가지를 실패한다 해도 그 전 과정은 교사와 학생 모두에게 의미 있다.

나에게 맞는 PDC 집 만들기

PDC를 학교 안에서 실천하는 데 가장 큰 걸림돌은 다음과 같다.

- 실패에 대한 두려움
- 중등의 학교 시스템
- 학교 안에서의 마찰
- 교사의 경험 부족

이런 걸림돌에도 불구하고 '자신만의 PDC 집 만들기'는 도전할 가치가 있다. 일종의 응용이고 실험이다. 실험이기에 실패할 수 있다. 그러나 그 실험은 교사 자신과 학생에게 의미가 있다고 생각한다. 해마다 만나는 아이들의 성향을 고려하고 중

1년차	2년차	3년차	4년차	5년차
·마음 세우기 ·학교&학생 파악 ·터 닦기 연습	·마음 세우기 ·공부 모임 ·터 닦기 연습	·마음 세우기 ·공부 모임 ·터 닦기 연습 ·기초 쌓기 연습	·마음 세우기 ·공부 모임 ·터 닦기 ·기초 쌓기 연습	·마음 세우기 ·터 닦기 ·기초 쌓기 ·집짓기 연습

등학교 실정에 맞는 집을 계획하며, 이를 실천하고 성취하는 과정에서 PDC 교사의 감(感)을 익힐 수 있기 때문이다.

연습은 지식을 앎으로 만드는 과정이다. PDC에 담긴 30년간의 노하우를 단번에 실천하기는 어려울 것이다. 자신이 할 수 있는 부분부터 하나씩 차근차근 연습해보자. 마음의 조급함도 없어지고 성취를 통한 자신감도 얻을 수 있다.

다음의 설계도는 경험이 부족한 교사의 연습용 플랜이다. 교사의 역량에 따라 다양한 모양과 색깔로 채울 수 있다.

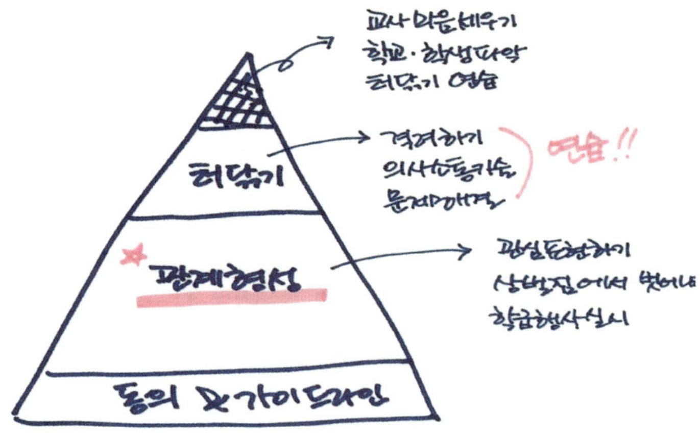

수업에도 학습목표가 있듯 가이드라인 활동은 PDC의 가장 기초적인 활동이며, 다음에 이어질 많은 활동의 기반이 된다. 학급 가이드라인이 정해지고 '이렇게 말해요', '이렇게 행동해요'와 같은 구체적인 말과 행동의 반경을 정하는데, 이런 활동은 바람직한 학급 풍토를 만드는 데 매우 의미가 있다.

나도 중학교에서 매번 시도한다. 학기 초 가이드라인을 정하는 활동은 잘 진행되는 편이다. 다만 초등과 달리 가이드라인대로 생활하는지를 자세히 관찰하기가 어렵고, 무엇이 잘 되고 잘 되지 않는지를 함께 논의할 시간이 절대적으로 부족한 게 아쉬웠다.

또한 '이렇게 말해요', '이렇게 행동해요'를 정하는 과정은 이제 막 사춘기에 들어선 아이들에게는 다소 낯간지럽거나 너무 경건하게 느껴져 살짝 거부감을 주는 듯했다. 모든 아이의 의견을 반영하다 보니 가짓수가 많은 것도 문제였다. 구체적인 말과 행동지침을 예시로 드는 것은 유용하지만, 중학생들에게 이렇게까지 자세할 필요는 없어 보인다.

나는 과감하게 이 부분을 생략했다. 대신 방법을 바꾸어 학교생활을 하면서 필요한 표현들을 '채우는' 방식을 택했다. 이렇게 하면 생활하면서 생기는 문제를 그때그때 대처할 수 있을 뿐 아니라 교과 수업에서도 활용할 수 있다.

TIP '일과 정하기' 또한 학기 초에 바로 정하기보다 한두 달 아이들의 생활을 지켜보며 정하는 것이 더 효과적이다. 예를 들면, 중학교의 경우 오전 8시 30분부터 8시 50분까지 20분의 조회시간이 있다. 핸드폰 수합, 공지사항 전달, 가끔 진행되는 갖가지 영상교육 등 조회시간에 이루어지는 일과가 학교마다 혹은 학년마다 다르기 때문이다.

청소년기 아이들의 고민목록에는 무엇이 있을까? 여러 조사에 따르면, 첫 번째는 성적이고, 두 번째는 진로나 친구 관계에서의 어려움이다. SNS와 같은 편리한 관계망이 발달했지만, 요즘에도 오히려 아이들은 관계에서 어려움을 겪는다. 교우 관계에서 한번 어긋나면, 이전까지 좋았던 관계도 불편한 관계가 되기도 하고 그 과정에서 소외를 경험한다. 따라서 청소년들에게 관계 맺기는 중요하고도 어려운 일이다.

이는 교사도 마찬가지이다. 쉽게 말하면, 요즘 아이들과 코드를 맞추기가 쉽지 않다. 수업 중에 다른 사람은 아랑곳하지 않고 돌아다니거나 큰소리로 잡담을 하는 아이들, 심지어 수업을 방해하거나 교사에게 대드는 아이들을 이해하기 어렵다. 매일 반복되는 아이들과의 전쟁에서 살아남아야 하는 교사는 더욱 전투적일 수밖에 없다.

이 과정에서 교사는 정체성에 대해 고민한다. 아이들을 가르치며 보람과 열정을 느끼고 존경과 사랑을 받고 싶은데 실상은 그렇지 못하기 때문이다.

학생과의 관계를 회복하고 잘 가르치려면 무엇을 해야 할까? 가장 중요하고 제일 먼저 해야 할 일은 바로 '관계 형성'이다. 실제로 우리는 학생과의 좋은 관계 속에서 배움이 깊어지는 것을 자주 경험한다.

그래서 나는 한 학기를 온전히 '관계 형성'에 투자한다. PDC에서 제시하는 다양한 방법을 실천해보면 좋을 듯하다. 다만, 어떤 것들은 한국의 중등학교에서 실천하기 어려운 것들도 있다. 예를 들면, '감사하기'는 관계 맺기에 매우 좋은 활동이지만, 사춘기 아이들에게 다소 부담스러울 수 있다. 따라서 아이들의 정서나 교사의 성향 등을 잘 고려하여 변형해서 쓰거나 혹은 기존에 써 왔던 방법들과 함께 쓰면 될 것이다.

이름 외우고 불러주기

나는 교과의 특성상 10개 반에 들어간다. 한 반이 28명 내외이므로 거의 300명의 아이와 만난다. 관계 맺기의 첫 단추로 나는 아이들의 이름을 외운다. 모든 아이의 이름을 외우는 것이 쉽지는 않지만, 이름을 외우려는 교사의 작은 노력이 아이들에게 특별한 의미가 되기도 한다.

자기소개하기 활동을 통해 아이들의 이름을 익히고, 활동하는 과정에서 아이들의 이름을 불러주는 것도 아이들에게 다가갈 수 있는 의미 있는 활동이다.

〈자기소개하기〉

- 준비물: 말하기 막대(talking stick)의 용도로 쓸 인형 또는 종이 스노우볼
- 방법: ① 교사가 시작하고 다음 사람에게 인형을 던진다.

  ② 인형을 받은 사람은 간단히 자기소개를 한다.

  ③ 친구들은 궁금한 점을 질문할 수 있고 발표자는 대답한다.

  ④ 발표가 끝나면 인형을 던지기 전에 교사는 소개한 내용과 질문을 엮어 발표자에 대해 다시 한번 소개해준다.

☞ PDC적 접근법: 격려하기(롤플레잉)

수업일기 작성

PDC에서는 격려하기 활동을 중요하게 여긴다. 처벌과 보상보다 격려가 가지는 지속적인 힘 때문이다. 격려하기는 그 자체가 가지는 힘도 있지만, 관계 형성에 있어 아주 중요한 역할을 한다. 격려의 방법은 교과의 특성, 교사의 개별적 성향 등을 고려하여 할 수 있다.

나는 격려 활동으로 '수업일기'를 활용한다. 여러 반에 들어가는 교과의 특성 때문이다. 전에도 수업일기를 작성했지만, PDC를 만나고 내용적인 변화가 있었다.

진도 체크, 문제 학생의 명단 등을 간단하게 적는 것에서 수업시간에 보는 다양한 장면들을 기록하게 되었다. 특별한 사건, 즐거웠던 점, 아이들의 개별적인 모습들, 잘한 점, 도움이 필요한 아이, 관심 있게 봐야 할 행동 등을 기록하다 보니 반 전체 아이들을 두루 살피게 되었다.

그러한 기록은 전체 학생을 격려하는 데 활용한다. 수업기록은 모범적인 학생뿐 아니라 나를 힘들게 하는 학생들에게도 많은 도움이 된다. 매일 매일의 기록을 보여주며 관심을 표현하고 긍정의 메시지를 전달하기에 유용하기 때문이다. 관심을 표현하니 거부반응이 적고, 혼내는 대신 격려하는 과정에서 서로 간 마음의 상처도 덜했다.

수업 사진전

2학기가 되면 간간이 찍은 아이들의 모습을 공유한다. 지난 학기의 추억을 소환하는 작업이기도 하고 수업시간에 그저 조용히 지내는 아이들에게는 존재감을 보여주고, 존재감이 너무 지나친 아이들에겐 소속감을 부여한다.(단, 자신의 얼굴 노출을 꺼리는 학생들이 있으니 주의해야 한다)

상벌점에서 벗어나기

우리 학교에도 상벌점제가 존재한다. 상점과 벌점이 공존하는 제도이지만, 실상은 벌점제에 가깝다. 학교마다 다르겠지만, 벌점이 20점 이상이 되면 학부모 고지 및 상담이 이루어지고, 40점 이상이 되면 특별교육을 이수해야 한다. 계속 벌점이 누적되면 선도위원회가 열리고 여기서 아이들은 징계를 받는다.

이런 징계는 대다수의 아이에게 효과가 있어 보인다. 벌점을 받은 아이들은 이른바 벌점을 '관리'하기 때문이다. 어떤 아이들은 상점으로 벌점을 상쇄하기 위해 교사에게 상점 활동을 애원하기도 한다. 이런 애원에 못 이겨 교사는 간단한 청소나 일손 돕기 활동으로 상점을 준다. 문제행동은 사라지지 않고 벌점을 받고 다시 상점으로 상쇄하는 일이 반복된다. 애초 상벌점제의 목적은 잘못된 행동을 고치는 데 있다. 그러나 정작 학생들은 행동 변화의 의지가 없어 보인다.

PDC의 많은 활동은 학생이 문제행동을 할 때가 오히려 성품과 사회적 기술을 가르칠 기회라는 것을 보여준다. 나는 제일 먼저 학생들에게 벌점을 주지 않겠다고 선언했다.

"나는 여러분에게 벌점을 주지 않을 거예요. 이는 잘못을 보고도 그냥 지나치겠다는 뜻이 아니고, 여러분이 잘못된 행동을 스스로 변화시킬 수 있는 의지를 갖기 바라며, 충분히 그럴 수 있다고 믿기 때문이에요."

학기 초부터 이 사실을 여러 번 반복적으로 아이들에게 주지시켰다. 그리고 벌점 대신 바람직한 행동을 독려했고, 문제행동을 했을 때 질문했다. 대부분의 아이는 질문의 의도를 알아챘고 스스로의 행동을 돌아보았다. 물론, 모든 아이에게 적용되는 것은 아니었다. 그러나 교사의 선한 의도를 알고 그것이 자신들을 벌주기 위한 것이 아니라는 것을 느끼는 듯했다. 최소한 관계가 망가지지는 않았다.

☞ PDC적 접근법: 격려하기, 의사소통기술, 감격해 카드, Asking&Telling

학급 활동에 참여하기

학급에서 일어나는 여러 가지 문제를 해결하거나 의견을 모을 때 학급회의를 한다. 중학교에서는 학급회의가 유명무실한 경우가 많다. 그렇다고 수업시간을 빼 진행하기도 어렵다. 이럴 경우 모둠회의를 하면 좋다. 모둠에서의 의견은 공유하고 조회시간에 결정한다. 집단 상담 시에 함께하면 좋다. 모둠회의는 인원이 적기 때문에 목소리 큰 아이가 주도하지 않는다. 간단한 공동체 놀이로 시작하고 라면 끓여 먹기 같은 학급 활동과 병행하면 즐겁게 학급회의를 할 수 있다. 다만 자주 하기 어려운 것이 단점이다.

☞ PDC적 접근법: 원으로 앉기, 감사하기, 의사소통기술, 간단한 문제해결

PDC와의 만남 그 후

초임 시절 나도 체벌을 했다. 힘든 아이가 많았던 두 번째 학교에서는 물렁물렁한 교사로 보이기 싫어 아이들을 억압적으로 대했다. 그러나 내 성향과 맞지 않은 방법은 나에게 상처로 돌아왔다. 해마다 냉탕과 온탕을 넘나들던 2015년 PDC를 만났다. 상호존중을 바탕으로 사회적 기술을 가르치는 PDC적 관점은 내게 큰 힘이 되었다.

PDC를 만난 후에도 나는 흔들리며 지낸다. 여전히 나의 존중하는 방식에 대들며 권위에 도전하는 아이들이 있고, 나와 교육관이 다른 동료 교사가 많다. 그러나 나는 PDC를 만나고 아이들과 더 잘 지낼 수 있었다. "내 자존심을 세우려는 것이 아니라 네가 건강한 사회인이 되도록 사회적 기술을 가르치기 위함이야"라고 말했을 때 수긍하고 고치려는 아이들을 보면 힘이 난다. 이제는 문제 상황에서 "너희가 자율적으로 결정해", "너희가 해봤으면 좋겠어", "너희는 어떻게 생각하니?"와 같이 존중하는 방식으로 문제를 해결하며 격려하게 되었다. 교사로서의 자존감도 느낀다.

아이들과의 만남은 늘 쉽지 않다. 그래서 PDC 하나로 모든 것이 해결된다고 생각지 않는다. 하지만 PDC는 아이들이 건강하게 자라는 데 도움이 되고, 교사는 자신의 신념대로 아이들과 만날 수 있는 좋은 길잡이다.

02. 내가 만난 긍정훈육법

전혜미

처음으로 PDC를 만난 건 2014년도 말이었다. 그리고 2015년에 학교를 옮기면서 1학년을 맡게 되었을 때 조금은 두려웠다. 초등의 '최고 형님' 학년인 6학년도 만만치 않지만, 이제 막 입학한 1학년도 그에 못지않게 힘든 학년이기 때문이다.

예상대로 입학식 다음 날부터 난항의 조짐이 보이기 시작했다.

"선생님, 필통은 어디에 넣어요? 책은요?"

"선생님, 지금 몇 시예요?"

"선생님, 밥 언제 먹어요?"

"선생님, 화장실 가도 돼요?"

"선생님, 우리 이제 뭐 해요?"

"선생님, 있잖아요. 선생님, 선생님…"

아이들이 모두 돌아간 오후에도 '선생님' 하고 부르는 소리가 귓가에 맴돌 지경이었다. 그때 만약 나에게 PDC가 없었다면 어땠을까? 새로운 환경을 탓하고, 학년 배정 담당자를 탓하고, 버거운 학교 도서관 업무를 탓하다가 결국엔 아이들을 미워하며 하루하루를 견디고 있었을지도 것이다.

시도 때도 없이 우는 아이 때문에 피곤해요

"선생님, 영희가 울어요."

"그래? 영희가 울어서 걱정돼? 근데 도와줘야 할 일이 있으면 영희가 선생님한 테 와서 이야기할 거야. 기다려보자."

나는 영희 쪽을 보면서 무슨 일이 있었는지를 살핀다. 그러나 대부분의 경우 영희는 금세 얼굴이 맑아져서 친구들과 재잘거린다. 영희에게 울음은 한 번 말하고 두 번 말해도 행동을 멈추지 않는 개구쟁이 짝꿍에게 보내는 세 번째 말과도 같은 것이다. 영희가 울면 개구쟁이 짝꿍은 행동을 멈췄고 그러면 영희도 더 이상 울 필 요가 없었다.

"선생님, 영희가 울어요"라는 아이의 말에 교사가 이렇게 반응했다면 어땠을까?

"그래? 누가 울렸어, 누가?"

이렇게 교사가 즉각 개입하면 영희의 울음에 늘 불편해하는 철수도, 말하기보다 쉽게 울음을 선택해버리는 영희도, 자기 욕구에 취해 상대의 감정을 헤아리지 못하 는 영희 짝꿍도 도울 수 없다.

학기 초 학부모 상담 때 아이가 자주 울어서 걱정되고 솔직히 짜증도 난다고 고 민하시던 분이 있었다. 나는 어머니께 아이의 울음이 왜 불편하신지를 여쭤봤다. 내 물음에 적잖이 당황해하시던 어머니께 아이의 울음을 불편해하시지 말고 때로 는 모르는 척하시거나, 때로는 찬찬히 울음 이외의 방법을 알려주시거나, 때로는 가만히 바라만 봐 주시는 건 어떠냐고 말씀드렸다. 그 아이는 그렇게 맘껏 울어도 되는 1학기를 보낸 후 집에서나 학교에서나 울음이 현저히 줄어들었다. 울고 싶거 나 화가 나는 감정을 인정받지 못하면, 아이는 스스로 자신을 믿지 못하는 자기부 정에 빠지게 된다. 지금 내가 느끼는 감정은 적절하지 않다고, 내가 느끼는 감정은 틀렸다고, 그러니 내 감정은 믿을만한 것이 못 된다고 생각하게 되는 것이다.

문제는 감정이 아니기 때문에 감정을 억압하지 않아야 한다. 그래서 우리 반은 울어도 되고, 화가 나도 된다. 그러나 화나는 감정이 곧바로 폭력적인 행동으로 이어져서는 안 된다. 이 원칙을 배우고 나면 오히려 자신의 감정을 억압하지 않으면서도 자신의 행동을 조절할 수 있게 된다.

이 과정에서 부모와 교사는 어떤 역할을 해야 할까? 끊임없이 아이들을 격려하면서 용기를 주어야 한다. 화가 날 때마다 곧바로 행동으로 이어지던 철수는 PDC의 자기조절과 의사소통 방법을 배우고 나서 점점 자신을 조절할 수 있게 되었다. 철수의 작은 변화를 놓치지 않고 그때마다 적극적으로 격려했던 것이 철수의 변화를 촉진했다.

"네가 뒤로 물러서서 심호흡하면서 화를 가라앉히려고 애쓰는 모습을 봤어. 선생님은 네가 무지 대견한데, 넌 기분이 어때?"

또한, 부모와 교사가 화가 났을 때 어떻게 그 화를 표현하는지를 보여주어야 한다. 교과 전담 과목 시간에 일어난 문제로 아이들에게 화가 났을 때의 일이다.

"애들아, 선생님은 정말 화가 나는구나. 너희는 상대가 어떤 사람인지를 봐 가면서 존중할지, 존중하지 않을지를 결정하니? 선생님이 너희 한 명, 한 명을 존중하는 것처럼 다른 선생님도 존중하면 좋겠다."

화를 내면서도 소리를 높이지 않는 것, 함부로 이야기하지 않는 것을 아이들에게 보여주는 것이 모델링을 통해 아이들을 가르치는 방법이다.

행동이 아니라 신념에 개입한다

PDC에선 문제행동이라는 말을 쓰지 않는다. 그 대신에 어긋난 행동이라는 말을 쓴다. 모든 인간의 유전자에 새겨진 기본 욕구인 소속감과 자존감을 충족시키고자 했던 행동이 도리어 그 욕구를 해치게 될 때 그 행동을 어긋난 행동이라고 한다.

아이가 어긋난 행동을 보일 때 교사는 어떻게 해야 할까? 기본적인 원칙은 행동에 개입하지 말고 아이의 신념에 개입하라는 것이다. 그러기 위해서는 아이의 행동이 일어난 그때가 아니라 아이의 기분이 좋아지고 나서 훈육해야 한다.(단, 공격적인 행동을 보일 때는 즉각적인 제지가 필요하다)

아이의 어긋난 행동을 보고 즉시 그 행동에 개입하지 않을 때 교사는 불안해지기 마련이다. 지금 바로잡아주지 않으면 앞으로 더 심해지지는 않을까? 아이가 나를 만만하게 보고 전혀 말을 안 듣게 되는 건 아닐까? 다른 아이들에게까지 나쁜 행동이 전파되는 건 아닐까?

교사로서의 책임감에서 기인하는 불안을 과감하게 내려놓고 '이 아이가 어떻게 성장하기를 바라는가, 어떤 사회적 기술을 익히게 도울 것인가'로 생각의 방향을 바꾸면 긍정훈육의 길이 열릴 것이다. 그리고 긍정훈육은 아이의 성장과 함께 교사로서의 내 삶도 더 풍요롭게 이끌 것이다.

문제해결을 위해 아이들과 함께 머리를 맞대요

PDC 워크숍을 통해 선생님들과 만나서 이야기를 나누다 보면, 아이들의 마음도 중요하지만 교사의 마음은 누가 보살펴 주느냐고 묻는 선생님이 있다. 무리한 요구를 하는 학부모들, 밑 빠진 독에 물 붓기처럼 느껴지는 아이들, 학교 내에서의 관계 문제까지….

어떤 문제가 생기든 원인을 '나'에게로 돌리다 보면 자신을 돌볼 틈이 없이 결국 번아웃 상태에 빠지게 된다. '상호존중'이라는 관계 설정의 기본 틀은 내가 중요해서 남을 무시하는 것도 아니고 남이 중요해서 나를 무시하는 것도 아니다. 나도 남도 똑같이 귀하게 여기는 태도이다.

PDC가 친절하면서도 단호한 교사의 태도를 강조하는 이유도 여기에 있다. 아이들은 교사의 희생을 통해서 배우는 게 아니라 교사의 건강한 모델링을 통해서 배우기 때문이다.

　교실에서 일어나는 일들을 아이들과 함께 해결하면서 아이들은 성장할 것이고 교사는 아이들을 향한 믿음과 사랑을 키울 수 있을 것이다. PDC와 함께라면 어떤 어려운 상황에서도 용기를 내볼 수 있지 않을까? 식물에게 물이 필요하듯이 인간에게는 격려가 필요하다고 믿는 PDC의 철학이 더 많은 교실에 따사로운 기운을 전해주기를 소망한다.

03. 교실 붕괴 극복기

송윤희

"선생님, 무서워요?"

3월 첫날, 한 남학생에게 이 질문을 받고 어떻게 답할까 잠시 고민했다.

최근 PDC를 공부하면서 '존중'과 '배려'를 키워드로 교육 활동을 실천해왔고 제법 좋은 결과도 얻었기에 따뜻하게 시작하고 싶었지만, 한편으로는 걱정이 앞섰다. 이번에 맡게 된 아이들은 여러 가지 이유로 서로 맡고 싶어 하지 않았던 데다, 심지어 어떤 동료 교사는 '여교사는 맡으면 안 된다'라고 말했을 정도로 쉽지 않은 아이들이 있는 반이었기 때문이다. 하지만 내적 갈등은 오래가지 않았다. 나는 교실에 퍼지는 따뜻함과 안정감. 부모님들이 그간 보여주셨던 신뢰로 내면에 강한 확신과 자신감이 자라있었다.

내게 질문한 아이에게 웃어주며, 이 반과 만나서 행복한 이유와 내가 어떻게 아이들을 존중으로 대할지에 대해서 이야기했다. 아이들도 함께 웃었고 지금까지 선생님 중에서 가장 친절하다고 말하는 아이도 있었다.

나는 왜 그 전 선생님들이 이 아이들을 힘들다고 했는지, 왜 올해 이 반 아이들을 맡지 않으려고 했는지 이해하지 못했다. 그리고 교사들이 아이들을 존중으로 대하지 않아서 아이들이 더 어긋났던 거라고 단정 짓고 나는 잘할 수 있을 거라고, 내가 존중으로 대하면 아이들이 변할 거라고 기대를 품었다. 하지만 행복감은 일주일을 가지 않았다.

교실 붕괴는 천천히 시작된다

시작은 점심시간 줄서기였다. 일과 정하기에서 한 대로 "점심시간입니다"라고 말했지만, 아무도 오지 않았다. '못 들었나?' 싶은 마음에 다시 큰 소리로 말해도 5학년은 좀처럼 모이지 않았다. 천천히 다가가 손으로 안내해도 잘 쳐다보지 않아서 한참 동안 우왕좌왕해야 했다. 순간 무력감이 올라왔지만, 시간이 지나면 괜찮겠지 싶어서 기다렸다.

두 번째는 체육 시간을 마치고 정리할 때였다. 당연히 함께 해야 할 공 정리를 팽개치고 가면서 교사가 부르는데도 잘 대답하지 않았다. 순간, 나는 무력감을 넘어 수치심을 느꼈고 무언가 크게 잘못되어가고 있다는 걸 깨달았다.

세 번째는 일상적인 수업 태도에서 드러났다. 친구들과 몰려 앉아 담임교사를 빤히 쳐다보며 미소 띤 얼굴로 "그냥 하기 싫은데요"라고 하며 활동을 거부했다. 그리고 수업 중 욕설, 전담시간 반말, 패드립, 인터넷 BJ 말투 따라 하기 등등. 주로 분위기를 형성하는 건 두세 명이었지만, 거기에 동조하는 아이들이 생기면서 수업 시간에도 말싸움이 일어났고 교사와 학교를 비난하는 학부모 민원도 발생했다.

그동안 PDC 활동을 실천해오며, 아니 그 이전에도 큰 실패 경험이 없었던 나였다. 그런데 연일 계속되는 상황에 압도당했고 아이들에게 기부터 밀린다는 생각이 들었다. 이미 과거에 학교에서 있었던 여러 가지 일로 '선생님을 믿을 수 없다', '우리 아이는 학교에 찾아가서 내가 지켜야 한다'라는 학부모들의 저항과 의심도 나를 더욱 무기력하게 만들었다. 그래도 참으면서 학교에 갔지만, 결국 가슴이 따끔거리는 신체 반응을 시작으로 자다가도 새벽에 벌떡 일어나서 심호흡하며 마음을 다독이지 않으면 견디지 못하는 날들이 이어졌다. 더구나 행여 내 가족에게 뾰족해진 마음을 드러내어 악영향이 갈까 봐 누구에게 의논하지도 못하고 혼자서 끙끙 속앓이를 하다가 문제행동을 일으키는 아이에게 폭력을 휘두르는 극단적인 상상에 빠지기도 했다.

하루하루 어떤 욕설과 싸움이 생길지 모르는 교실, 그리고 그런 일이 발생했을 때 교사의 말이 전혀 통하지 않는 교실 붕괴 상황. 내게 3월은 출구 없는 절망의 연속이었다.

멈춰도 괜찮아

나는 힘들어도 그 상황을 견디는 성격이다. 그리고 도망가거나 하소연하기보다는 해결하려고 노력하는 편이다. 그러다 보니 미칠 지경인데도 '참아야 해. 견뎌야 해. 담임이잖아. 내가 더 노력하면 잘 될 거야'라며 버티려고 했다. 몸에 이상을 느낄 정도로 극심한 스트레스 상황이었는데도 책임감과 미안함을 내려놓지 못하고 스스로를 극한 현실에 내몰았다. 다른 사람도 아닌 나 자신이 말이다.

그러다 멈춰도 괜찮다고, 이번 달까지 버텨보고 견디기 힘들면 휴직해도 된다고 생각하자 오히려 조금 편안해졌다. '오늘 그냥 일찍 가자'라고 할 일을 미뤄두고 조퇴하기도 하고 다목적 교실이나 상담실 등 교실 외의 공간에서 머무르는 시간을 늘렸다. 원래 나는 학교에 있는 시간 내내 교실 밖에는 잘 가지 않는 편이라 습관을 바꾸는 게 쉽진 않았지만, 문제 상황이 발생했던 곳에서 멀어지는 것만으로도 위안이 되었다.

수업 중에는 어쩔 수 없이 교실에 있어야 했기에 탁상달력, 메모지, 필기구, 머그잔 등을 긍정적인 느낌을 주는 것으로 바꾸고 심지어는 15년 동안 한 번도 교실에 가져다 둔 적 없는 따뜻한 느낌을 주는 인형과 화분을 비치하기도 했다.

드라마틱한 변화는 현실에서 잘 일어나지 않는다. 3월이 다 가도록 상황이 크게 나아진 건 없었다. 오히려 나와 아이들, 학부모 사이의 길은 늘 상 아슬아슬한 외줄 타기였지 오솔길이 되진 않았다. 하지만 긴급 사안이 터졌을 때 가슴 떨림이나 경직 등 신체 이상 반응이 생기지 않을 정도는 안정을 찾을 수 있었다.

아이러니하게도 '아이들의 행동을 도대체 어떻게 바꿀 수 있지?'라고 생각할 때는 계속 가라앉기만 하다가 '가장 소중한 건 나 자신이다'라고 생각하면서부터 나를 챙기면서 비로소 아이들을 볼 수 있었고 무언가 행동할 용기가 생겼다. 그게 시작이었다.

작은 한 걸음부터 시작하다

동료 교사에게 조언 구하기

거울 없이 자기 얼굴을 들여다볼 수는 없다. 객관적으로 나를 돌아볼 수 있으면서도 내 의견을 존중해줄 만한 동료 교사를 찾아 상황을 설명하며 문제와 나를 분리시키는 것부터 시작했다. 동료 교사는 감정 없이 상황만 볼 수 있기 때문에 객관적으로 사태를 정리해줄 수 있는 반면, 지나친 조언으로 오히려 문제를 어렵게 만들 수도 있다. 그래서 나를 어느 정도 알면서도 올바른 길을 보여줄 것 같은 사람들에게 연락해보았다. 또 대화로만 끝나는 것이 아니라 이야기한 내용을 메모해서 다시 들여다보니, 감정에 휩싸여 잘 보이지 않던 문제 상황이 선명해졌고 적어도 한 걸음 앞은 생각해볼 수 있었다. 간단히 정리해보자면, '학교폭력 관련해서는 절차대로 단호히 밀고 나가되, 아이들과의 관계 맺기는 지속적으로 해보자'였다.

사실 내가 듣고 싶었던 말은 '당장 때려치워라!'였다. 누군가 이 미칠 것 같은 상황에서 내가 한 번에 나올 수 있도록 도와줬으면 하는 마음이 컸고 '이번 일이 성장에 도움이 될 것이다'라는 조언에 분노만 올라왔다. 그러다 시간이 좀 지나 조금씩 조언을 받아들이고 나서는 나를 점검해야겠단 생각이 들었다.

나 들여다보기: 직면

'나는 달라. 더 잘할 수 있을 거야'라는 대책 없는 자신감이 실패를 불렀다. 교사는 신이 아니기에 아이들을 쉽게 바꾸기 어렵다. 나 역시 마찬가지라는 걸 받아들였다. 그리고 이 상황을 내가 감당할 수 있는지, 현재 내 건강상태는 어떤지 들여다보았다. 내가 무리하고 있는 것은 무엇인지, 내가 노력할 수 있는 부분도 살피고, 반 아이들이 어떤 모습을 보여줬으면 하는지 구체적으로 떠올려보았다. 소수의 아이가 분위기를 몰고 가는 게 컸기에, 가장 힘든 아이의 어긋난 목표를 찾아보고 내가 대응할 수 있는 방법은 없는지도 한 달이 지나는 시점에서야 살펴보기도 했다.

나는 신규 때부터 오랫동안 강한 카리스마로 아이들을 이끌어왔으나 그런 내가 싫었다. 그래서 PDC 공부 모임에 꾸준히 나갔고 최근에 저학년 교사를 몇 년 하면서 PDC의 '친절' 부분에 너무 치우쳤다. 그러다 보니 어긋난 목표를 가진 아이가 반의 평화를 흔들 때조차 단호하게 처리하지 못했다. 나는 '나를 되찾는 것'부터 해야겠다고 생각했다.

교실 장악력을 키우다

다시 3월 첫날로 돌아간다면, 아이들을 어떻게 대하면 좋을까? 이번에야말로 웃음기 없이 눈에 힘을 주고 진짜 무서움이 뭔지 보여주겠다고 결심할지 모른다.

나는 아이들에게 친절했지만, 스스로에게 친절하지 않았다. 사실 버려야 할 것은 친절함이 아니라 친절함에 대한 '착각'이었다. 무조건적인 허용과 기다림은 친절이 아니다. 수업을 방해하고 폭력을 일으키고도 교사의 지시에 따르지 않는 아이들 중에는 보복이란 어긋난 목표를 가진 경우가 많다. 이를 그대로 놔두고 무조건적으로 견디려는 내 태도가 문제를 더 키웠을 수 있다.

PDC에서는 교실에서 아이들과 수평적인 관계를 맺는 것이 중요하다고 이야기하지만, 행동을 이끌어주고 교실의 여러 문제를 책임지는 리더는 교사이다. 이것을 나 스스로도 알고 아이들도 체감할 수 있도록 언어적, 비언어적 요소를 활용하여 표현했어야 했다.

몸 언어로 단호함을 더하다

올해 시작한 공부 모임인 '성장교실'에서 몸이 표현하는 부분이 중요하다는 걸 배웠고 내가 현재 아이들에게 어떤 몸 언어를 표현하고 있는지 돌아볼 수 있었다. 처음에는 어색하고 불편했지만, 내 몸을 돌아보는 건 생각보다 중요했다.

2년간 1학년을 하면서 자신도 모르게 저학년에 특화되었던 말투와 톤을 바꾸고 걸음걸이와 서 있는 자세에도 변화를 주었다. 명랑하게 '1학년 친구들~ 점심시간이에요~'라고 말하기보다는 힘 있게 '5학년 밥 먹자! 줄!' 하는 것이 효과적이었다. 키 작은 아이들에게 맞춰서 천천히 조용조용 걷던 걸음걸이도 크고 힘 있게, 저학년 친구들이 상처받을까 봐 조심히 건네던 눈빛도 강하게, 눈높이를 맞추려고 살짝 숙였던 자세도 어깨를 쫙 펴고 허리를 곧게 세웠다.

자세가 바뀌면 태도가 바뀐다. 무기력에 빠졌던 나는 점차 당당하게 해야 할 일에 관해서 이야기할 수 있었고, 교사의 말을 무시하던 아이들도 기본적인 것을 지키려는 태도를 보였다. 작은 변화의 시작이었다.

원칙을 세우고 관철하다

PDC 학급에서는 학급의 가이드라인을 함께 만들고 일과 정하기, 학급회의 등에서 꼭 해야 할 일들을 나눈다. 나도 시작은 그렇게 했다. 학기 초 평화를 위한 회의도 여러 차례 했지만, 이를 어기는 아이들의 어긋난 행동에 '반복되는 부탁'으로 무기력하게 응대했다. 아이의 가정환경이나 감정에 공감해주고 기다려주거나 옆에서 지켜보는 것만으로는 학급의 붕괴를 막을 수 없다.

우리 학급에서는 폭력적인 행동을 했을 경우 책임 있는 행동을 연습하기 위한 계획서 작성 및 1시간 담임과 상담을 하는 절차가 정해져 있었다. 몇몇 학생은 규칙을 어기고도 정해진 대로 하고 싶지 않아서 한숨 쉬기, 고개 숙이기, 혼잣말로 불평하기, 대충 써내기 등 다양한 태도로 담임교사를 대했으나 내가 이에 감정적으로 반응하지 않고 지속적으로 상담하고 교사수첩에 기록해나가자 어긋난 행동이 줄어들었고 이는 즉각 학급의 전체적인 분위기에 영향을 주었다.

특별한 시간을 가지다

특별함은 일상에서 온다. 학급에 문제행동이 줄어들고 내 말이 통하기 시작했으나 여전히 교실이 안정되지 않고 에너지를 많이 써야 했다. PDC 공부 모임 선생님의 조언을 듣고 아이들과 눈 맞춤이 잘 되는지 살펴보니 아직 다수 아이들의 눈빛이 흔들리고 있거나 눈을 맞추지 못하고 있었다.

다인수 학급에서 모든 아이와의 연결을 꿈꿀 수는 없기에 PDC에서는 하루 열기, 하루 닫기처럼 꾸준히 학급 아이들과 개인적으로 짧게라도 만나는 시간을 늘리고 수업시간, 쉬는 시간 중 작은 격려라도 건네도록 독려한다. 그런 일이 꾸준히 이어진다면 아이들이 교사의 이야기를 함부로 무시하진 않는다고 하지만 내게 맞는 옷은 아니었다.

나는 아이들의 개인사에 관심을 갖고 이야기 나누기보다는 목표를 갖고 그것을 위해서 이끌고 가려고 하는 사람이다. 한마디로 도와줄 수 없는 개인사에는 관심이 없다. 저학년을 맡았을 때는 아이들이 기본적으로 교사에게 호감을 가진 경우가 대부분이라, 하루 닫기 인사를 기계적으로 해도 관계 맺기에 큰 도움이 되었다. 그러나 고학년에게 기계적인 가짜 미소는, 특히나 올해 아이들에겐 통하지 않는다. 하루 닫기 인사를 그만두지는 않았지만 대안이 필요했고, 에너지를 집중하고 이어가지 않아도 되는 '학급야영'을 계획했다. 5년 동안 한 반이었던 아이들에게 새로운 계기를 마련해주기 위해서 여자아이들 야영, 다른 학교와 연합야영, 고학년 야영 등 여러 주제로 진행하면서 나와 아이들, 그리고 아이들 간의 관계를 다르게 설정하는 계기를 마련해주고자 했다.

그리고 상상 속 '좋은 교사'가 아니라 그냥 내 모습 그대로 아이들과 이야기를 나누었다. 따뜻하게 감싸주고 이야기를 끝없이 들어주고 잔잔하게 미소를 보여주는 건 내가 아니었다. 무표정으로 길지 않게 이야기를 끝내는 게 내 특징이고, 때론 피곤한 눈빛이 무섭다는 말을 듣기도 했지만 그냥 그 상태로 아이들을 만났다. 가짜 웃음을 지을 때보다 여러 상황에서 아이들에게 조언하고 이끌어주는 게 훨씬 나았다. 특히 폭력으로 어려움을 겪는 아이에게 나는 마음의 위로보다는 스스로 자기를 지키는 방법을 연습하기 좋은 보호자이자 트레이너였다고 생각한다. 나는 그런 내가 더 좋았다.

자신을 믿다

나는 나를 믿었다. 흔들리고 지치는 순간에도. 아이들뿐 아니라 학부모님들 때문에 힘들고 답답함에 버티기 어려울 때도 그랬다. 정확하게는 나를 믿었다기보다 PDC가 내게 심어준 신념을 믿었다. 아이들을 진심으로 믿고 존중해야 한다고 생각하지 않았다면, 나는 더 버티기 힘들었을 것이다. 그 신념이 길잡이가 되어 빛나고 있었기에 내 나름의 길을 찾아길 수 있있다. 오히러 내가 오해하고 잘못 받아들였던 부분을 확실히 알고 대처할 수 있게 되었으니, 또 내 본연의 모습을 받아들이게 되었고, '전화위복'되었다고 볼 수도 있다.

시련이 올해로 끝나지 않고 또다시 흔들리겠지만, 신념에 대한 용기가 있는 한 나는 아마 방향을 잃지 않을 것이다.

내가 교실 문을 열고 큰소리로 "안녕" 하고 외치면 몇 명이 응답한다. 빠르게 자리에 돌아와 하루 동안 해야 할 일을 점검하고 있으면 몇 명의 아이가 다가와 말을 건다. 나는 이제 애써서 친한 척하지 않는다. 그렇게 짧은 담소와 하루 준비를 하다 8시 50분이 되면 "50분입니다"라고 짧게 말한다. 아이들은 오늘 사용할 교과서를 준비하거나 자리에 앉아서 첫 시간 책을 꺼내고 화장실이나 물 마시기 등 개인적인 용무를 마친다.

수업 시작 후 아이들은 2~3분 안에 날짜와 단원명 등을 적고 교과서를 편다. 아무것도 하지 않은 아이가 있으면 "지금 2분 지났습니다"라며 짧고 단조롭게 말한다. 그러면 대부분이 준비를 마친다. 무기력한 아이 몇몇에게는 지나가면서 "교과서" 혹은 "공책" 등 짧은 '단어'로 말하거나 어깨에 살짝 손을 얹어서 해야 할 일을 상기시킨다.

다툼이 일어났다. 일단 멈추게 한 다음 천천히 걸어서 상담실로 조용히 이동한다. 화내거나 혼내지 않는다. 서로 마음을 알아주고 앞으로 해야 할 행동에 대해서 이야기를 나눈다. 폭력적인 행동이 일어난 경우 두 사람뿐 아니라 이를 지켜본 반 친구들에게도 어떻게 책임을 져야 하는지 이야기 나누며 기록으로 남긴다.

주 1회 학급회의를 한다. 1학기는 교사 주도로 진행하며 의사결정 과정에 자신의 의견을 모두 표현하도록 포스트잇이나 허니보드를 활용한다. 교사가 수용할 수 있는 범위를 말해주고 회의 결정사항이 존중의 방식이 맞는지 물어서 결정한다. 나는 모든 권한을 다 주는 게 아니라 리더로서 완급조절이 필요함을 알고 있으며, 2학기에는 진행이나 결정의 범위를 넓혀가려고 한다.

내 학급에서는 더 이상 강한 에너지가 필요한 사건이 발생하지 않는다. 심호흡을 하고 나서 교실에 들어가는 일도 없다. 하지만 앞으로도 문제가 계속 발생하리란 걸 잘 알고 있다. 한순간에 교실의 체계를 만들고 존중하는 반을 만들 수는 없다. 여전히 크고 작은 실수를 하지만, 이 일 년은 교육의 완성도 아니고 인생의 완성도 아니기에 몸에 힘을 빼고 다시 시작할 용기를 낸다.

04. 힘든 아이 지도 사례

김성환

PDC를 실천한다는 것은 두 가지로 볼 수 있다. 첫 번째는 아이 한 명 한 명을 어떤 눈으로 바라보는지, 아이들의 행동을 어떻게 해석하는지, 아이들을 어떻게 만날지에 대한 것이고, 두 번째는 2015년에 출판된 『학급긍정훈육법 활동편』에 소개된 것처럼 학생들에게 사회적 기술을 효과적으로 가르치는 방법을 익히고 실천하는 것이다.

아이들을 바라보는 눈이 바뀌면 아이들의 행동 아래 신념이 보이고
아이들을 만나는 방식이 바뀐다.

아이들을 어떻게 만날 것인가? 흔들리는 순간마다 나를 잡아준 PDC의 5가지 원칙이 있다.

1. 행동의 변화뿐 아니라 근본적으로 아이에게 소속감과 자존감을 주는가?
2. 장기적으로 효과적인가?
3. 사회적 기술과 정서적 성품을 기르도록 하는가?

4. 상호존중에 기반하는가?

5. 아이들이 힘을 건설적으로, 긍정적으로 사용할 수 있도록 돕는가? 아니면 통
   제하는가?

아이들을 만나며 흔들리는 순간, 이 5가지의 영역을 떠올렸다. 이 5가지 원칙을
실천한다는 것은 그리 쉬운 일이 아니었다. 2013년 교사를 그만두고 싶을 정도로
힘든 시절에 PDC를 만났다. 원서를 읽고 저자인 제인 넬슨에게 편지를 썼고 제인
넬슨은 영국으로 나를 초대했다. 2014년 6월 제인 넬슨을 영국에서 만났다. 나는
부끄러워하며 책을 건넸고 그녀는 다음과 같이 사인해주었다.

그로부터 4년의 시간이 흘렀다. 나는 어떻게 변했나? 그 후 아이들을 어떻게 만
났나? 또 나를 만난 아이들은 어떻게 변했나?

2015년 PDC의 마법을 경험했지만, 그 후 또 포기하고 싶은 순간도 있었다. 교
사의 계획대로 되지 않는 수없이 많은 경험, 아이들의 다툼, 규칙을 어기는 아이들,
감정조절이 안 되는 아이들, 수업시간에 돌아다니는 아이들, 목소리가 너무 큰 아
이들, 무기력한 아이들, 힘을 원하는 남자아이들, 관계에 휘둘리는 여자아이들, 나
와 힘겨루기를 시도하는 아이들, 아플 때도 학교는 꼭 나와서 나를 힘들게 하는 슈
퍼스타 등등.

매년 새로운 아이들을 만나지만, 아이들은 행동은 여전히 비슷하다. 하지만 그
아이들을 대하는 나의 방식은 조금씩 바뀌어 갔다.

1. 힘을 원하는 남자아이들

남자아이들 문화에서 '힘(Power)'은 너무도 중요하다.

"내가 너보다 빨라."

"내가 너보다 힘이 세."

주로 신체적으로 힘이 센 것에 관심이 많다. 또 하나의 힘은 통제(Control)이다. 즉, 자기 스스로 결정하고 싶어 한다. 거칠게 주장하는 아이들, 떼쓰는 아이들을 아이들, 목소리를 크게 하거나 끼어드는 아이들, 다양한 아이들을 만나는데 대부분의 남자아이가 두 가지 힘을 원한다. 힘(Power)과 결정권(Control)이다.

5월 어느 날, 1반과 축구시합을 했다. 이기고 싶다 보니 과열되는 것은 당연했다. 경기가 과열되고 1반 아이가 공에 맞았는데 우리 반 정훈이가 1반 선생님에게 거칠게 항의한다.

"손에 맞았다고요. 페널티킥이에요."

"글쎄, 못 봤는데." 1반 선생님은 못 봤다고 했다.

"아이씨, 페널티킥이 맞다고요. 진짜 불공평해…. 짜증나."

그 모습을 보고 다른 쪽에서 심판을 보던 내가 개입했다.

"무슨 일이지?"

"분명히 손에 맞았다고요. 완전 불공평해요. 저 하기 싫어요."

"심판은 최선을 다해서 보고 있고, 넌 결정에 따라야 한단다."

"완전 짜증나! 하기 싫어요."

아이의 말보다 아이의 표정을 보니 불편한 마음이 올라온다. 이 순간 어떤 결정을 내려야 할까? 어떻게 하면 이 아이에게 배움이 일어날까?

잠시 고민 후 아이의 손을 부드럽게 잡고 목소리를 낮추며 말했다.

"많이 억울하니 정훈이가 선심(심판 중 라인을 따라다니며 심판을 보는 역할)을 보렴. 이렇게 아이들이 많은 경기를 선심 없이 하니 불공평할 수 있지. 그러니 정훈이가 오늘은 선심을 보는 거야."

아이는 뜻밖의 교사의 결정에 당황했다.

"아니오. 그냥 축구 할래요"

"아니야. 너의 억울함을 알겠어. 그러니 심판을 봐 주렴. 공평한 경기가 될 수 있도록 말이지."

결국 정훈이는 선심을 보게 되었다. 그리고 수업이 끝나고 다시 불렀다.

"오늘 선심을 보았는데 어땠니?"

"심판 보는 것보다 축구하는 게 더 좋아요. 다음에는 규칙을 따르고 축구할게요."

"그리고 네가 억울할 수는 있지만, 심판에게 무례하게 하는 것은 옳지 않단다. 선생님께도 죄송한 마음을 전하렴."

정훈이에게 "어디서 버릇없는 행동이야"라고 무섭게 말하고 결국 정훈이가 원하는 패널티킥을 주거나, 아니면 교사가 정훈이에게 저 패널티킥을 주었다면 정훈이는 어떤 경험으로 기억할까? 뭔가 주장을 할 때, 힘을 쓰고 조르고 화를 내면 원하는 것을 얻을 수 있다고 배울 것이다. 그래서 정훈이에게 부드러운 태도로 단호한 결정을 내렸다. 잔소리를 길게 하고 어떤 결정을 내리는 것을 두려워하던 나였는데 PDC를 만나며 잔소리를 줄이고 단호하게 결정하게 되었다. 길게 잔소리하지 말고 아이에게 어떤 경험을 부여할지를 고민하라는 다음의 긍정의 훈육 표현이 나에게 많은 도움이 되었다.

| 기회(Oppotunity) = 책임 = 결과 |

모든 기회에는 책임이 따른다. 책임을 지지 않는 명백한 결과는 기회를 잃는 것이다. 예를 들어 아이들이 장난감을 가지고 놀 때는 다음과 같은 기회, 책임, 결과가 따른다.

PDC를 실천하면서 장황하게 대화하며 힘겨루기를 하지 않고, 친절하며 단호하게 결정하려는 습관이 생겼다. 그리고 교사의 결정으로 아이가 배운다는 것을 경험을 통해 알게 되었다.

남자아이들이 힘을 추구하는 것은 수업 장면에도 계속되었다. 수업시간에 툭툭 끼어들며 수업의 흐름을 깨는 남자아이들, 수업 흐름을 끊는 아이들이 불편했다. 아이들에게 '손을 들고 이야기하렴', '우리의 약속이 뭐였지'처럼 잘못된 행동을 알려주거나 행동을 이끌어 주는 방법을 사용했는데 별로 효과가 없었다. 수업의 흐름을 계속 방해할 뿐이었다.

그래서 힘을 원하는 남자아이에게 "지훈아, 큰 소리로 43쪽 3줄 읽어주세요"라고 해보았다. 그리고 "잘 읽었어!"라고 격려를 해주었다. 혼나고 지적을 당할 때와는 전혀 다른 표정을 볼 수 있었다. 나도 그런 표정을 보니 행복해졌다. 자신의 큰 목소리를 수업에 도움이 되는 방식으로 사용하며 지훈이의 수업 태도도 나의 기분도 함께 좋아졌다.

"사람은 저마다 자신의 강점으로 빛날 때 행복하다."

2. 협상을 걸어오는 아이들

"그거 꼭 해야 돼요? 안 하면 안 돼요? 날이 좋으니 체육 해요. 더 추워지기 전에 체육 해요. 옆 반도 하니 체육 해요."

내 마음의 여유가 없으면 내 표정은 굳어진다.

"지금 무슨 시간이죠? 근데 여러분은 뭘 요구하고 있죠? 여러분은 규칙을 지키고 있나요? 어떻게 해야 하죠?" PDC의 질문(Review-규칙 확인, Reflection-되돌아보기, Result-결과, Responsibility-책임)들을 통제를 하기 위해 사용한다. 아무리 좋은 질문 기술도 내 마음이 불편할 때는 효과적이지 않았다.

내 마음의 여유가 있으면 내 표정은 부드러워진다. 속으로 '얼마나 하고 싶을까? 나도 저 때 그랬는데'라고 생각하며 입으로는 "수학책 88쪽 펴 주세요"라고 부드럽게 말한다. 잠시 웅성웅성하는 소리가 들리지만, 몇몇 아이가 수학책을 펴기 시작하고 협상을 시도했던 아이들도 책을 따라 편다.

I love you (   ) The answer is NO

'괄호 안에 어떤 접속사를 넣고 싶나요?'라는 제인 넬슨의 질문에 나는 'but'이라고 대답했다. 잠시 뒤 제인 넬슨은 'but'이 아니라 'and'를 넣어 문장을 완성했다.

I love you and The answer is NO
"널 사랑해 그리고 내 대답은 NO란다."

『학급긍정훈육법』에 다음과 같은 글이 있다.

"사랑은 허용이 아니라 이끌어주는 것이다. 허용적으로 자란 아이는 자신의 요구가 받아들여지지 않으면 상처를 받고 관계에서 적절한 경계를 형성하지 못해 응석

받이가 된다."

아이들의 요구를 거절할 때면 난 매우 불편했다. '아이들이 싫어하면 어쩌지? 나와 관계가 안 좋아지면 어쩌지?' 부드럽게 거절하는 것은 아이가 규칙과 질서를 존중하게 하는 것이라는 사실을 알게 된 후 교사로서 아이들의 요구를 거절하는 데 많은 도움이 되었다.

저학년 아이가 알림장을 쓰기 싫다고 팔이 아프다며 사진 찍으면 안 되겠냐고 조를 때도 부드럽게 "써"라고 말해주었고, 남자아이들이 "축구! 축구!"를 외칠 때도 "오늘은 뜀틀 하는 시간이란다"라고 말해주었다. 제인 넬슨이 알려준 'I love you and The answer is NO'는 친절함에 치우친 나에게 많은 용기를 준 문장이었다.

3. 서로 대장이 되려는 남자아이들

"선생님 우리 반에서 말발은 준석이가 가장 세고요 힘은 민규가 가장 세요." 말의 힘과 주먹의 힘에 관해 이야기를 하는 남자아이들, 그리고 우열이 있다고 말하는 남자아이들에게 어떤 이야기를 해줄지 고민이 되었다.

"우리 반에서 누가 가장 힘이 셀까?"

"민규요."

"아니야, 선생님이지."

아이들이 웅성웅성한다.

"선생님이 신체적으로 힘이 가장 세지. 그런데 무언가를 결정할 때 선생님이 이 신체적인 힘을 사용하면 어떻게 될까? 책상을 발로 차고 주먹으로 아이들을 때리고…."

아이들은 내 과장된 몸짓에 즐거워하면서 조금씩 몰입한다. 다시 말을 이어간다.

"신체적으로, 무기를 사용하여 힘을 쓰는 것은 싸움의 고수, 중수, 하수 중에서 하수란다. 어떤 나라가 힘을 사용해서 문제를 해결한다면 그건 전쟁이 일어난다는 것이고, 그러면 수없이 많은 사람이 피를 흘리게 된단다. 친구끼리도 주먹으로 해결하려 한다면 다칠 수 있고 말이지.”

“그럼 김정은도 싸움의 하수네요.” 남자아이들은 역시 북한 이야기를 좋아한다.

“그럼 싸움의 중수는 어떨까? 무엇을 사용해서 문제를 해결하려고 할까?”

아이들이 전보다 더 몰입한다.

“말발이란다.” 아이들이 사용하는 언어를 그대로 사용했다.

“말의 힘을 이용해서 상대를 누르려는 것이 말발이고 이런 기술을 쓰면 싸움의 중수란다. 주먹을 사용하는 싸움의 하수는 상대의 신체에 상처를 주지만, 말발을 이용하면 상대의 마음에 상처를 준단다.”

그러면서 책상 위에 있는 A4 용지를 움켜쥔다. 그리고 아이들이 보는 앞에서 종이를 공 모양으로 구겼다가 편다.

“이 종이에 있는 주름처럼 마음의 상처는 쉽게 사라지지 않지.”

“그럼 싸움의 고수는 뭔가요?”

“역지사지란다. 상대의 마음이나 처지, 입장이 되어보는 거지. 그럼 상대랑 적이 아니라 한 팀이 되는 거야. 적이 없는 싸움의 고수가 되지. 적이 아니라 친구가 되는 기술이 싸움의 고수란다. 우리 반에 선생님을 싫어하는 사람 있니? 있다면 쌤은 아직 고수는 아닌 거고. 그렇다면 수련을 위해 산에 가야겠다”라며 아재 개그로 이야기를 마무리한다. 그러면서 신체적인 힘을 써서 문제를 해결하는 민규와 말발로 제압하려는 준석이를 슬쩍 바라본다. 민규가 손을 들고 “선생님, 저는 화가 나면 힘으로 해결하는 것 같아요”라고 말한다. 민규는 스스로 화가 나면 어떻게 행동하는지를 스스로 알아차렸다. 그 후 민규는 주먹을 사용하지 않았다.

4. 화장실도 같이 가는 여자아이들

여자아이들에게 단짝은 너무도 소중하다. 아니 불안하지 않게 하는 존재이다. 새 학년이 되면 새로운 반에 단짝이 있는지 없는지가 초미의 관심사다. 그런 단짝이 다른 친구들과 더 친하게 지내면 불안해하기도 한다. 이런 복잡한 여자아이들의 문제는 나에게 늘 어려운 문제였다.

미진이는 공부도 열심히 하고 성격도 좋고 선생님들에게 인기도 있는 모범생인데 단짝이 없다. 두 명의 단짝이 있었는데, 한 명은 옆 반에 그리고 다른 한 명은 전학을 갔다. 그런 미진이에게 학기를 마무리하며 물어보았다.

"미진아, 올해 단짝이 없어 힘들었니?"

"네, 저와 단짝인 친구들이 한 명은 전학을 갔고 다른 한 명은 옆 반에 있어요."

나는 너무 심각하지 않게 이야기를 이어간다.

"혼자 있는 시간이 힘드니?" 잠시 침묵이 흘렀고 나는 다시 밝은 표정과 개구진 목소리로 말했다.

"선생님은 선생님들 사이에서 왕따야. 단짝이 없어."

미진이는 놀라는 눈빛이다. 아니 믿지 않는 눈빛이다.

"진짜야. 단짝이 없어. 그래서 가끔 외로울 때도 있어. 그런데 좋은 점도 있어. 뭔지 알아?"

미진이는 선생님 이야기가 재밌나 보다. 눈빛이 초롱초롱하다.

"뭔데요?"

"내가 하고 싶은 말을 다 할 수 있어. 절친이 있는데 절친이랑 생각이 다를 경우, 절친과의 관계가 나빠질 수도 있다는 걱정 때문에 내 이야기를 못하거나 마음에도 없는 이야기를 하는데, 그런 눈치 보지 않고 자유롭게 내 이야기를 할 수 있잖아. 그리고 누구에게도 먼저 다가갈 수 있지. 내가 누구에게 다가간다고 질투하는 단짝이 없으니까. 미진아, 넌 외로운 것이 아니라 자유로운 거란다. 그리고 덕분에 인기

많은 선생님과 이렇게 긴 이야기를 나누는 특권도 누리고 말이야"라며 농담을 슬쩍 건넸다. 미진이가 지금의 상황을 긍정적으로 낙관적으로 생각하길 바랐다. 그리고 내가 좋아하는 문장을 미진이에게 보여주었다.

"새는 흔들리는 가지를 두려워하지 않는다. 자신의 날개를 믿는다." - 류시화

"어쩌면 미진이 넌 이 교실에서 가장 먼저 자립한 건강한 사람이란다.
화장실을 혼자 갈 수 있는 용기를 지닌 유일한 사람이지" - 김성환

"인생의 진정한 목표는 자립과 공헌이다." - 알프레드 아들러

5. 우리의 문제를 해결해주세요

4학년 여자아이들의 관계 문제를 남자 교사가 어떻게 해결할 수 있을까? 하루는 여자아이들이 다가와 말했다.

"선생님, 해결하고 싶은 문제가 있어요. 도와주세요."

"그래, 좋아. 마치고 이야기하자."

수업이 마치고 볕이 드는 창가에 매트를 깔고 둘러앉았다.

"우선 마음을 나누고 이야기를 했으면 하는데 괜찮겠니?"

"네, 선생님."

내 책상에서 감격해 키드를 가져와 아이들에게 나누어준다.

"이 카드 중에서 감정 단어를 고르면 돼. 지금의 마음도 괜찮고, 요즘의 마음도 괜찮아."

서로 돌아가며 마음을 나눈다. 마음을 나누다 보니 아주 조금 연결되는 느낌이

든다. 하지만 있었던 일을 이야기하는데 너무도 복잡하다. 병설유치원 때부터 함께 다닌 아이들이니 그럴 만도 하다. 이야기가 매끄럽게 진행되지 않는다. 하지만 아이들의 이야기를 들어주었고 어떤 어려움이 있는지를 확인했다. 아이들은 교사를 신뢰하고 함께 해결하길 희망했다. 문제를 해결하지는 못했지만, 이야기를 마무리했다.

그리고 다음 날, 함께 이야기했던 여학생 중 한 명인 진희가 다가와서 묻는다.

"근데 선생님의 감정 카드는 뭐예요?"

"맞춰 볼래?"

진희는 검은 눈동자를 위로 올리더니 잠시 뒤, "행복한, 신나는 감정이죠?"라고 물었다.

책상에 있는 감격해 카드 중에서 감정 카드를 고른 뒤 진희에게 내 감정 상태를 말해주었다.

"선생님의 감정은 바로 '고단한, 지친'이야."

진희의 눈이 커진다.

"네? 정말요? 선생님은 매일 웃고 다니셔서 그런지 몰랐어요."

사실 학교에서는 담임교사로, 집에서는 아빠로 그리고 PDC를 이끌어가는 역할을 맡으며, 주말마다 강의를 하고 맞이하는 월요일은 고단하고 지친 감정이었다.

월요일 직원회의 시간이 되어 회의에 갔다. 회의를 마치고 교실에 들어서는데 교실이 대청소가 되어 있었다. 진희와 친구들이 교실을 깔끔하게 청소를 한 것이다. 교실에서 가장 지저분한 내 주변까지도 말이다. 깔끔하게 정리된 책상 위에 메모가 남겨져 있었다.

'네모샘, 힘내세요!'

내 역할은 문제를 해결해주는 것이 아니었다. 해결을 위한 방법을 알려주는 것, 안전한 공간을 만드는 것, 언제든 어려움이 생기면 도움을 받을 수 있는 믿을만한 교사가 되는 것, 함께 진지하게 이야기를 나누는 것, 비록 해결하지 못하더라도 지지하고 응원하는 교사가 되는 것, 언제나 공평한 교사가 되는 것, 해결되면 함께 축하해주는 것, 교사의 어려움을 솔직하게 말하는 용기를 보여주는 것이 내 역할이다. 내가 슈퍼히어로가 아니기에 모든 문제를 해결할 수는 없지만 말이다.

겨울방학을 하기 직전 올해를 주제를 글쓰기 과제를 내어 주었다. 갈등의 정점에 있었던 여학생의 글 중에서 다음과 같은 글을 보았다.

'우리 반 아이들, 선생님과 5학년에 함께 올라가고 싶다. 모든 순간이 좋았다. 여학생끼리 갈등이 생겼던 5월 그때도 말이다.'

이 글을 보며 교사의 역할은 문제 해결에 매몰되는 것이 아니라, 한 걸음 물러나 안전을 지키고, 경계를 세우고, 문제를 음지에서 처리하지 않게 하고 드러내서 함께 진지하게 이야기하고, 믿을 만한 존재가 되고, 해결 방법을 안내하고, 사회적 기술을 알려주는 존재라는 것에 확신을 가진다.

6. 여자아이들의 오해, 로직으로 풀다

PDC를 알고 난 다음 달라진 점은 여학생들의 갈등이 눈에 보인다는 것이다. 무심한 남자 교사인 내게 보이지 않는 곳에서 일어나는 여학생들의 다툼은 눈에 띄지 않았다. PDC를 만나고 여학생들의 문제가 눈에 보이기 시작한 것은 다행일까? 불행일까? 고민이 되기도 한다. 하루는 과학전담시간에 담임으로 바쁜 업무를 처리하고 있는데 "선생님, 수민이가 울어요"라며 친한 친구가 알려주러 왔다. 다행히 아이들의 이야기를 들을 수 있는 전담시간이라 이야기를 해보고 싶었다.

"가시 수민이 불리올래?"

잠시 후 수민이가 어두운 표정으로 들어왔다.

"수민아, 선생님이 도와주고 싶은데 괜찮겠니?"

"네." 잠시 망설이다 대답한다.

"누구와 이야기를 나누면 좋을까?"

"은주요."

잠시 뒤 은주와 수민이가 한자리에 앉았다.

"은주야, 수민이가 이야기를 나누고 싶어 했고, 지금은 수업시간이지만 이 문제를 해결하는 것이 중요할 것 같아 불렀어. 같이 이야기해도 될까?"

아이들의 학습권도 있어 우선 이야기를 나누는 것에 동의를 먼저 구했다.

"네, 선생님. 괜찮아요. 안 그래도 저도 불편했어요."

"자, 그럼 있었던 일을 이야기해 볼까? 누구부터 이야기해 볼까?"

수민이가 먼저 말한다.

"은주가 엄청 화를 냈어요. 갑자기요. 그래서 무서웠어요."

"그래, 은주는 무엇 때문에 그렇게 화가 났니?"

"주말에 친구들이랑 시내 나가서 놀려고 했는데, 수민이가 방해를 했어요."

"수민이의 어떤 말이 방해라고 생각되었니?"

"시내 나가면 돈 많이 쓴다며 떠벌리며 다녔어요. 저는 친구들이랑 시내에 가서 놀고 싶은데 말이죠."

"수민이는 방해하려고 그런 말을 한 거니?"

"아니요. 진짜로 시내에 나가면 돈 많이 써요. 그래서 알려 준 거예요."

이로써 첫 번째 오해는 풀렸다. 수민이는 함께 시내에 나가지 못해 속상했을 수 있다. 하지만 방해를 하려고 한 말은 아니었다. 하지만 은주는 수민이의 말을 방해하는 것으로 해석(interpretation)했다.

"수민이는 어떤 말을 듣고 속상했니?"

"은주가 죽어버리고 싶다고 했어요." 그리고 다시 눈물이 맺힌다.

"은주야, 넌 죽어버리고 싶을 만큼 화난다는 이야기였니? 아니면 죽이고 싶다는 거였니?"

"그냥 화가 나서 한 말이에요. 어떻게 친구 사이인데 그럴 수가 있겠어요?"

“수민아~ 은주는 그 정도로 화가 났다는 거야. 네가 방해한 거로 오해했나 봐. 자, 그럼 이 문제를 어떻게 해결할까?”

잠시 머뭇거리다가 은주가 먼저 말한다.

“선생님, 제가 사과할게요. 수민아, 오해하고 너에게 거친 말을 해서 미안해. 앞으로는 안 그럴게. 내 사과를 받아줄래?”

며칠 전 배운 사과하기 3단계를 사용하여 스스로 사과하는 모습이 귀엽다.

“너의 사과를 받아주지 않......지 않을래.” 수민이가 장난스럽게 사과를 받아준다.

“친구가 하는 말과 행동을 어떻게 해석하느냐에 따라 다툼이 생길 수도 있고, 사이가 좋아질 수도 있단다. 알겠지?”

아이들에게 전하고 싶은 메시지를 짧게 전하며 과학실로 아이들을 돌려보냈다.

사실 이 대화를 하며 도움이 되었던 것은 바로 ‘사건-생각-감정-행동’의 패턴이었다. 어떤 객관적 사건(objective event)이 발생하면 저마다의 방식으로 생각하고 그에 따라 감정이 생기고 그 감정은 에너지가 되어 행동을 하게 만든다. 그래서 아들러는 이러한 경험을 주관적 경험(subjective)이라고 했다. 이때 주관적 경험을 이해하기 위해 자주 사용하는 방법이 “그때 어떤 생각이 들었니? 기분은 어땠어? 그래서 어떻게 행동했니?”라고 하는 패턴이다.

다시 수민이와 은주의 이야기로 돌아가면, 수민이는 은주의 “죽어버리고 싶다”라는 말을 듣고 정말 큰 일이 벌어질 거라고 생각했다. 그리고 수업을 하려니 집중할 수도 없고 앞일이 걱정되었다. 그렇게 선택된 ‘걱정되는’ 감정은 수민이로 하여금 눈물을 흘리며 집중할 수 없게 만들었다.

반면 은주는 수연이의 “시내에 나가면 돈을 많이 써”라는 말을 듣고 ‘나를 방해하는 것이 틀림없어’라고 생각했고 이 생각이 ‘분노’의 감정을 불러왔다. 그리고 그 분노의 감정은 ‘죽어 버리고 싶다’라고 말하고 화를 내는 행동을 하게 했다

교사로서 이 아이들의 문제를 해결하는 것에도 관심이 있지만, 더 관심을 가지게 된 것은 아이들이 자신들의 경험을 긍정적으로 낙관적으로 해석할 수 있도록 돕는

것이었다. 오늘도 아이들의 오해는 풀렸다. 아이들이 지금 경험하는 것들을 긍정적이고 낙관적으로 해석하길 기대해본다.

7. 우리 반 슈퍼스타

어느 반에나 슈퍼스타(?) 한 명씩은 있다. 신기한 점은 그 아이가 빠지면 다른 아이가 슈퍼스타로 등장한다는 것이다. 올해 우리 반에도 슈퍼스타가 있었다. 본인이 원하는 대로 해야 하고 여자아이들을 놀리고, 문제를 해결하려 하면 "네가 먼저 했잖아"라며 오히려 열을 올리는, 당장이라도 부모님을 불러 이 아이의 행동을 낱낱이 보여주고 싶은 그런 아이였다.

어긋난 행동을 하는 아이는 낙담한 아이이다.

Misbehaving child is Discouraged child. – 루돌프 드라이커스

그 아이를 힘으로 제압하고 싶고 PDC를 포기하고 싶은 순간 내게 가장 힘이 되었던 문장이다. '이 문장을 보지 말았어야 하는데' 하는 생각이 들기도 하고, '정말일까? 진짜 나쁜 아이인 거 아닐까?' '내가 만만한 것인가?' 하는 다양한 생각이 순간순간 들기도 했다.

더위의 시작, 그 아이와의 서막

전날 체육 시간에 체육관에서 공을 천장으로 차서 천장에 있는 등을 맞춘 아이. 평소에도 위험한 행동을 많이 했고 그냥 넘어갈 수 없다. 특히나 우리 반에서 나를 가장 힘들게 하는 이 슈퍼스타에게 어떤 조치를 취하고 싶었다.

'그래, 기분이 좋을 때 훈육을 하랬지.'

다음 날 아침, 유빈이를 불렀다.

"유빈아, 안녕. 어제 체육 시간에 위험한 장난을 해서 오늘은 체육 시간에 함께 할 수 없어. 다른 친구들이 체육을 하는 동안 안전하게 할 수 있도록 체육관 정리를 해. 알겠지? 한 블록(80분 수업)이니 40분은 체육관 정리를 하고 나머지 40분은 들어와서 함께 체육을 하면 돼."

한 번 마음이 틀어지면 친구에게 시비를 걸거나 책상을 치거나 하는 유빈이도 어제 체육 시간 위험한 행동을 한 터라 그렇게 좋아하는 체육 시간의 특권을 뺏기는 것을 받아들인다.

체육 시간이 되었고 약속대로 유빈이는 정리를 한다. 거친 행동을 하는 유빈이가 결과를 받아들이고 정리를 하는 것이 예뻐 보이면서도 안쓰럽기도 하다. 10분쯤 지났을 때 유빈이가 조용히 다가와 애교 섞인 목소리로 말한다.

"선생님, 이제 저 체육 하면 안 돼요?"

순간 마음에서 고민이 되었다.

"그래, 앞으로는 위험한 행동을 하면 안 된단다. 알겠지?"

악! 나는 유빈이의 애교에 넘어가고 말았다. 사실 유빈이가 그 좋아하는 체육을 안 하고 40분 동안 스스로 감정을 조절할 수 있을지에 대한 확신이 없었을지 모른다. 유빈이는 체육을 했고 아이의 행동은 전혀 변하지 않았다. 이렇게 또 실수를 한 날이었다. '어린 시절 해결하지 못한 문제를 성인이 되어 지면할 경우 누구나 어려움을 겪게 되고, 어린 시절 사용했던 방법으로 해결한다'는 격려상담의 문장이 떠올랐다. 어쩌면 이 아이가 나에게 이토록 힘든 것은 어린 시절의 나와 닮아서이지 아닐까 하는 생각이 들었다. 나도 어린시절 아이들의 관심을 받지 못했고 누군가로부터 비난을 받으면 유빈이와 같은 표정을 짓곤 했다.

더위의 절정, 그 아이와 클라이맥스!

유빈이는 하기 싫은 것이 있으면 대충한다. 좋아하는 것과 싫어하는 것이 확실하다. 리코더 시간 검사를 하는데 리코더를 불지 않고 있다. 몇 번 반복되었다. 이번에는 그냥 넘어가지 않으리라. 에너지를 모은다.

"유빈아, 여기까지 검사받고 가는 거야. 도움이 필요하면 말하고."

나의 손이 가장 많이 도와준 아이이다. 어쩌면 하루 중 가장 많이 불리는 이름이기도 하다.

결국 유빈이는 연습을 하지 않았다. 모두 알림장 검사를 받고 집으로 가는 시간이 되었다.

"유빈이는 검사를 받고 가세요."

유빈이가 두 번째로 좋아하는 태권도 학원 시간이 되어간다.

"선생님, 저 태권도 하러 가야 해요."

오늘은 이 문제를 마무리 지어야겠다는 생각이 들었다. 부모님께 전화를 걸어 동의를 구한다.

"어머니, 유빈이가 다 하지 못한 것이 있어 완성해서 보낼까 합니다. 아시다시피 우리 학교는 6학년 때까지 리코더를 꾸준히 연습하는데, 포기하면 계속 음악 수업 시간에 어려움을 겪습니다. 무엇보다 저는 유빈이가 해야 할 것을 마무리 짓는 습관을 가지길 원하고요. 힘든 거라도 말이죠."

"제가 태권도장에는 이야기할 테니 유빈이를 잘 지도해주세요"라고 유빈이 어머니가 답을 주셨다.

그때부터 유빈이와의 힘겨루기가 시작되었다. 자리에 앉아 리코더로 책상을 탁탁 친다. 하기 싫은 표정으로 혼자서 투덜댄다. 그렇게 20분이 흘렀다. 이제 주위에 아무도 없다. 마침내 유빈이가 리코더를 입에 물었다. 나 또한 불편한 20분을 버텼다. 어쩌면 유빈이는 힘든 순간 애교작전을 쓰거나 힘을 쓰거나 투정을 부리는 방법을 사용했을 것이다. 지난번 애교작전에 넘어 간 것을 기억하며 이번에는 더욱 단호해야겠다고 생각했다. 그러고 몇 분을 기다리니 유빈이가 다가왔다.

"어려워요. 잘 못하겠어요."

몇 번을 보여주고 다시 자리로 돌아와 혼자서 연습하는 시간을 주었다.

"선생님, 검사받을래요."

썩 마음에 들지는 않지만, 오늘은 여기까지. 내 에너지도 바닥이 났다. 오늘 유빈이에게 알려주려고 했던 것은 무엇이었을까? 해야 할 것을 마무리하는 것, 힘이나 부정적 감정으로 원하는 것을 얻으려고 하는 것은 좋지 않다는 것을 알려주고 싶었다. 아이에게 내 마음이 전달되었을까?

변화의 시작

시 쓰기 수업을 했다. 슈퍼스타는 오늘도 글씨가 엉망이다. 그 엉망인 글씨로 종합장에 짧은 시를 써 왔다.

웃음 꽃

우리 나라에는
웃음 꽃이 빨리 피는데
아프리카는
웃음 꽃이 늦게 핀다.

사실 먼저 불편한 글씨가 눈에 들어왔다. '글씨를 똑바로 써야지'라고 말하려다 그 시를 교사용 컴퓨터에 한 번 써 보았다. '어, 글씨를 신경 쓰지 않으니, 글이 눈에 들어온다.' 그 아이의 불편한 행동 아래 마음을 이해하듯, 그 아이의 못 쓴 글씨를 보지 않고 내용을 보니 그 아이의 예쁜 마음이 전해져왔다.

"오, 선생님은 이 시가 마음에 들어. 운율도 딱 맞고, 유빈이 마음도 전해져. 잘했어."

내 말에 유빈이가 코를 벌렁거린다. 그러면서도 친구들이 자기를 보고 있는지를 확인한다. 유빈이는 자기가 해야 할 시 한 편 쓰기를 다 했는데도 다시 공책을 꺼내며, "저 또 쓸래요"라며 연필을 든다. 밝은 목소리로 말이다. 그리고 사행시를 써왔다.

김성환 샘 4행시

김성환 쌤은
성질나면 무서워지고
환해지기도 하고
쌤은 우리 쌤이다.

행동 아래 그 아이의 신념을 만나다

글쓰기 숙제를 냈는데 슈퍼스타가 쓴 글이다.

나답게와 나고은'을 읽고
"비켜! 거긴 내 자리야!" 이 문장이 제일 좋았다. 왜냐하면 제가 차에 탈 때 형에게 하는 말이어서이다. 나라면 형을 앞자리에서 밀어내고 "제가 탈거예요"라고 말했을 것 같다. 책을 읽고 느낌은 미나가 조금 아픈 아이인 것 같다. 왜냐하면 오빠에게 시비를 거는 모습을 보고 그렇게 생각했다.

책을 읽고 기억나는 장면과 이유를 쓰라고 했더니 이 장면을 썼다. 어쩌면 슈퍼스타는 집에서 교실에서 자신의 자리를 제대로 찾지 못해 이렇게 힘들어하는 것인지 모른다는 생각이 들었다. 아픈 미나의 마음을 이해하는 것은 어쩌면 미나처럼 가족 내에서 자리를 찾기 위해 노력하고 상처받은 자신의 경험이 투영된 것은 아닐까? 그렇게 조금씩 그 아이의 행동 아래 감춰진 신념을 만나게 되었다.

그렇게 슈퍼스타와 헤어지며 슈퍼스타와 어떻게 지냈는지를 되돌아보았다. 다음은 일 년을 슈퍼스타를 관찰하면서 알게 된 점이다.

'잘 하지 못하는 것이 드러날까 걱정이 많다.'
'문제를 일으켜 혼나는 상황이 되면 그 상황을 피하려 갖은 노력을 한다.'
'친구들이나 교사가 그 아이에게 인상을 쓰면 바로 힘을 사용하기 시작한다.'
'작은 칭찬에도 코를 벌렁거린다.'
'생각을 차분히 하지 못하고 글을 읽고 내용을 잘 파악하지 못한다.'
'사실은 교사를 엄청 좋아한다. 그리고 특별한 관계를 맺고 싶어 한다.'
'자리를 바꿀 때 누구랑 앉는지에 대해 너무 예민하고 혼자가 되는 것을 두려워한다.'
'장난을 좋아한다.'

그래도 힘든 순간은 있다

가끔 그런 아이에게 특단의 조치가 없냐고 묻는다. 그렇게 빨리 사람을 변화시키는 방법은 없다. 그 아이를 알아가게 되었고, 행동 아래 신념을 조금씩 이해하게 되었다. 거친 행동 아래 숨겨진 신념을 만났고 가끔 안쓰럽기도 했다. 그러면서도 다른 아이들에게 피해를 주는 행동에 대해서는 다음과 같은 방법을 사용했다.

사실 말하기, 짧게 말하기, 도움 요청하기

유빈이가 가장 싫어하는 것이 혼내는 것이다. 그래서 혼을 낼 일이 있으면 아주 짧게 말한다. "바로" 또는 지시가 아닌 사실을 말하는 것도 효과적이었다. "숙제 낸 것에 네 이름이 없어."

그리고 도움 요청하기도 효과적이었다. 곧잘 도와주었고 도와주면서 정말 기뻐했다. 하루는 엄청 흥분한 상황에서 "선생님 도움이 필요한데"라는 말에 "뭔데요"라며 물어보던 장면이 떠오른다.

표정과 목소리

유빈이는 내 표정에 엄청 민감하다. 내가 화를 내면서 이야기하면 바로 유빈이도 표정이 바뀐다. 그래서 최대한 부드러운 표정으로 하고 싶은 이야기를 담담하게 했다. 그리고 화가 날수록 목소리를 낮추었다. 낮은 목소리가 더욱 효과적이었다.

부모님과의 신뢰

부모님에게 가끔 문자를 보냈다. 유빈이가 잘한 것에 대한 문자였다. 긍정적인 문자는 어머니의 불안을 걷어내고 교사와 부모의 신뢰의 다리를 만들었다. 그리고 아이가 잘못해서 전화를 하면 교사에 대한 지지를 보여주었다.

때로는 따끔하게 혼내기

교사도 사람인지라 화가 나면 자기 자신을 통제하기 힘들다. 그런 순간 가끔 슈퍼스타를 혼낸다. 진심을 다해 혼낸다. 그리고 마무리는 그 아이에 대한 걱정 때문임을 말해주었다.

"널 사랑하지 않는다면 이렇게 화가 나지 않을지도 몰라. 너에게 관심이 있어 이런 이야기를 하는 거야. 힘으로 친구를 이기려 하지 마."

진심을 다해 그 아이를 만났다. 그리고 정말 화가 나면 "너 뭐 하는 짓이야"(행동)와 "너 뭐 하는 놈이야"(존재)의 차이를 생각하며 유빈이의 잘못된 행동에 대해서 따끔하게 혼냈다.

유빈이의 문제 중 가장 힘든 것이 친구들과 다툼이다. 이 문제는 나와의 문제가 아니기에 복잡하다. 더욱이 자기 기분이 안 좋아지면 친구들에게 시비를 거는 문제는 나에게도 가장 힘든 부분이었다. 아이들에게는 이렇게 말했다.

"누구든 놀리거나 때리는 문제로 힘들면 언제든 선생님께 이야기하렴. 이건 고자질이 아니야. 선생님은 여러분이 안전하게 생활하도록 도울 거니까."

슈퍼스타와는 이야기를 나누고 대화가 잘 풀리지 않을 때는 다음 날 짧게 쪽지를 써서 건네기도 했다. 유빈이를 보면 '이 문제를 어떻게 해결해야 하지?'라며 걱정되고 화가 나는데, 글로 전하면 편한 순간들이 있었다. 그 아이도 편지를 받은 날은 밝은 표정으로 내게 장난을 건다.

슈퍼스타의 주 무기는 감정을 건드리는 것이다. 상처를 받아보았기에 상대가 어떻게 하면 기분 나빠 하는지 안다. 이런 순간이 되면 PDC를 공부하고 실천한 나에게도 위기가 찾아온다. 다시금 힘으로 제압하고 싶어진다. 하루는 너무도 화가 나서 예전의 모습으로 아이들이 보는 앞에서 엄청 소리를 지른 적이 있다.

"똑바로 서. 지금 뭐 하는 거야?"

그 순간 슈퍼스타는 놀라서 태권도 사범에게 혼나듯이 열중쉬어를 하고 고개를 숙이는 것이 아닌가? 하지만 이렇게 이 아이를 훈육하는 것은 장기적으로 좋지 않다는 것을 안다.

그 뒤로는 내가 뚜껑이 열리면 나 스스로 회복하는 연습을 했다. (Take care of myself) 나만의 비법은 학급에서 내 눈에 쏘~옥 들어오는 아이들과 잠시 노는 거였다. 학급에는 슈퍼스타만 있는 것이 아니라, 나에게 힘을 주는 비타민 같은 아이도 많다. 힘든 하루를 되돌아보면 슈퍼스타와의 시간을 너무 많이 할애했다는 것을 알게 된다. 공평하게 관심을 주어야 하는데 말이다. 그 뒤로는 공평하게 시선을 주도록 노력한다. 그래도 뚜껑이 열리면 잠시 비타민을 주는 아이들을 바라본다.

유빈이에게 한 훈육 방식이 모든 순간순간 내 마음에 들지는 않았다. 좋은 날도 나쁜 날도 있었다. 되돌아보니 그 아이는 많이 성장해 있다. 불편하게 하는 행동이 줄어들었고, 힘이 아닌 대화로 문제를 해결하려는 모습도 보인다. 실수를 하면 사과하기 3단계로 사과를 한다.

이렇게 일 년을 보낸 유빈이가 한 해를 되돌아보며 소감문을 썼다. 맘에 안 든 순간도 있고, 즐거웠던 순간도 있다고 한다. 학교에 나오지 않으니 심심했다고 한다. 함께 시간을 보낸 친구들과 헤어지는 것이 슬프다고 한다. 그리고 빨리 4학년이 끝나길 바랐는데, 막상 끝나니 별로라고 한다. 유빈이처럼 나 또한 언젠가 교직을 떠날 때, 아이들과 헤어지는 것이 슬플 것 같다. 교사로서의 삶이 끝나길 기다렸지만, 그 순간이 되면 별로일 것 같다. 유빈이의 글을 읽는데 마치 내 마음 같았다.

2017 한해

2017년은 너무 빨리 갔다고 생각한다. 왜냐하면 개학한 게 어제 같은데 지금이 벌써 2018년이라 그렇게 생각한다. 그리고 운동회 했던 게 기억난다, 그리고 축제 할 때가 기억난다. 근데 넥타이가 맘에 안 들었지만 축제는 재미있었다. 그리고 추석 때는 학교에 안 와서 심심했는데 그래도 괜찮았다 그리고 지금 우리 반 애들과 같은 반이 안 되면 슬플 것 같다.

4학년 때는 5학년 때만 기다렸는데 벌써 5학년이라서, 별로다..........................

2장

PDC
학급 이야기

05. 동의와 가이드라인

박주현

　1~3년 차 교사 시절, 내 생각이 곧 학급 규칙인 독재자로서 군림했었다. 내 기준에는 합리적이었지만, 아이들은 동의하지 않은 보상 기준을 정하고 스티커를 많이 모은 상위 3인과 한 달에 한 번씩 패밀리 레스토랑에서 함께 식사를 했다. 또한 규칙을 어긴 정도에 따라 처벌의 강도를 여러 단계로 나누어 철저하게 처벌했다. 내 업무일지는 아이들의 성장의 모습이 아닌 O, X가 가득한 체크리스트와 방과 후 실행할 처벌의 내용이 매일 기록되고 있었다. 하지만 몇몇 학생만 누리는 혜택과 반복되는 처벌 속에 무기력에 빠진 아이들이 생겼고 스티커 모으기를 포기하는 학생이 늘어갔다. 결정적으로 상벌제의 문제를 알아차리게 된 계기는 졸업하고 2년이 지나 만나게 된 제자들이 한 여자아이가 거짓으로 스티커를 받았음을 여전히 의심하며 억울함을 토로하는 순간이었다.

　어느 교실에나 규칙은 존재한다. 하지만 대부분 상벌제와 연계되어 경쟁을 유발하거나 학생들을 통제하는 목적으로 사용된다. 이러한 규칙은 학생들에게 필요성과 책임감을 느끼게 하지 못하며 학생을 성장시킬 수 없다.

　가이드라인은 '나'로 시작하여 '우리'가 희망하는 학급의 비전을 세우고, 구체적인 행동 양식을 자발적인 의사결정 과정을 통해 작성하는 활동이다. 이는 학생 스스로 할 수 있도록 이끌어주는 방법으로 학생들이 존중과 배려의 의미를 깊게 생각하게 하고, 존중하고 배려하기 위해 어떤 말과 행동을 해야 하는지 구체적으로 배우게 된다. 또한 스스로 학급의 의사결정에 참여하는 과정을 통해 소속감과 책임감을 기를 수 있는 효과적인 활동이다.

1. '다른 나라로 여행을 떠난다면?' 필요한 것과 까닭 이야기 나누기
   TIP 즐거운 여행을 위해서는 지도와 가이드북이 필요하듯 가이드라인은 우리의 행복한 학급 생활을 위한 지도가 되고, 안내자가 되어줄 것임을 안내하며 가이드라인 만들기의 목적을 분명히 한다.

2. 나와 친구들을 힘들게 했던, 과거 우리 반의 문제점 나누기
   ▶ 아이들이 발표하는 것을 판서한다. 내가 느낀 문제점을 공유하고, 나만의 문제가 아닌 모두가 느끼는 우리의 문제였음을 인식하게 한다.
   TIP 문제점을 이야기할 때 특정 친구의 이름을 언급하면 친구의 마음을 다치게 할 수 있으므로 불편했던 행동만 이야기하도록 안내한다.
   TIP 작성된 내용과 비슷한 자신의 경험을 떠올려 그때의 불편한 감정을 공감할 수 있도록 안내한다.

3. 앞으로 성장하길 바라는 우리 반 친구들의 모습을 떠올리고 분류하기
   ▶ 아이들이 바라는 반의 모습을 떠올리고, '우리는 ~반입니다'라는 바람을 포스트잇에 적어 칠판에 붙인다. 하나씩 읽으며 아이들과 함께 내용이 비슷한 것을 분류하고 범주마다 아이들의 바람을 포괄할 수 있는 제목을 투표로 결정한다.
   TIP 적절하지 않은 제안이라고 해서 교사가 직접 수정하거나 부정하지 않는다. 동의와 수정 단계에서 학교의 가이드라인에서 벗어나거나 무리

한 부분을 아이들이 수정할 수 있도록 안내한다.

 내가 바라는 모습이 포함되었음을 시각화하는 것은 책임감과 소속감을 키우는 데 도움이 된다.

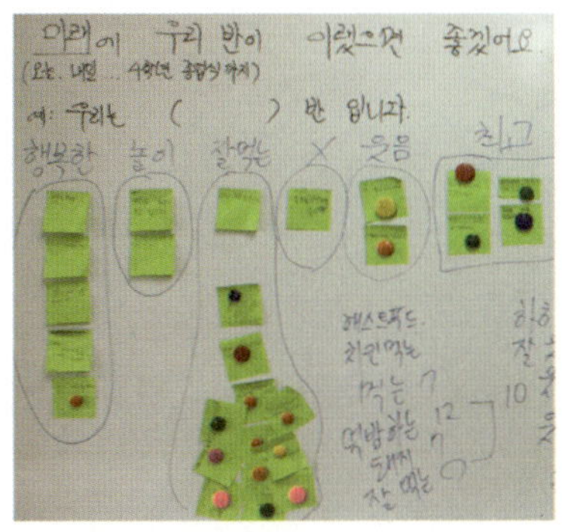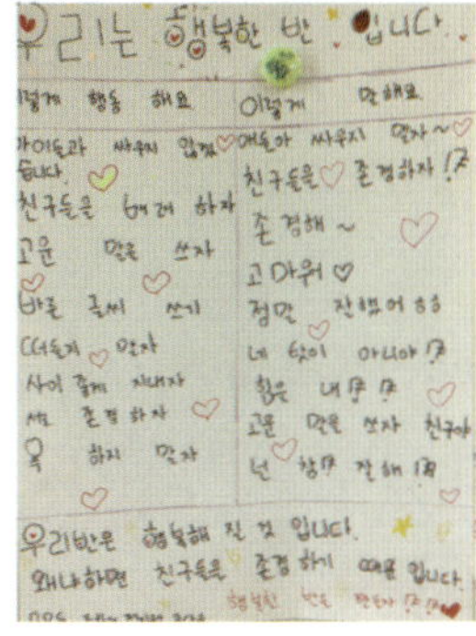

4. 가이드라인 템플릿 작성하기

▶ 템플릿 양식을 안내하고, 분류한 범주별로 역할을 나누어 템플릿을 작성하게 한다.

▶ 가장 위에는 '우리의 바람'을, 그 아래에는 우리의 바람을 이루기 위해서 어떻게 행동하고 말해야 하는지를, 가장 아래쪽에는 그런 반이되기를 바라는 이유를 떠올려 적게 한다.

 '~행동을 할 때, 뭐라고 말을 할까?'를 떠올리게 하면 '이렇게 말해요'를 작성하는 데 도움이 된다.

5. 모둠별 가이드라인 발표 및 수정, 동의하기

▶ 모둠별 발표 후 전체 학생에게 동의를 구하는 과정을 거친다. 동의할 수 없거나 수정이 필요한 내용을 묻고, 모두가 동의할 수 있으려면 어떻게 바꿀 수 있을지 묻는다.

 교사도 공동체의 일원으로서 자신의 의견을 말하고, 동의할 수 있는 내용을 제안할 수 있다.

6. 선서식을 통한 공언 및 마음 다지기

▶ 동의한 가이드라인 앞에 나와 한 명씩 선서를 하고 지장을 찍는다.

7. 잘 보이는 곳에 가이드라인 게시하기

8. 2학기 가이드라인 작성하기

▶ 1학기 반성 결과를 토대로 2학기 가이드라인을 수정하거나 필요할 경우 다시 작성한다.

▶ 2학기에는 템플릿 양식을 바꾸어 우리의 바람을 이루기 위한 Do, Don't list를 작성하여 활용했다. 책임감을 기르기 위해 실수했을 때 도움을 줄 수 있는 방법도 3R1H의 방법으로 학생들과 상의하여 정할 수 있다.

TIP 가이드라인을 어기는 실수를 했을 때 도움을 줄 수 있는 해결 방법을 정할 때는 연관성, 합리성, 존중, 도움의 4가지 '3R1H' 원칙에 벗어나지 않도록 주의한다.

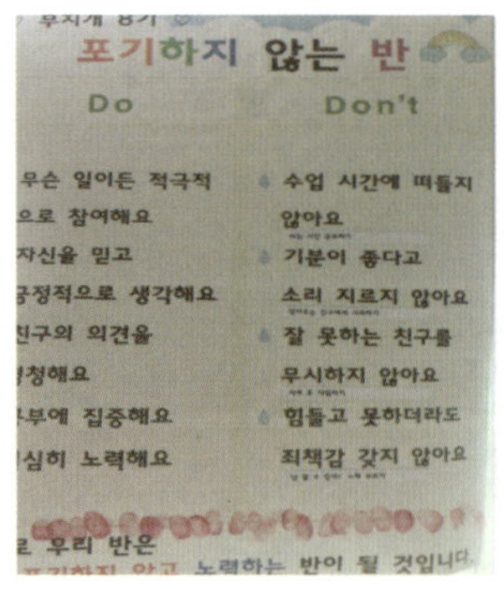

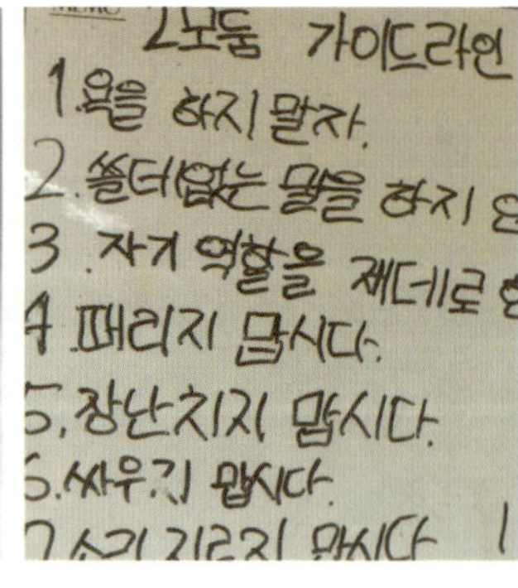

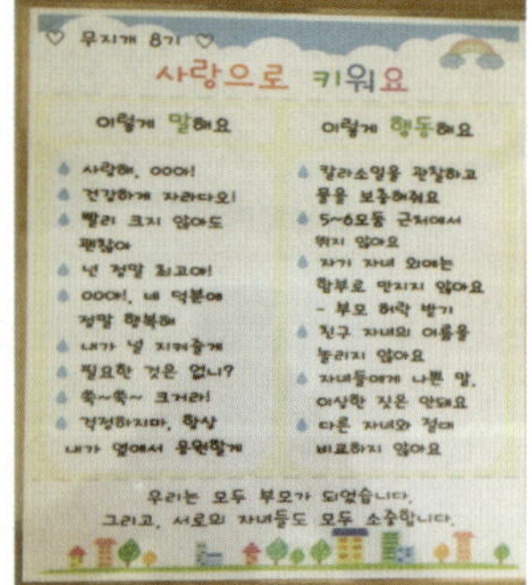

9. 가이드라인 활용하기

▶ 모둠별 가이드라인, 식물 기르기 가이드라인, 수련 활동 가이드라인 등 다양한 교육 활동 상황에 필요시 가이드라인을 작성한다.

▶ 템플릿에서 '이렇게 말해요', '이렇게 행동해요' 대신에 Do, Don't를 사용할 수 있다.

▶ 아침마다 가이드라인을 읽고 상기한다.

▶ 가이드라인의 '이렇게 말해요'에 해당하는 말을 카드로 만들어두고 카드 중 한 장을 뽑은 뒤, 친구와 가위바위보를 해서 진 사람이 이긴 사람에게 카드에 담긴 말을 해준다.

▶ 가이드라인을 사진으로 찍어 부모님과 공유하고 아이들이 가정에서도 실천하도록 한다.

▶ 가이드라인의 '이렇게 말해요', '이렇게 행동해요'에 해당하는 말과 행동을 카드로 만들고 매일 아침 카드를 한 장씩 뽑아서 하루 동안 해당하는 말과 행동을 실천하고 집에 가기 전에 실천한 것을 나눈다.

▶ 가이드라인 퀴즈를 활용한다. 예를 들어 "다음 중 우리 반에서 하는 활동이 아닌 것은 무엇일까요?", "다음 중 우리 반에서 해야 할 말은 무엇일까요?"와 같이 퀴즈로 흥미롭게 가이드라인을 상기시킬 수도 있다.

▶ 아이들이 문제행동을 보일 때, 가이드라인을 보면서 질문을 통해 자신의 행동을 되돌아보고 스스로 고치도록 유도한다.
"우리가 약속했던 것이 무엇이었지?"
"너의 행동은 가이드라인을 지키는 행동이었을까?"
"앞으로 어떻게 행동하고 싶니?"

▶ 저학년은 기존 템플릿으로 작업하는 데 어려움이 많다. 아이들이 잘 이해하지 못할 뿐 아니라 기억하지도 못한다. 그래서 우리가 원하는 반을 상징할 수 있는 동물이나 캐릭터로 가이드라인을 대신할 수 있다. 예를 들어, 배려

사자라는 인형을 가이드라인으로 만들었다면, 서로 배려하지 않은 상황에서 '배려 사자가 필요한가요?'라고 보여줄 수 있다.

| PDC 가이드라인 활용 방법 |

- 마치고 헤어질 때 가이드라인에 있는 말을 하면서 헤어진다.

- 아이들이 가이드라인을 잘하고 있을 때 칭찬한다.

- 가이드라인에 있는 내용으로 퀴즈를 낸다.

- 아침마다 가이드라인 카드 한 장을 뽑고 가이드라인 암행어사 활동을 통하여 가이드라인을 잘 지킨 친구를 찾게 해서 발표하게 한다.(마패 실물 사용)

- 가이드라인을 지키지 않을 때 소리 내어 읽게 한다.

- 가이드라인을 만들 때 나온 말을 짝끼리 연습한다. 만들어만 놓고 익숙해지지 않으면 잘 지키지 않으니까 연습해본다. 그리고 어떤 느낌인지 이야기 나눈다.

의미 있는 땅콩

신수진

- 준비물: 학생 수에 맞는 견과류, 4절지 1장, 매직
- 소요시간: 15분

우리 앞에 무엇이 놓여있나요? ("땅콩이요") 그래요, 땅콩이에요. 맛있겠죠? 먹고 싶겠지만, 다 같이 먼저 이야기해요. 우리 숫자에 맞게 24개 땅콩이 있어요. 하나씩 가져가 볼까요? 자세히 보고 마음에 드는 것을 한 개 선택해주세요.

모두 똑같아 보이지만, 자세히 살펴보면 내가 가지고 있는 땅콩은 남다른 특징이 있을 거예요. 어떤 땅콩은 쪼글쪼글하고, 어떤 땅콩은 꼭 달처럼 생겼을 수도 있어요. 특징에 맞게 이름을 지어보세요. 별명을 발표하면서 여기 한 곳에 다시 모아볼게요. 땅콩 위에 내가 지어준 별명을 적어주세요. 예쁘게 테두리를 만들어주면 좋아요.

(돌아가며 별명과 별명을 지은 이유 나누기)

다른 친구의 땅콩 이름과 그렇게 이름을 지은 이유를 잘 들었지요? 만약에 내 것을 제외하고 다른 땅콩으로 바꿀 수 있다면 무엇을 가지고 싶은가요? 어떤 땅콩이 매력적으로 느껴졌나요? 그 이유는 무엇인가요?

(3~4명 이야기 나누기)

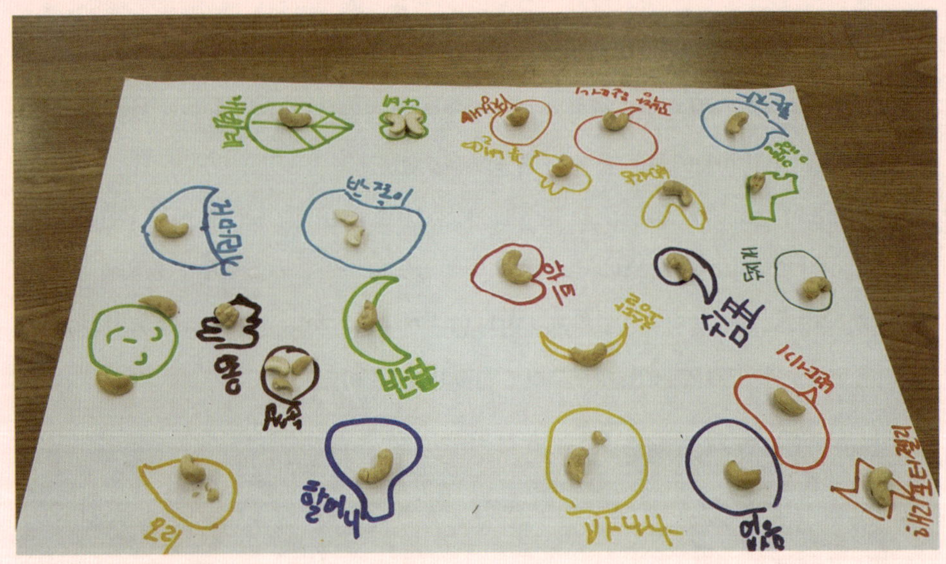

자, 우리 앞에 있는 것은 무엇인가요? ("오리요", "쉼표요", "먹기 아까워요") 처음에는 그냥 땅콩이었는데 지금도 그냥 평범한 땅콩인가요? 내가 선택한 땅콩은 이제 평범하지 않아요. 이름도 있고, 24개의 땅콩이 모여 하나의 그림을 만들기도 하죠. 지금부터 우리 반에서 꼭 필요한 일을 하나하나씩 이야기할 거예요. 그냥 땅콩이 아니라 의미 있는 땅콩들을 찾을 준비 되었나요?

자, 이제 제일 기다렸던 시간~ 땅콩 파도타기~ 땅콩을 맛있게 먹는 시간~

06. 의미 있는 역할

박주현

'1인 1역'과 '의미 있는 역할'

시작이 언제였는지는 정확히 알 수는 없으나 내 학창시절인 1990년대에도 1인 1역은 존재했었다. 어렴풋한 그때의 기억을 살펴보면 내가 선호했던 역할은 칠판 당번이었으나 단 한 번도 맡아 보질 못했고 그때마다 속상했던 감정이 떠오른다. 학급에서 1인 1역을 정할 때 아이들이 가장 선호하는 역할은 역시나 칠판 당번이었다. 그 이유는 여러 가지가 있겠지만, 아마도 선생님에게 도움을 준다는 점이 크게 작용했을 것이다.

PDC를 알기 전, 1인 1역 활동은 교사가 하는 일들을 학생이 할 수 있도록 조금씩 나누어 갖는 방식으로 생각했다. 교사가 자리를 비우더라도 빈자리가 느껴지지 않는 자동화 시스템을 갖추는 것이 이상적인 1인 1역이라 생각했다. 하지만 1인 1역은 각 역할이 갖는 권력의 정도에 따라 학생들 사이에서 등급이 매겨졌고 선호하는 역할과 선호하지 않는 역할이 뚜렷하게 갈려 여러 가지 문제가 발생했다. 선호하는 역할을 맡게 된 학생은 의기양양하나 경합에서 떨어진 학생의 마음에는 화남, 속상함, 좌절과 같은 감정이 차오른다. 또한 학생들이 선호하지 않는 역할을 억지로 맡게 되어 의욕이나 책임감이 생기지 않으며 결국 역할을 잘 수행하지 않아 교사에게 질책을 받거나 수행하면서도 불만이 생긴다.

의미 있는 역할은 학생들이 교실의 주인으로서 필요한 역할들을 찾아내고 구체적인 수행 기준을 결정한다는 점에서 1인 1역과 차이가 있다. 특히 단순 청소구역 분담이나 교사의 일을 나누는 것이 아니라 자신이 잘할 수 있는 일이나 좋아하는 일을 수행하는 점(재능기부), 경합에서 떨어져도 남은 역할이 아닌 자신이 할 수 있는 다른 역할을 찾아 수행할 수 있도록 선택권을 주는 점은 의미 있는 역할이 가진 강점이라고 생각한다. 그리고 의미 있는 역할을 결정하는 과정이 직업 안내문(채용공고)을 보고 자신이 하고 싶은 직업을 정해 직업 지원서(입사지원서)를 작성하고 면접을 보는 형태로, 간접적인 취업의 과정을 경험한다는 점에서도 의미가 깊다.

"전라남도에 나 혼자 산다면?"

먼저 아이들에게 "전라남도에 나 혼자 산다면?"에 대해 물었다. 처음에는 "내 맘대로 할 수 있어서 좋다", "마음껏 뛰어놀 수 있다" 등 자유로움과 관련된 응답이 줄을 잇다가 "외롭고 무섭다", "심심하다" 등 외로움과 관련된 응답이 나왔다. 그때 "학교에 와도 아무도 없다"라는 응답이 나왔고 이어지는 "PC방도 없다", "마트도 없다", "치킨, 피자 배달 음식을 시켜 먹을 수도 없다" 등 다양한 사회적 관계에 대한 응답이 나왔다. 이를 바탕으로 우리가 공동체를 이루며 살아가는 까닭에 대해 이야기를 나누었다.

우리에게 도움을 주고 있는 소중한 직업들

학교 안에서 우리에게 도움을 주고 있는 직업들에 대해 떠올리게 했다. 여러 선생님을 비롯한 행정실, 급식실, 교무실, 돌봄교실, 방과후학교, 도서관, 배움터지킴이, 우유 및 식품 배달, 시설 관리 등 생각보다 많은 학교 내 직업에 아이들은 깜짝 놀란 모습이었다.

다음으로 우리 주변에서 도움을 주고 있는 소중한 직업들을 떠올려 보았다. 문구

점, 경비실, 분식집, 방방이, PC방 등 직접적으로 도움을 받는 직업들로 출발하여 경찰, 변호사, 판사, 시장, 대통령 등 간접적 도움을 받는 직업까지 확장해갔다. 이 활동을 통해 모든 사람이 직·간접적으로 도움을 주고받음을 느끼게 되었고 모든 직업의 소중함에 대해 다시 한번 생각해보게 되었다.

행복한 우리 반을 위해 필요한 직업

의미 있는 역할을 소개하고 1인 1역과의 차이점을 설명해주었다. 아이들은 청소 구역이 아닌 자신들이 잘할 수 있고, 좋아하는 직업을 수행할 것이라는 말에 환호를 했다. 먼저 행복한 우리 반이라는 한계를 정하고 다양한 직업들을 떠올린 후 각 직업의 필요성에 대해 아이들과 이야기를 나누었다. 이 과정을 통해 우리 반에 필요한 직업을 결정했고 직업마다 창의적인 이름 짓기를 했다. 이름 짓기는 시간이 오래 걸리고 꼭 필요한 과정은 아니지만, 학생들이 자신의 직업에 흥미와 자부심을 갖고 책임 있게 수행하는 데 강력하게 작용한다.

직업 안내문 작성하기

직업 안내문에는 이름, 필요한 인원, 때와 장소, 하는 일, 필요한 능력, 학급에 도

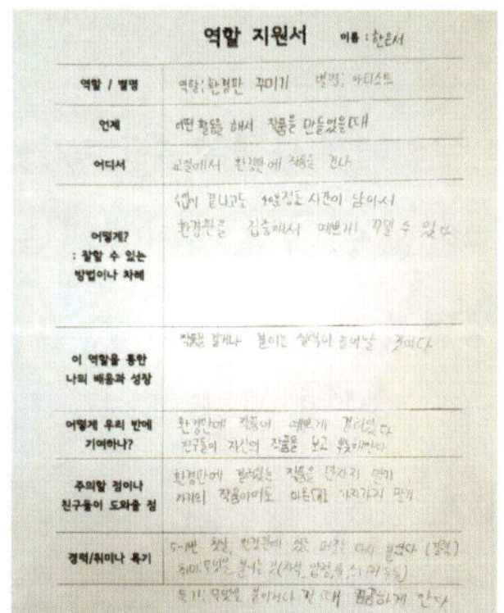

움이 되는 점, 나에게 도움이 되는 점을 작성할 수 있도록 했다. 작성 방법은 학생 수와 직업 수, 학년 수준 등을 고려하여 다양하게 실천할 수 있는데 올해에는 모둠별로 2~3개의 직업 안내문을 무작위로 주고 토의하여 작성하게 했다. 저학년의 경우 직업 안내문 양식에 교사가 작성할 수 있는 부분을 만들어 아이들에게 피드백을 주는 방법도 있다.

직업 지원서 작성하기

직업 지원서에는 지원자 이름, 직업명, 지원하는 까닭, 직업과 어울리는 나의 장점, 내가 성장할 수 있는 점, 구체적인 실천 계획을 작성할 수 있도록 했다.(직업 지원서 작성은 고학년은 혼자서도 작성할 수 있으나 저학년은 부모님의 도움이 필요하다)

1학기에는 직업 안내문을 교실에 게시하고 일주일의 시간을 주었다. 그동안 아이들은 자신이 지원할 직업을 선택하고 부모님과 상의하여 직업 지원서를 작성했다. 그리고 자신이 선택한 직업에 대해 알리지 않기로 했는데, 그 까닭은 인기가 많거나 힘이 센 아이가 선택한 직업을 피해서 지원하는 일을 방지하기 위해서였다. 2학기에는 아이들이 혼자서도 충분히 작성할 수 있다고 하여 직업 안내문을 보고 학급에서 바로 작성하도록 했다.

면접 및 공개채용

직업별로 면접 및 공개채용 활동을 진행했다. 지원자는 작성해온 직업 지원서를 발표하고 친구들과 질의·응답을 했다. 질의·응답의 내용은 직업 지원서의 내용과 관련 있는 사실로 제한하여 지원자의 과거 행동이나 개인적인 사건 등 인신공격이 되지 않도록 했다. 아이들은 기대 이상으로 예리하게 질문했고 답변하는 아이도 진지한 모습을 보였다. 직업 지원서 발표와 질의·응답이 끝나면 투표를 하는데, 지원자별 찬반투표를 하여 과반수가 넘은 다득표자를 선발했다. 이 과정은 경합 없이 한 명이 지원했을 때도 진행했고 이때는 과반수가 넘을 경우 선발했다.

탈락한 아이들은 남은 직업을 선택하거나 자신이 하고 싶은 다른 직업을 새롭게 떠올려 선택할 수 있게 했다. 남은 직업을 선택한 아이들은 별도로 직업 지원서를 작성하지 않고 간단하게 소견 발표를 한 후 질의·응답을 했다. 그리고 찬반투표에서 과반수가 넘을 경우 선발했다. 다른 직업을 새롭게 떠올려 선택하고 싶다는 아이들에게는 충분히 고민할 시간을 주었고 다음 학급회의 시간에 소견 발표, 질의·응답, 투표의 순으로 진행했다.

그리고 가장 중요한 것은 교사도 이 과정을 거쳐 직업을 하나 맡는 것이다.

개인적으로 의미 있는 역할에서 면접 및 공개채용 과정이 가장 중요하다고 생각한다. 시간이 많이 필요한 과정이지만, 배울 수 있는 것이 많다. 또한 이 과정은 자신의 직업에 대한 자부심을 갖게 하고 수행 기준을 명료하게 해준다. 아이들은 학급 임원선거의 투표와 개표 과정보다 이 과정에 흥미를 갖고 더 진지하게 참여하기도 한다. 그래서 교사의 세심한 주의가 필요한 과정으로 탈락한 아이들에 대한 따뜻한 격려와 적절한 조치가 필요하다.

올해에는 대부분 2번째 과정에서 합격했으나 한 명의 아이가 두 번 탈락했다. 평소 친구들과 갈등을 자주 일으키는 아이로 직업 지원서를 작성해오지 않았고, 친구들의 질문에 퉁명스럽게 대답했다. 첫 번째 탈락 이후 화를 내던 아이는 두 번째 탈락에서 울음을 터뜨렸다. 그 모습을 보던 한 아이가 먼저 위로를 해주었고 다른 아이들도 함께 격려하는 분위기가 형성되었다. 방과 후 그 아이와 오늘 있었던 일에 대해 대화를 나누었고 다시 용기를 낼 수 있었다. 다음 날 소견 발표 중 그동안 미안했다며 사과를 하는 아이의 모습에 학급 구성원들의 마음이 움직였고 원하는 역할에 당당하게 합격할 수 있었다.

실천 및 반성하기

의미 있는 역할의 실천은 아이들의 자유 의지에 맡겼다. 다만 학급회의 '지난주 반성' 시간을 활용하여 스스로 반성할 수 있도록 했다. 간혹 격려가 필요한 아이들

에게는 의미 있는 역할을 근거로 공개적인 격려를 해주었다. 적극적인 실천을 위해 알림장을 활용한 자기반성과 학급회의 '감사 나누기'를 통해 실천을 독려해보았지만, 가장 좋았던 방법은 교사가 알아차리고 감사를 표현하는 격려였다.

우유 상자 안이 정리되지 않은 때가 있었다. 학급회의에 안건으로 올리고 싶어서 일부로 큰 소리로 "우유갑이 잘 정리되지 않았네"라고 말했다. 그다음 날 학급 신문에 우유갑 정리에 관한 기사가 게시되었고, 그 날부터 한동안 정리가 잘 이루어졌다.

아이들은 의미 있는 역할을 무척 자랑스러워한다. 삐뽀삐뽀라는 응급처치를 맡은 학생은 학부모로부터 가정에서도 그 역할을 실천하고 있으며 변호사를 맡은 학생은 집에서 재판 관련 동영상을 본다는 말을 전해 들었다. 만약 의미 있는 역할이 자신의 장래희망과 맞는다면 진로교육으로서도 좋은 활동이 될 것 같다.

1. 하지 않으려는 아이가 있는데 어떻게 하면 좋을까요?

누구나 하나는 해야 한다고 말해줍니다. 그래도 하고 싶은 역할이 없다고 하면, 하고 싶은 역할을 찾도록 도와주고, 사전에 정한 역할이 아니므로 다른 아이들에게 동의를 구하고 역할을 맡게 합니다.

2. 청소처럼 서로 맡기 싫어하는 역할이 있으면 어떻게 하나요?

청소는 일주일 단위나 요일별로 나누어서 하거나 점심시간처럼 정해진 시간에 매일 모두 함께할 수도 있습니다.

3. 1인 1역과 무엇이 다른가요?

1인 1역은 학급에 필요한 일을 나눠서 하고 교사는 일을 잘 수행했는지 점검자 역할을 합니다. 반면, 의미 있는 역할은 내가 우리 반을 위해 하고 싶은 역할을 스스로 정해서 하므로 기여감과 소속감을 느끼고, 직업에 대한 이해와 탐구, 실천을 할 수 있는 기회가 됩니다. 이때 교사는 점검자가 아니라 역할을 상기시켜주거나 역할을 잘할 수 있도록 돕는 조력자가 됩니다.

4. 의미 있는 역할을 되돌아보는 방법은 무엇이 있나요?

"성환이가 의자왕을 했는데 고마웠던 친구 있니?", "진수가 번호를 알려주는 역할이었는데 도움을 받은 적이 있니?"와 같은 질문을 통해 잘한 것을 칭찬하고 격려하는 기회를 제공합니다. 이는 자기효능감과 자존감을 높일 수 있고, 이후 더욱 자발적으로 참여하도록 도울 수 있습니다.

5. 시간이 너무 오래 걸리지 않나요?

새 학기에는 전 과정을 다 해야 하므로 시간이 오래 걸립니다. 그래서 하루 동안 한꺼번에 정하지 않고 하루에 한 가지씩 활동을 나누어 진행하는 것도 좋습니다. 그다음부터는 지난 역할을 되돌아보고 역할을 넣거나 빼기, 역할 정하기 활동만 하게 되므로 시간이 오래 걸리지 않습니다.

6. 특정 직업에 경쟁적으로 모이는 경우에는 어떻게 하면 좋을까요?

– 오디션 전에 "양보해줄 사람 있니?"라고 질문하여 자율적으로 정하도록 합니다.

– 제비뽑기를 합니다.

– 역할에 대한 오디션을 실시하고 투표합니다.

– 역할 수행에 대한 이해, 마음가짐을 질문하고 투표합니다.

– 인기투표가 되지 않도록 직업 신청서를 교사나 다른 친구들이 읽어주고 투표하는 블라인드 테스트를 합니다.

7. 글쓰기를 어려워하는 저학년은 어떻게 하나요?

역할 안내서를 간단하게 만들고, 역할 지원서 대신 포스트잇에 이름을 써서 붙일 수 있습니다.

07. 일과 정하기 &
동의하기와 관철하기

김기재

　대부분의 교사가 학교에서 아이들과 가장 많이 부딪치고 힘들어하는 부분은 바로 가장 기본적인 학습습관과 생활 태도를 올바르게 형성하게 해주는 일이다. 이를 위해 수많은 규칙을 만들고 다양한 보상과 벌을 통하여 아이들이 지키며 습관화하도록 노력했다.

　그러나 그 과정에서 교사의 에너지가 굉장히 많이 소모된다. 매일매일 확인해야 하는 검사표, 규칙을 지키지 않는 아이들에 대한 고자질과 그에 뒤따르는 지도라는 이름의 잔소리와 힘겨루기, 쉬는 시간마다 반복되는 이런 일들은 차츰 교사를 지치게 하고 때로는 자신의 능력에 대한 자책과 무기력으로 빠지게 한다.

　이에 대한 PDC의 대안으로 동의와 가이드라인이 있다. 아이들 스스로 긍정적인 언어로 자신이 해야 할 말과 행동을 정하는 이 과정은 굉장히 유의미하다. 그러나 이것만으로 실제 우리가 늘 부딪히는 세세한 부분을 챙기기에는 아쉬운 점이 있는 것도 사실이다. 그 빈 부분을 채워줄 수 있는 것이 바로 학급 일과 정하기이다.

　학급 일과는 학생들이 분명하게 지켜야 하는 일상적인 과제로 아침에 등교하면 무엇을 할지, 수업 시작하기 전에는 어떤 일을 해야 하는지, 이동 수업을 해야 할 때는 어떻게 해야 하는지 등을 말한다. 특히 활동과 활동이 바뀌는 시점이 가장 중요하다.

　PDC에서 학급 일과는 교사와 학생이 함께 정한다. 학급 일과는 학기 초에 가장 기본적인 일과를 정해놓고 불편한 점이 생기면 하나하나 정할 수도 있다.

학기 초 학급 일과 정하기

1. 학교의 일과를 브레인스토밍하기

　매일 반복되는 학교의 일과를 브레인스토밍한다. 특정 일과 정하기가 필요한 시점에 하나씩 정하는 방법도 있고, 여러 가지를 동시에 정한 뒤 추후 수정 보완하는 방법도 있다.

2. 각 일과에 해야 할 것들을 이야기하기

　모두가 안전하고 행복한 학교생활을 하기 위하여 지켜야 할 점에 대해 이야기 나눈다.

　방법 1 - 개인별로 각 일과에 대해 한 가지씩 생각해보기

　방법 2 - 모두가 함께 하나의 일과에 대해 이야기하기

　방법 3 - 모둠별로 일과를 나누어 이야기하기

['방법 1의 예시, 각자 생각하여 적은 뒤 스티커 투표하기']

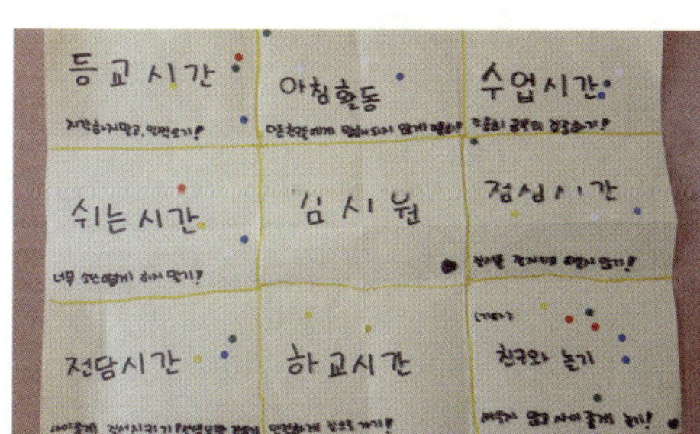

3. 공유하며 학급의 일과를 정하기

이야기 나눈 내용을 공유하고 동의의 과정을 거쳐 학급 일과를 정한다.

4. 연습하기

정한 일과는 다양한 상황으로 연습을 한다. 미리 연습하지 않으면, 실제 상황에서 적용하기가 어렵다. 또한, 실제 상황에서는 시간에 쫓겨 지도하기에 어려울 수 있지만, 미리 연습한다면 돌발 상황을 대비할 수 있다.

불편한 상황에 생겼을 때 일과 정하기(4단계 동의과정)

일과와 관련하여 학기 초에 생각하지 못한 문제가 생겼을 때 학급회의 시간 등을 이용하여 관련된 일과를 구체적으로 정할 수 있다.

1. 해결해야 할 문제에 대해 생각과 감정을 자유롭게 나누기

"요즘 종이 친 뒤에 수업을 준비하는 친구들이 있는데, 같은 일로 불편함을 느끼는 친구가 있다면 이야기해줄래?"

2. 해결책을 브레인스토밍한 후 교사와 학생이 함께 동의하기

예: 수업 종이 치기 전에 미리 알려준다. 책을 펴놓고 쉰다. 화장실은 미리 다녀온다 등

3. 구체적인 시각과 한계 정하기

"수업 종이 치기 몇 분 전에 알려주면 될까?"

"누가 알려줄 수 있을까?" (의미 있는 역할과 연계)

"다음 시간이 이동하는 시간일 때는 어떻게 할까?"

4. 연습하기

연습을 하고 규칙을 지키지 않을 경우 책임감을 기르기 위해 훈육할 것임을 안

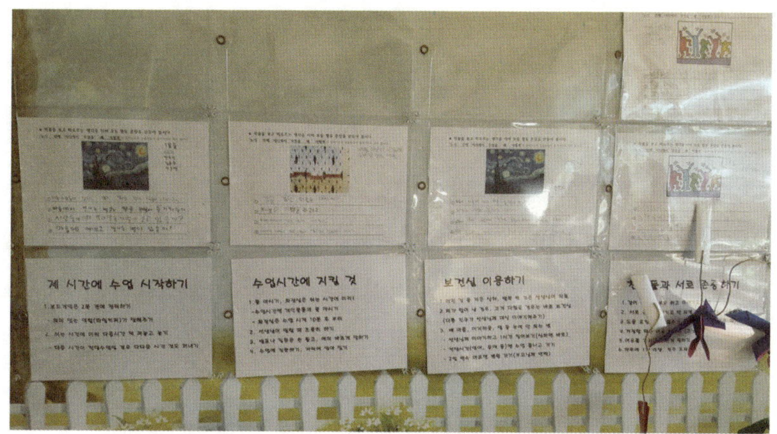

내한다.

지켜지지 않을 경우 훈육하기

기존에 가장 어려움을 느꼈던 것이 바로 훈육하는 과정이다. 이 과정에서 자칫 학생과 힘겨루기 상황으로 빠질 수도 있고, 훈육시간이 길어지면서 다른 학생들에게 피해가 될 수도 있었다.

1. 관철하기 4단계

　①사실을 짧고 친절하게 말하기(notice)

　　－"청소가 안 되어 있는 걸 봤어. 지금 하겠니?"

　　－"오늘만 안 하고 싶은 거야?" 등으로 감정을 읽어줄 수도 있다.

　　－길어지면 잔소리가 된다.

　②약속 확인하기

　　－"우리의 약속이 뭐였지?"

③ 말하지 않고 비언어 사용하기

　- 시계 가리키기

　- 부드러운 스킨십 사용하기

　- 이미 정해진 규칙은 단호하게 관철시킨다.

　- 힘겨루기가 되지 않도록 주의한다.

④ 규칙을 지켰을 경우 "약속을 지켜줘서 고마워"라고 격려하기

　- 아이가 잘못된 것을 수정하는 것은 쉬운 일이 아니다. 그러므로 격려를 통하여 아이의 자존감을 키워주자.

관철하기 4단계는 짧은 시간에 약속한 것을 지키게 할 수 있는 단호한 훈육방법 중 하나이다. 이 과정을 통해 지키지 않은 아이뿐만 아니라 다른 아이들도 우리가 함께 만든 일과를 지키지 않을 경우 교사가 단호하게 지도할 것이라는 것을 알게 된다. 그리고 4번째 단계의 감사 표현을 통해 지적받은 아이도 기분 나빠하지 않고 다음에는 더 잘 지키도록 노력하게 된다.

2. 5R

관철하기에도 불구하고 반복적으로 지키지 않는 아이가 있다면, 5R을 통하여 지속적인 훈련을 할 수도 있다.

① 약속 확인(Review)

　- "방금 복도에서 뛰는 것을 봤어요. 우리의 규칙이 무엇이었지요?"

② 되돌아보기(Reflection)

　- "그런데 지금 어떻게 하고 있지요?"

③ 책임(Responsibility)

　- "어떻게 하는 것이 규칙을 지키는 것일까?"

④ 결과(Results)

　- "규칙을 잘 지킨 것을 어떻게 알 수 있을까?"

⑤ 다시 해보기(Rehearse)

– "역할극이나 연습 등으로 다시 해봅시다."

3. 기록지 활용하기

상담일지 등의 기록으로 남겨야 한다면, 다음과 같이 5R의 내용을 담은 기록지를 활용하는 방법도 있다.

나와 친구들, 그리고 공동체를 존중하는 나 날짜 : 20 . . . 이름 :	
1. 우리 반의 약속은 무엇이었나요?	
2. 나의 행동을 되돌아봅니다.	
3. 나와 친구들, 그리고 공동체를 존중하기 위한 구체적인 계획	
4. 나에게는 어떤 도움이 될까요?	
5. 친구들과 공동체에는 어떤 도움이 될까요?	

08. 관계를 회복시키는 특별한 시간, 하루의 시작과 마무리

박현웅

아이들에게 조언하고, 충고하고, 바꾸려 하기 전에 먼저 아이와 진심으로 연결되는 일이 중요하다. 그래야 아이들에게 영향력을 미칠 수 있다. 우리는 누군가와 마음으로 연결되기 전에는 쉽게 바뀌지 않는다. 상대방이 나에게 의미 있고 영향력을 줄 수 있을 때 더 신뢰하고 그 사람으로부터 영향을 받고, 스스로 느껴 변화할 가능성이 크다.

그런데 이런 관계를 만들기 위해 하루 일과 가운데 별도로 시간을 내야 한다면 큰 부담이 될 수 있다. 하루를 시작하며 아침에 15분, 마무리하면서 10분 정도면 충분히 의미 있는 시간을 보낼 수 있고, 아이들과 좋은 관계를 만드는 데 참 귀중한 시간이 되며 긍정훈육의 토대가 될 수 있다.

아이들 맞이하기

사람이 온다는 건
실은 어마어마한 일이다.

그는

그의 과거와 현재와

그리고

그의 미래와 함께 오기 때문이다.

한 사람의 일생이 오기 때문이다.

– 정현종, '방문객' 중에서

아침에 교실에 들어서면 별생각 없이 먼저 컴퓨터를 켜고, 메신저의 내용을 확인하고, 그날에 필요한 준비를 하느라 정신없이 보낼 때가 많다. 그래도 아이들을 새로 맞이하는 이 시간이 참 중요함을 알아차리고 아이들이 오면 얼른 하나하나 눈을 마주치며 이름을 부르고 안부를 묻고, 맞아주려 애쓴다.

아이들이 먼저 와 있으면, 다가가 먼저 손을 내밀어 악수하거나 하이파이브를 한다. 밥은 먹었는지 잠은 잘 잤는지 묻거나, 이발을 했거나 새로운 옷을 입었으면 알아차려 주는 말을 하기도 한다.

아이들도 이 시간에 친구들과 가볍게 인사하거나 어제 있었던 일에 관해 자연스레 이야기를 나누기도 하고, 오늘 필요한 준비물들을 준비해 자기 자리에 앉아 기다린다.

나를 맞아주는 선생님과 친구들이 있는 교실에 아이들은 더 머물고 싶어 할 것이다. 우리도 그렇지 않나? 내가 가면 먼저 반겨주고 인사해주는 아이들이 있는 교실에서 행복하게 하루를 시작할 수 있을 것 같다.

아이들은 많은 것을 필요로 하지 않는다. 다만, 함께 있는 동안 만큼은 진심으로 자신에게 관심을 가져주고, 함께하는 특별한 시간을 갖기 바란다. 아이들을 맞이하는 것은 그다지 많은 시간이 필요하지 않으며, 하루의 일과 속에서 정기적으로 이루어질 때 교사와 아이들 모두에게 위안이 되고 긍정에너지를 주게 된다.

재미있는 1분 인사

선생님과 아이들은 인사를 하는데, 아이들끼리는 처음에 어색해서 인사를 잘 안 하기도 하고 그러면서 더 어색하게 지내게 된다. 또는 시간이 없어서 인사를 못 하는 경우도 있는데, 하루를 열며 함께하는 친구들과 인사로 시작하는 것은 중요하다.

흥겨운 음악을 틀어놓고 1분 동안, 반의 모든 친구와 인사(하이파이브하면서 "사랑합니다!" 또는 "반가워!"라고 인사하기)를 하고 자리에 앉게 한다. 시간을 이렇게 조금 촉박하게 주면 소극적인 아이들도 좀 더 적극적으로 인사한다.

인사를 할 때는 눈은 어디를 봐야 하는지, 악수할 때는 어떻게 해야 하는지 아이들에게 미리 대답하게 하면 인사를 더 잘하게 된다. 때에 따라서 90초나 2분으로 늘려서 더 진지하게 인사를 할 수도 있다.

인사말은 종종 바뀌는데, 우리 반의 올해 가이드라인은 '존중하고 배려하는 반', '리더십을 키우는 반'으로 이 성품을 키우기 위해 함께 연습하기로 한 말들을 하며 아침 인사를 하기도 한다.

"잘해보자!", "실수해도 괜찮아!", "네가 먼저 해!", "넌 잘할 수 있어!", "괜찮아?", "정말 잘한다!", "같이 놀자!", "넌 최고야!", "대단하다!", "포기하지 마!", "화이팅."

날마다 이런 말들을 연습하며 인사를 한다면, 친구를 격려하는 기술과 존중하며 인사하는 습관을 지닐 수 있다.

어떻게 인사를 나누면 좋겠는지 아이들에게 물어봐서 나온 여러 가지 방법으로 인사를 하기도 한다. 악수하며 인사 나누기, 하이파이브하며 인사 나누기, 두 손뼉 마주치며 인사 나누기, 팔짱 끼고 돌면서 인사 나누기, 검지를 대며 ET 인사 나누기, 서로 손을 모으고 인사 나누기 등이 있다.

아이들의 소감에서 인사 나누기의 효과를 확인할 수 있다.

고요한 시간

이렇게 놀이를 하거나 신나는 음악과 함께 아침 인사를 하면 조금 들뜨기도 하는데, 인사를 마치면 모두 자리에 앉는다. 교실 전등은 몇 개를 꺼서 은은한 분위기로 만든다. 아이들이 자리에 앉으면 눈을 한 번 감아보라 하고 잔잔한 음악을 튼 다음 천천히 깊은숨을 몇 차례 쉬게 한다.

"모두 자리에 앉아 눈을 감아보세요. 혹시 아직 둘레에 소리가 나는 친구가 있나요? 그 친구는 손을 들어 소리를 내는 친구의 어깨 위에 가만히 올려주세요!"(우리 반은 집중해야 할 때 소리를 내는 친구가 있으면, 어깨 위에 가만히 손을 올려 알려주기로 약속했다)

"천천히 숨을 내쉬고, 들이마셔 봅니다. 밖에서 들리는 소리보다 내 몸과 마음에서 나는 소리에 집중해보세요!"

아이들은 숨을 쉬면서 하루를 시작하며 자기 몸과 마음의 상태가 어떤지 확인한다. 1~2분쯤 지나면 짝이나 모둠 친구들과 나누기도 하고 때로는 반 모든 친구와 돌아가며 한두 문장으로 나누기도 한다.

"저는 오늘 4교시 수업이고 오후에 학원이 하나만 있어서 기분이 좋습니다."

"우리 집 고양이가 곧 새끼를 낳을 것 같아서 기대됩니다."

"어제부터 열이 나고 목이 아파 잠을 잘 못 자서 조금 힘든 상태입니다."

"아침에 엄마랑 싸우고 와서 기분이 좋지 않습니다."

"오늘 체육 수업이랑 미술 수업이 있어서 좋습니다."

아이들은 생각보다 자기 마음을 친구들에게 말하는 것을 즐거워한다. 서로의 상태를 알면 이해하게 되고 이해하게 되면 말하지 않아도 서로 배려하고 싶은 마음으로 하루를 시작할 수 있다. 그러면 몰라서 상처를 주거나 실수하는 일도 줄어든다.

더 깊어지는 관계를 만들어주는 '2분 토크'

일주일에 하루는 아침 시간에 재미있는 이야기 주제를 던져준다. 컴퓨터 화면에 2분 타이머를 켜두고는, 두 사람이 짝이 되어 한 사람이 이야기 주제에 관해 물으면, 다른 사람이 그렇게 생각한 까닭을 되도록 자세하게 번갈아 가며 답을 한다. 그리고 이야기 나눈 것에 대해 짧게(한두 문장으로)라도 반 전체가 돌아가며 나눈다.

마주 보며 이야기를 나누어보면 상대방에게서 편안함과 친근함이 느껴지게 마련이다. 그리고 이 시간은 경청과 공감이 무엇인지 알고 연습하는 시간이다. 또한 서로의 다름에 대해 깊이 알아갈 수 있고, 서로가 무엇을 좋아하고 싫어하는지 경계(울타리)를 알아볼 수도 있다. 이 시간을 통해 서로의 삶에 더 관심을 갖게 되고, 그럴 때 더 연결된다.

이야기 주제는 아이들에게 친구들에 대해 알고 싶은 것이 무엇인지 물어봐서 정하기도 한다. 아이들과 이야기 나눌 수 있는 주제 몇 가지를 소개한다.

- 어떤 음식을 좋아하나요? 까닭은요?
- 절대 먹고 싶지 않은 음식은 무엇인가요? 까닭은요?
- 좋아하는 디저트는 무엇인가요? 까닭은요?
- 먹으면 기분이 좋아지는 음식 하나 알려주세요.

- 잘하는 요리가 있나요? 레시피는요?

- 어떤 운동을 좋아하나요?

- 어떤 과목을 좋아하고, 어떤 과목을 싫어하나요? 까닭은요?

- 요사이 어떤 노래를 즐겨듣나요?

- 내가 듣기 좋아하는 말은 무엇인가요? 까닭은요?

- 내가 듣기 싫어하는 말은 무엇인가요? 까닭은요?

- 내가 좋아하는 친구들의 행동은 무엇인가요?

- 내가 싫어하는 친구들의 행동은 무엇인가요?

- 만약 동물이 될 수 있다면, 어떤 동물이 되고 싶나요? 까닭은요?

- 만약 역사 속 인물이 될 수 있다면, 어떤 인물이 되고 싶나요?

- 다시 내 인생의 어느 순간으로 돌아갈 수 있다면, 언제인가요? 까닭은요?

- 세상 어딘가에 지금 가볼 수 있다면, 어디로 가보고 싶나요? 누구랑?

- 지금 100만 원을 쓸 수 있다면, 어떻게 쓰고 싶은가요? 까닭은?

- 만약 내가 우리 반을 새롭게 만들 수 있다면 가장 먼저 바꾸고 싶은 것은 무엇
  인가요? 까닭은?

일과 안내하기

하루를 시작하며 그날의 일상이 어떻게 진행될지 아이들에게 미리 안내한다. 아
이들은 안내받으면 미리 준비하고 더 잘하게 되며 저항도 줄어든다.

가장 즐거웠던 일과 슬펐던 일을 나누며 마무리하는 하루

긍정적인 분위기로 하루를 마무리하는 일은 참 중요하다. 아이들도 교사도 감사
와 격려의 말을 듣고 싶어 한다. 이 활동은 학급에서 아이들의 소속감과 자존감을

높여줄 수 있다. 처음에는 아이들이 감사를 표현하는 일이 익숙하지 않지만, 날마다 감사하기 기술을 연습할 수 있게 해야 한다.

하루를 돌아보며 누군가 자신을 기분 좋게 해주었던 때를 떠올리고, 그 경험을 돌아가며 이야기한다. 또 누군가에게 감사하고 싶은 것을 생각해서 돌아가며 이야기한다. 처음에 칭찬이 익숙하지 않을 때는 친구들의 겉모습이나 성격에 대해 칭찬하기도 하지만, 조금 연습이 되면, '친구들이 한 일이나 성취한 것'에 대해 구체적으로 격려하는 것이 중요하다고 가르쳐 줄 수 있다.

어떤 날은 격려할 짝을 정해 하루 동안 살펴보고, 그 친구에 대해 살펴본 것을 발표하며 격려한다. 하루를 보내면서 관찰한 서로의 장점을 말하고 감사를 표현하는 시간을 갖기도 한다. 그날 가장 좋았던 순간에 대해 돌아가며 이야기하는 것도 하루를 긍정적으로 돌아보게 한다.

마지막에는 슬펐던 일이나 속상했던 일, 해결하고 싶은 일을 이야기하며 마무리하기도 하며, 해결하는 데 시간이 필요한 것은 학급회의 안건으로 남겨두고 하루를 보낸 것에 대해 격려하며 마무리한다.

"오늘 하루를 보내며 혹시 속상한 일이 있는 친구 있나요?"

"오늘 급식시간에 제가 조용히 줄을 잘 서달라고 했는데 어떤 친구들이 들어주지 않아서 속상했어요. 내일은 제가 부탁하면 잘 들어주면 좋겠어요."

"오늘 체육관 청소할 때 자기 구역 청소가 먼저 끝난 친구들은 못 끝낸 친구들을 도와주기로 했는데, 어떤 친구들은 자기들끼리 농구를 해서 좀 그랬어요. 다음에는 도와달라고 하면 도와주거나 다 끝내고 같이 놀면 좋겠어요."

"오늘 영어 시간에 떠드는 친구들이 있어서 영어선생님도 힘들어하시고, 저도 집중하는 데 방해가 되었는데 앞으로는 조용히 했으면 좋겠어요."

고마움과 감사를 표현하고, 그날의 속상했던 감정을 표현하며 하루를 마무리하는 일은 개인에게도 학급 공동체에도 참 중요하다. 좋았던 것, 감사한 것을 말할 기회를 주고, 불편한 감정은 되도록 그때 털어버리는 것이 좋은 관계를 만드는 데 도움이 된다.

이렇게 하면서 아이들은 의미 있는 존재들과 연결되어 있다는 소속감과 자신을 소중한 존재로 여기는 자존감이 높아졌으며, 저마다 특성이 다르다는 것을 알게 되었고, 친구들과 선생님이 생각하는 자신의 장점을 듣는 좋은 기회가 되기도 했다.

배웅하기

하루를 마무리하면서, 아이들이 교실 밖으로 나갈 때도 교실 문 앞에 서서 아이들에게 하이파이브를 하거나 악수를 하거나 어깨를 가볍게 토닥이며 보낸다.

"오늘도 수고했어!"

"오늘 수업시간에 어제보다 더 집중해줘서 고마워."

"아까 선생님 부탁 들어줘서 고마워."

"다음에 농구 또 함께하자."

"아까 꾸중해서 (화내서) 미안해!"

"사회시간에 발표 잘했어!"

"오늘 감기 때문에 힘들었겠다. 푹 쉬고 내일은 더 건강해져서 만나자."

이런 이야기를 하면서 아이들을 보낸다. 그러면 좋은 감정으로 하루를 마무리할 수 있게 되고, 이런 하루하루가 쌓여 신뢰하는 관계가 만들어진다.

09. 감정을 이해하고 조절하며 존중하는 긍정적 타임아웃

갈민정

나 좀 내버려 두세요, 잠시만!

결혼 10년 만에 아이를 가졌다. 어떤 아이일지, 누굴 닮았을지 궁금해하며 나름 열심히 아이를 만날 준비를 했다. 이렇게 오랫동안 기쁨의 날만 기다리며 아이와 만날 준비를 했지만, 아이가 태어나고 나서는 하루 종일 시도 때도 없이 울어버리는 아이 모습에 어쩔 줄 모르고 전전긍긍했다. 아이가 왜 이렇게 보채는지, 잠은 왜 안 자는지, 아이와의 시간은 한없이 나를 버겁고 힘들게 만들었다. 그 당시 내가 가장 원했던 것은 '제발 어디 나가서 나 혼자만의 시간이 있었으면' 하는 것이었다. 신체적인 피로를 해결하는 것보다 내게 더 시급했던 것은 혼자만의 시간이었다.

점점 힘들어하는 내게 가족들은 한 시간의 자유 시간을 주었고, 나는 조금의 망설임도 없이 집 근처의 커피숍에 가서 커피 한잔을 마셨다. 그때 커피의 맛은 잘 기억나지 않지만, 커피 한 모금 한 모금을 마시면서 '아~ 행복해'를 수없이 외쳤던 것은 아직도 기억이 난다. 하지만 아이와 씨름하고 있을 남편이 걱정되어 한 시간도 채우지 못한 채 집으로 돌아갔다. 한 시간 전까지만 해도 아이와의 시간이 버겁고 힘들게 느껴졌지만, 커피숍에서 돌아왔을 때는 아이가 다시 한없이 사랑스러워 보였다.

중학생 아들을 둔 친구들의 모임에서 한 친구가 아들이 화가 나면 문을 잠그고 방에서 안 나온다고 불만을 토로한 적이 있다. 그때 친구들은 테스토스테론이 왕성한 남자 중학생들의 버릇없음과 잠긴 방문을 여는 방법에 관해서 한참 논의를 했다. 하지만 나는 친구의 아들이 이해가 되었다. 왜냐하면 나도 엄마의 잔소리를 듣거나 안 좋은 일이 생기면, 답답한 마음을 가다듬고 생각을 정리할 수 있도록 아무도 나를 방해하지 못하게 방문을 잠그고 도피한 적이 많았기 때문이다. 이런 시간은 마치 마법과 같이, 격앙된 내 모습을 되돌아보며 차분히 감정을 가라앉히는 기회를 주었다.

긍정훈육을 배우기 전, 교실에서 한 여학생이 사라진 적이 있었다. 수업시간이 한참 지났는데도 나타나지 않아 교실이 발칵 뒤집혔다. 한 시간이 지나도 나타나지 않아 언론에서 접하던 흉흉한 사건들이 머릿속에 떠오르며 식은땀이 흘렀다. 그때 마치 아무 일 없었다는 듯이 홀연히 그 학생이 나타났다. 어딜 갔었는지, 왜 그랬는지 물었더니 "친구가 놀려서 화가 났어요. 그래서 화장실에 들어가서 화를 풀었어요. 지금은 조금 괜찮아요"라고 격앙된 내 모습에 놀라 눈치를 보며 대답했다. 나는 "그래도 수업 시작 시간은 지켜줘. 교실에서 해결했으면 좋겠어. 선생님이 걱정했잖아"라고 그 아이를 타일렀다. 그러면서 교실에도 나의 사춘기 때 안식처였던 방 같은 곳, 짧은 시간이지만 다시 회복할 힘을 얻을 수 있는 안전한 곳이 있으면 좋겠다는 막연한 생각을 하게 되었다.

감정의 실타래가 엉켜있을 때 누군가의 도움보다는 나 혼자 감정을 살펴보고 조절할 수 있는 그런 공간, 과연 모두 함께 있는 교실에서 그런 공간을 만들 수 있을까? 교실에서 감정을 이해하고 조절하며 나 자신으로 되돌아오는 활동에 대해 이야기해보려고자 한다.

심리학 용어 중에 '정서 명명하기'라는 말이 있다. 이 말은 감정을 표출하는 것이 아니라 감정을 기술할 때 진짜 감정을 정화하는 효과가 나타난다는 것을 의미한다. 즉, 부정적 감정도 그 감정이 무엇인지 알고 설명한다면 그 부정적인 감정으로 인한 우발적인 폭력이나 피해가 줄어든다는 것이다.

공동체 생활을 하며 학문적인 것뿐만 아니라 다양한 사회·정서적 기술을 배우는 학교에서도 감정을 알고 배우며 다루는 것이 당연히 필요하다. 다행스럽게도 현재 많은 교실에서 감정에 관심을 갖고 다양한 활동을 한다. 다음에 감정과 친해지는 교실 활동들을 소개한다.

1. 교실 속 감정 다루기 활동: '내가 감정, 너의 이름을 불러 주었을 때'

가. 영화 '인사이드 아웃' 이야기 나누기

영화 '인사이드 아웃'은 열한 살 소녀 라일리의 머릿속에서 일어나는 기쁨이, 버럭이, 까칠이, 소심이, 슬픔이 등 감정 캐릭터들의 이야기다. 이 영화를 보고 아이들과 언제 이런 감정을 느끼는지 나누어보고, 감정 자체는 좋고 나쁨이 없고 다양한 감정이 필요하다는 이야기를 나눌 수 있다. 슬픔 덕분에 기쁨이 존재할 수 있고, 나아가 서로의 아픔을 위로하고 공감하며 이해할 수 있다는 것을 아이들과 이야기해보자.

나. 아침맞이 감정 퀴즈

1) 원형으로 둘러앉아서 아침 1교시 시작 전 5분 활동으로 1~5 숫자로 손가락 스펙트럼을 통하여 감정을 나타낸다. 1은 감정이나 컨디션이 나쁨, 3은 보통,

5는 아주 좋음으로 사전에 아이들과 약속을 한다.

Tip 원형으로 앉아서 하면 아이들이 서로 오늘의 감정 상태를 한눈에 파악할 수 있다. '아, 오늘 ○○이는 '1'이구나. 무슨 일 있으니 좀 더 위로가 필요하겠구나!'

감정을 퀴즈 대신 때로는 날씨, 색, 동물 등으로 나타낼 수도 있다. 예를 들면, "오늘 저의 마음은 파랑이에요. 왜냐하면, 오늘 엄마한테 혼나서 마음이 파랗게 멍들었기 때문이에요." "저의 마음은 맑음이에요. 왜냐하면 기분이 좋기 때문이에요" 식으로 할 수 있다.

2) 교사는 감정이 1 또는 5인 아이에게 왜 그런 감정을 느꼈는지 말해달라고 요청한다. 이때 아이는 감정의 단어를 말하지 않고, 그 감정이 들게 된 사건이나 경험 등을 이야기한다.

3) 반 친구들은 감정이 들게 된 사건이나 경험 이야기를 듣고 나서 그 친구의 감정을 알 것 같은 친구가 '정답'이라고 외치고 "너 혹시 ○○(감정) 마음이었니?"라고 묻는다. 정답이면 정답을 맞힌 친구에게 하트를 발사하며 '정답'이라고 외쳐주고, 아니면 "고마워, 그런데 그건 아니야"라고 대답하며 다른 친구를 지목한다.

4) 정답을 맞힌 친구는 다시 자신이 그런 감정을 느끼게 된 사건이나 경험을 이야기하며 퀴즈를 낸다.

다. 풍선 놀이: "나를 화나게 한 너"

이 활동은 박현웅 선생님이 소개한 심성 놀이로, 풍선을 이용하여 '화', '분노'라는 감정을 알아보고 스스로 조질해볼 수 있다. 또한, 화가 나는 상황을 친구들과 이야기하고 나누다 보면 혼자만의 문제가 아니라 친구들도 나와 비슷한 문제로 고민한다는 것을 이해할 수 있으며 친구들을 도와주려는 마음을 갖게 된다.

1) 준비물: 풍선, 매직펜

2) 피구공만한 크기로 풍선을 불고 묶는다.

3) 매직펜으로 풍선에 어떨 때 내가 화가 나고 속상한지, 단어나 그림으로 표현한다.(예: 동생 편만 들어주는 엄마, 시험 등)

4) 원형으로 앉아서 친구들과 자기가 쓴 것을 이야기하며 나눈다.

5) 풍선을 떨어뜨리지 않고 20~30회를 위로 띄운다. 또는 가장 높이 쳐 보기도 좋다.

6) 앞의 활동을 충분히 했으면, 두 팀으로 나누어 신나는 음악과 함께 상대편에 풍선 많이 보내기 놀이를 한다.(격려 활동 스노우볼 놀이 참조)

7) 노래가 끝나면 화나게 하는 상황, 친구들을 화나게 했던 상황이 적힌 풍선을 잡고 터뜨린다.(혼자 터뜨리기 힘들면 친구와 같이한다)

8) 돌아가며 활동에 대한 소감을 나눈다.

라. 나만의 비사 만들기

전래놀이 비사치기의 비사를 이용하여 행복했을 때와 화가 났을 때를 이야기하며 서로의 경계를 세워 보며 다양한 감정을 이해한다.

1) 준비물: 나무 비사, 매직펜, 털실

2) 매직펜을 이용하여 비사의 한쪽 면에는 행복했을 때의 표정, 다른 면에는 화가 났을 때의 표정을 그린다.

3) 털실을 머리 모양으로 만든 후 글루건으로 붙인다.

4) 완성된 나만의 비사를 소개하여 언제 행복했는지, 화가 났는지를 친구들과 이야기 나눈다.

   Tip 나만의 비사는 전래놀이뿐 아니라 아침맞이 감정 이야기 나눌 때 할 수도 있다.

2. 감정을 다루는 방법: 감정의 경계를 세우다

작년 유독 다른 친구들과 자주 부딪히는 현수가 있었다. 현수는 항상 속상하고 화가 나 있었고 친구들은 현수가 왜 화를 내는지, 왜, 소리를 지르거나 우는지 모른 채 어리둥절해 하곤 했다. 그때마다 반 친구들은 "왜인지 모르겠지만, 네가 속상했으면 미안해"라고 사과했다. 하지만 반복되는 현수의 화에 아이들의 짜증은 늘어만 갔다. 교사인 내가 보기에도 현수가 왜 속상해하는지 잘 모를 때가 있으니, 아이들에게는 더 이해가 안 되었던 것이 당연했다. 그래서 힘들어하는 현수와 다른 친구들을 위해서 서로의 좀 더 깊은 감정의 경계를 세우고 다룰 수 있는 방법과 관련된 활동을 해보았다.

내 뚜껑이 열려요

『학급긍정훈육법』 또는 『학급긍정훈육 활동편』에 나오는 '자기조절'을 참고하

여 아이들과 손바닥 뇌 이론을 익혀 스스로 화를 다스리고 회복하는 방법을 알아보
고자 한다.

1) 화가 나는 상황을 브레인스토밍해본다. 그리고 돌아가며 화가 났을 때를 발표
   하고 기록이(서기)가 이를 기록한다. 기록한 것은 교실 게시판에 붙여둬서 서
   로의 화나는 상황을 기억하게 하는 것도 좋다.

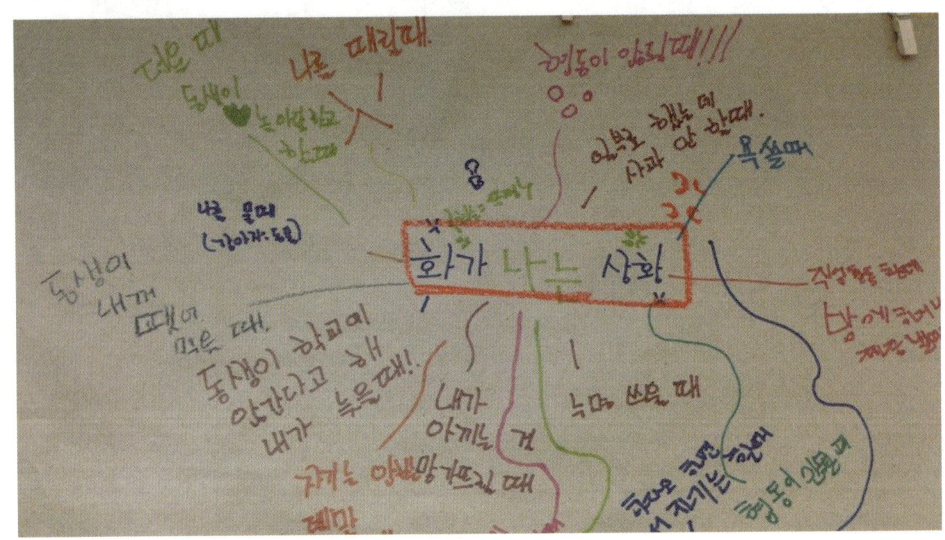

2) 손바닥 뇌 이론 공부하기(『학급긍정훈육 활동편』 59쪽 참고) :
   손바닥을 이용해서 뇌 이론을 쉽게 설명하는 방법을 소개
   한다. 아이들과 함께 직접 해보면서 설명해주는 것이 좋
   다. 먼저, 손목을 보여주며 기본적인 생명과 관련되어 있
   는 뇌간을 상징한다고 설명한다. 엄지손가락을 접으며 이
   것은 감정을 처리하고 기억하는 중뇌(편도체)를 상징하며
   파충류의 뇌라고도 불린다는 것을 알려준다. 나머지 네

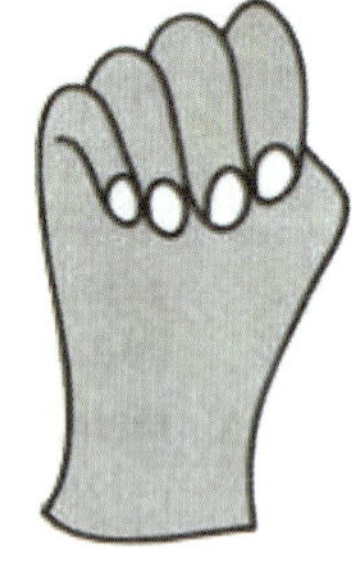

손가락을 접으면 주먹이 되는데 이것을 대뇌피질이라고 하고 생각하는 역할을 한다고 말한다. 그리고 손가락 끝 손톱 쪽은 전전두엽을 나타내며 이것은 메타인지와 감정 레이더, 내 기분을 조절하는 역할을 함을 알려준다.

3) 손가락 열기(뚜껑 열기) : 흔히 하는 말로 화가 나면 '뚜껑이 열린다'고 한다. 이것을 손가락 열기로 보여줄 수 있다. 화가 나면 스트레스를 받아 이성적인 사고가 안 되기 때문에 대뇌피질을 나타내는 네 손가락은 펴지고, 감정을 처리하는 중뇌인 엄지 손가락만 남는다.

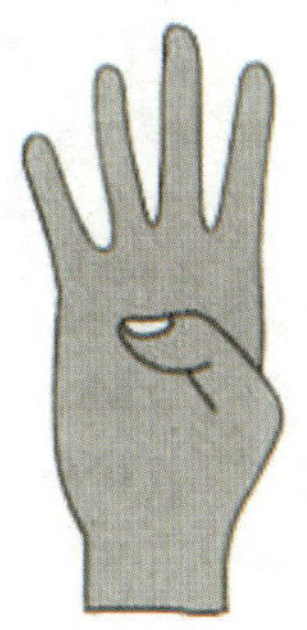

"이런 상황을 뭐라고 할까요? 맞아요, 뚜껑이 열린다고 표현하죠. 그러면 뭐만 남아 있을까요? 생각하는 힘이 사라지면, 이렇게 감정만 남아요. 억울하고 밉고 싫고 화나고… 이런 마음이 남아 있겠죠? 이런 마음만 있다면, 우리 교실에는 어떤 일이 일어날까요? 곁에 있는 사람이 하품을 하면 같이 따라 하게 되는데, 이것은 우리 몸에 거울과 같은 뉴런이 있기 때문이에요. 그런데 화가 난 친구를 보면 어떻게 될까요? 같이 뚜껑이 열릴 거예요. 그러면 감정과 감정이 부딪혀서 더 큰 문제가 생기겠죠? 그래서 스스로 거울 뚜껑을 닫는 방법을 알아야 해요. 어떻게 하면 뚜껑을 닫을 수 있는지 생각해볼까요?"

4) 나만의 뚜껑 닫는 방법: 화가 났을 때 어떻게 하면 기분이 좋아지는지 생각하게 한 후 발표한다. 화가 나는 상황과 마찬가지로 학급 기록이가 기록을 하고 기록물은 교실에 게시해두는 것을 추천한다. 그리고 내가 화가 났을 때나 친구가 화가 났을 때 뚜껑 닫는 방법을 보고 상황에 맞게 도와줄 수 있으면 도와주도록 학급 아이들과 약속한다. 예를 들어, 한 친구기 뚜껑이 열리면 이 친구의 뚜껑 닫는 법인 세수하기를 권해보고 같이 화장실에 가준다.

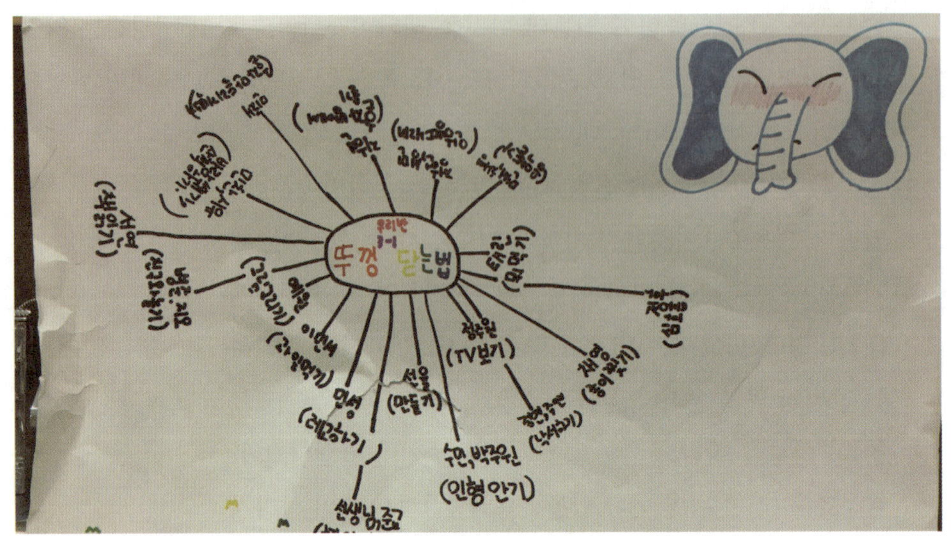

3. 쿨아웃 스페이스 '긍정적 타임아웃' : 화가 사라지는 특별한 공간을 만들다

친구들의 다양한 뚜껑 닫는 방법을 알아본 다음, 만약 그 방법을 교실에서 바로 할 수 없는 상황에서는 어떻게 내 감정을 다스리고 바로 잡을 수 있는지 이야기를 한다.

가. 『재러드의 쿨아웃 스페이스(Jared's Cool-out Space)』 읽기

이 책에서 화가 나서 문을 쾅 닫고 식탁 테이블을 걷어찬 주인공에게 엄마는 화난 마음을 가라앉힐 수 있는 특별한 공간을 제안한다. 주인공은 이 공간에 이름을 지어주고, 어디에 만들고, 무엇이 필요한지 생각하며 자신만의 특별한 공간을 만들어서 감정을 조절한다는 이야기이다. 이 책을 읽으면서 아이들과 뚜껑을 닫는 우리만의 특별한 공간이 필요함을 제안해본다.

나. 긍정적 타임아웃 공간을 위한 학급회의(긍정훈육 활동편 4장 참조)

1) 속상하고 화난 마음을 다스릴 수 있는 공간 이름 짓기(예: 비밀의 방, 마법의 방, 보물섬 등)

2) 긍정적 타임아웃 공간 장소 정하기(교실 뒤, 사물함 쪽, 교실 베란다 등)

3) 필요한 물품 정하기(예: 인형, 책, 이불, 쿠션, 스케치북, 사인펜, 텐트 등)

4) 규칙 정하기: 이 공간을 잘 유지하고 우리의 감정을 잘 다스리기 위해서 어떤 규칙이 필요한지 토의한다. 참고로 우리 반에서 아이들과 가장 많이 토의한 것은 긍정적 타임아웃 공간에 얼마나 있을 수 있는지, 싸워서 화가 난 사람이 많으면 그럴 땐 어떻게 할 것인지였다.

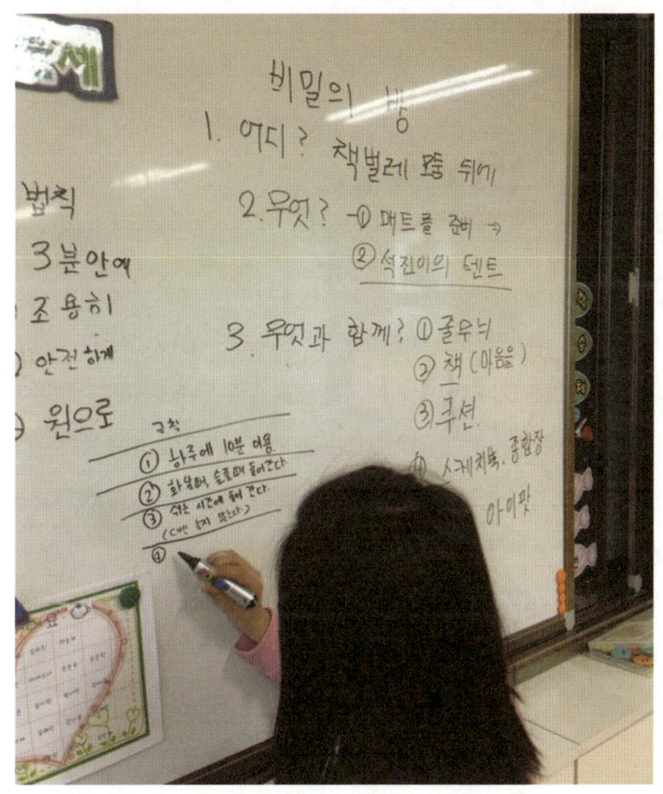

다음은 우리 반 회의 결과 규칙이다.

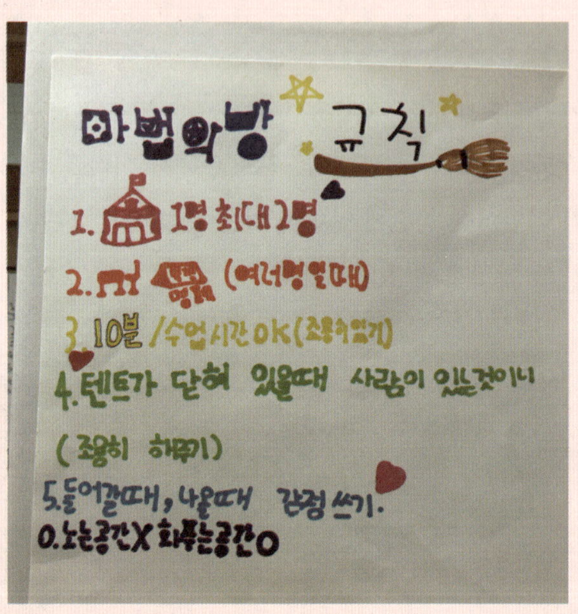

- 마법의 방은 1명이 들어가지만, 최대 2명까지 들어갈 수 있다.

- 여러 명이 동시에 들어가고 싶으나 자리가 없을 경우, '뚜껑'이라고 쓴 종이 명패를 자신의 책상 위에 두면 다른 친구들이 그 친구를 건드리지 않고 조용히 해준다.

- 이용시간은 10분이고 수업시간에도 이용 가능하다. 단, 수업시간일 땐 '마법의 방'에 조용히 있어야 한다.

- 텐트가 닫혀 있을 때는 사람이 있는 것이니 주변에서 놀지 않고 조용히 해준다.

- 들어갈 때, 나올 때 스케치북에 자신의 감정을 쓴다.

- 이곳은 노는 공간이 아니고 화를 푸는 우리의 소중한 공간임을 잊지 않는다.

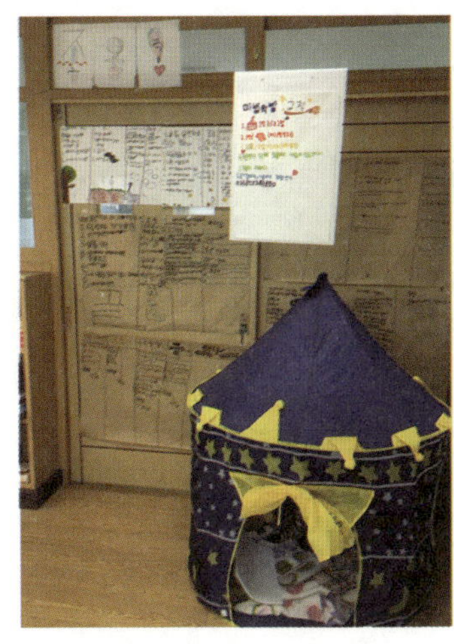 

5) 긍정적 타임아웃 공간 꾸미기: 공간에 필요한 물품을 기증받은 후 아이들과 함께 특별한 공간을 꾸민다. 이때 공간 사용에 관한 규칙은 가장 잘 보이는 곳에 설치해두는 것이 좋다.

6) 긍정적 타임아웃을 하면서 생기는 문제들과 해결 팁: 아이들이 긍정적 타임아웃(이하 긍타)을 이용하면서 자신의 감정을 깊이 바라보고 다스릴 수 있었지만, 크고 작은 문제점이 계속 생겨났다. 이 모든 문제는 칠판에 기록한 후 학급회의 안건으로 상정했다.

- 10분이 지났는데도 안 나와요: 약속한 시간 10분이 지났는지 모를 수도 있으니 그때는 선생님이 가서 조용히 안내해주기. 아직 화가 덜 풀렸더라도 다음 친구들이 기다릴 수 있으니 자리에 앉기(단, '화났다'라는 감정은 명패로 표시하기)

- 공간이 너무 지저분해요: 긍타존을 관리하는 의미 있는 역할 만들기(우리 반의 긍타존 이름은 '마법의 방'이어서 의미 있는 역할 별명은 '마법사'이다. 마법사는 일주일에 한두 번 편한 시간에 긍타존을 정리했다)

- 감정을 적는 스케치북에 제 욕이 쓰여 있어요: 남이 쓴 스케치북은 선생님

외에는 보지 말기

- 주변 친구들이 너무 시끄러워요: 쉬는 시간에 긍타존 근처에서 놀지 않기
- 두 명 말고 더 들어가고 싶어요: 공간적 여유가 있을 때는 한 명 더 들어가기

긍정적 타임아웃과 관련하여 가장 많이 받았던 질문을 Q&A 형식으로 정리해보았다.

Q. 꼭 텐트로 해야 하나요?

아닙니다. 소파 또는 책상을 이용할 수도 있어요. 여기서 중요한 것은 교실 내에 감정을 돌아볼 수 있고 안전한 곳을 아이들과 함께 만든다는 거예요.

Q. 공간을 만들었는데 아이들이 이용을 안 해요.

처음에 긍타존을 만들었을 때 저의 고민거리는 이거였어요. '이렇게 좋은 곳을 만들었는데 왜 이용을 안 하지?' 그래서 화가 잔뜩 나서 씩씩거리는 친구가 있기에 "화가 많이 나서 속상해 보이네. 마법의 방에서 잠시 시간을 가져볼래? 그다음 선생님이랑 이야기해보는 게 어떨까?"라고 권했어요. 그리고 저도 화가 났을 때 마법의 방을 잠시 이용한 적도 있었어요. 그런 모습을 보고 한두 명씩 이용하기 시작해서 일 년 동안 우리 반에서 없어서는 안 될 곳이 되었죠.

Q. 선생님은 수업시간에 화가 날 때 어떻게 하나요?

교사도 사람이어서 당연히 화가 날 수 있죠. 그런데 그때가 바로 우리가 화를 어떻게 다스리는지 보여줄 수 있는 절호의 기회이기도 해요. 저는 그래서 사전에 저

의 경계를 말해줘요. "선생님은 화가 많이 나서 마법의 방을 이용할 수도 있지만, 다른 친구들을 살펴봐야 하는 의무도 있기 때문에 화가 났을 때는 다른 방법으로 알려줄 거야. 선생님 책상 위에 있는 컵을 뒤집어 둘게. 그때는 너희도 선생님이 마음을 다잡을 수 있게끔 도와줬으면 해. 화가 풀리면 컵을 다시 바로 놓을게." 이렇게 약속을 정했어요.

Q. 궁타존에서 나온 아이들은 선생님과 상담을 하나요?

속상한 마음이 계속되어서 저에게 또는 상담사('의미 있는 역할'에서 또래 중재자)에게 도움을 요청하면 쉬는 시간이나 점심시간에 같이 이야기를 해요. 그런데 대부분 궁타존에 다녀온 것만으로도 많이 해결되어서 꼭 상담을 하는 것은 아니에요. 하지만 자주 이용하는 아이가 있으면 아이가 요청하지 않더라도 제가 먼저 다가가서 이야기를 나누기도 한답니다.

10. 우리만의 긍정적 타임아웃 문화 만들기

도대영

멈춤의 시간을 가지는 것을 타임아웃(Time out)이라고 한다. 타임아웃이란 격렬해진 감정의 온도를 낮추거나 상황을 정돈하기 위한 시간을 의미한다. 농구 경기에서 흐름을 바꾸기 위해, 전술을 위해 타임아웃을 부르는 것을 생각하면 된다.

기존의 교실에도 타임아웃이 운영되고 있다. 바로 '생각하는 의자'가 그것이다. 몇몇 교사가 생각하는 의자(혹은 교사 바로 옆 책상)를 두고 문제행동을 하거나 감정이 격해진 학생을 그곳으로 보낸다. 자기조절을 할 시간이 생기니 효과가 어느 정도 있을 것도 같다. 하지만 타임아웃에는 크게 긍정적 타임아웃과 부정적 타임아웃이 있는데, 이런 경우는 부정적 타임아웃에 해당한다. 두 가지 이유 때문이다.

첫째로, 학생의 선택으로 이루어지는 것이 아니다. 교사가 타임아웃을 하라고 지시하고 학생은 수동적으로 따를 뿐이다. 앞에서 언급한 대로 자기조절은 말 그대로 '자기가 스스로' 조절하는 것이다. 그런데 '생각하는 의자' 방식은 시작부터 자기가 아닌 타인에 의한 것이다. 자신의 선택이 들어가지 않은 타임아웃은 학생에게 감정의 되새김질을 하게 할 가능성이 크고 뚜껑은 쉽게 닫히지 않는다.

두 번째로, 곁들여지는 교사의 훈계 때문이다. 교사가 생각하는 의자로 학생을 보내는 이유는 '네 감정을 스스로 조절하기 바란다. 내가 도와줄 건 없을까?'라기보다는 '네가 뭘 잘못했는지 생각해봐'에 더 가깝다. 다시 말해, 순화된 체벌이라고 할 수 있다. 그러므로 학생은 자신의 감정이나 행동이 평가, 비난 받는다고 여길 가능성이 크고 당연히 감정은 쉽게 정리되지 않는다.

이 두 가지 이유 때문에 기존의 생각하는 의자는 효과가 작다.(이는 부모가 집에서 '네 방에 들어가서 반성해!'라고 소리 지르는 것과 같다) 학생을 배움으로 끌어들이기 위해서는 긍정적 타임아웃이 필요하다. 긍정적 타임아웃이 되려면, 앞의 두 가지 조건을 갖추면 된다. 선택권을 주고 훈계하지 않는 것이다.

그런데 막상 타임아웃을 하려면 또 다른 난관이 기다린다. 바로 물리적 제약이다. 싸운 친구와 얼굴을 마주해야 하거나 다른 여러 친구와 함께 앉아야 하는 상황에서 자기조절을 하기란 쉽지 않다. 그렇다고 교실 밖으로 자유롭게 나가도록 하는 건 안전과 관리자의 시선 등 때문에 교사의 입장에서 선택하기가 쉽지 않다. 이런 이유로 별도의 물리적인 공간이 필요하다. 그 공간을 어떻게 하면 좋을까? 학생들과 함께 만들면 된다.

타임아웃 공간 만들기

다음 절차에 따라 공간을 만들 수 있다.

- 삼중뇌 이론을 기반으로 자기조절의 의미 설명하기 (롤플레잉을 중심으로)
- 자기조절 방법 브레인스토밍하기
- 긍정적 타임아웃 공간의 효과와 사례 소개하기
- 타임아웃 공간을 만들지에 대해 의견 묻기
- 공간의 이름, 위치, 인테리어, 필요 소품, 규칙 등을 정하기
- 계획에 따라 구성하기

- 활용하고 소감 나누기
- 계획을 수정 · 보완해서 완성하기

다음은 2017년에 만든 타임아웃 공간, '코끼리 쭈뿌쭈뿌'이다.

많은 교사가 하는 착각이 있다. '완벽한 시작이 완벽한 결과를 유지할 것이다'라는 것이다. 여기까지는 자기조절과 긍정적 타임아웃의 세팅일 뿐이다. 이제부터 진짜 만들어가는 과정이다. 중요한 점은 PDC 책이나 이론에 얽매이지 말아야 한다는 것이다. 이 공간은 세계 그 어떤 교실에도 없는 우리만의 공간이다. 그러므로 우리 실정에 맞게 업그레이드해야 한다.

다음은 우리 교실에서 타임아웃 공간이 업그레이드되어 온 과정이다. 참고로 모든 업그레이드 과정에는 학생의 논의와 결정이 있었다.

휴식으로 활용할 때 공간이 좁아요

타임아웃을 하는 학생이 없을 경우 누구나 놀이와 휴식 공간으로 활용할 수 있게 약속을 정했다. 그러다 보니 많은 학생이 들어가게 되었고 공간이 좁다는 의견이 나왔다. 그래서 다음과 같은 해결책을 마련했다.

1. 활용 빈도가 낮은 물건(샌드백 등) 치우기
2. 활용 인원 제한 두기(최대 5명)
3. 휴식의 목적으로는 하루에 두 번까지만 이용하기
4. 사물함 재배치를 통한 추가 공간 확보

타임아웃 할 때 다른 친구들에게 방해를 받아서 집중하기 어려워요

타임아웃을 할 경우 비밀 보장을 위해 다른 친구들은 공간에서 나가고 접근하지 않는다. 하지만 쉬는 시간이면 '너희 타임아웃 하는 거야?'라고 물어보거나 공간 바로 옆에서 노는 친구가 많았다. 그로 인해 타임아웃에 집중하기 어려웠다. 해결책은 다음과 같다.

1. 상태 팻말 만들고 배치하기('타임아웃 중', '타임아웃 아님')

2. 타임아웃 공간 주변 두 걸음 이내 접근 금지

3. 또래 중재자와 함께 심각한 이야기를 할 경우 별도의 공간으로 이동해 타임아
   웃 하기

정리가 잘되지 않아요

타임아웃 공간에는 타임아웃에 도움이 되는 다양한 물건이 있다. 이불과 베개가 있고 푹신한 인형, 책, 음악을 듣기 위한 이어폰도 있다. 그러다 보니 쉬는 시간 끝까지 즐기다가 종소리에 허겁지겁 자리로 돌아가는 학생이 많다. 정리 정돈이 되지 않는다. 해결책은 다음과 같다.

1. 일일 도우미 역할에 타임아웃 공간 정리 넣기

2. 짧은 시간에 쉽게 정리하는 방법 안내하기

3. 의미 있는 역할에 타임아웃 공간 정리하는 직업 만들기

수업시간에 너무 자주 가요

자기조절 공간의 가치를 느끼면 학생들은 자발적으로 자주 이 공간을 찾는다. 그런데 자기조절의 개념을 오해하거나 공간 자체의 매력에 빠져 너무 자주 찾는 경우가 있다. 특히 수업시간에 감정이 조금만 올라가도 타임아웃 공간으로 가는 학생도 있다. 물론 감정을 완전히 가라앉히고 효과적으로 수업에 임하는 것이 좋다. 하지만 너무 자주 갈 경우 수업에서 협력이 필요한 부분은 이루어지기 어려울 수 있다. 또한 수업 결손의 우려도 있다. 해결책은 다음과 같다.

1. 수업시간에는 자신의 감정 온도를 수치화했을 때 7점 이상(10점이 최대)일 경우
   에만 타임아웃 공간으로 가기

2. 빠진 수업 내용을 수업 노트 한 페이지에 요약해서 선생님께 확인받기

실내화가 섞여서 바뀌어요

대부분 같은 모양의 실내화를 신다 보니 여러 명이 들어가면 실내화가 섞인다. 물론 실내화에 이름을 쓰는 게 좋지만 그러지 않는 경우가 많다. 다음은 이에 대한 해결책이다.

1. 실내화를 놓는 발 모양을 만들어 바닥에 붙이기
2. 실내화에 이름 쓰기
3. 실내화를 발로 벗고 들어오지 않고 손으로 정리한 뒤 입장하기

궁금한 점

Q. 언제 활용하나?

말 그대로 '자기조절이 필요할 때' 활용한다. 주로 쉬는 시간이나 점심시간이지만, 수업시간이라도 도저히 학습이 불가능할 정도로 감정의 온도가 올라갔을 경우 활용해도 좋다고 안내한다. 그럼 교사와 다른 학생들은 수업을 진행하고 해당 학생은 그 공간에서 자기조절을 한다. 물론 조절이 끝나면 스스로 수업에 들어온다.

Q. 어떻게 활용하나?

만들 때 제안된 자기조절 방법 중에서 자신에게 가장 효과적인 방법을 선택해서 한다. 다만, 다른 친구들에게 방해되지 않도록 해야 한다.(예를 들어, 음악을 듣는 경우 이어폰을 껴야 한다) 자신의 감정을 털어놓을 친구가 필요하다면, 한 명 정도 함께 들어갈 수 있다. 평상시에 자기조절이 필요한 학생이 없을 때는 학생들이 자유롭게

사랑방처럼 이용해도 좋다. 하지만 자기조절이 필요한 학생이 있을 경우 모든 학생이 비켜준다.

Q. 학생들이 악용하지 않을까?

많은 교사가 우려하는 부분이다. 자기조절이 필요하지 않은데, 수업이 듣기 싫거나 공간이 좋아서 활용하지 않을까 하는 걱정이다. 물론 그럴 수 있다. 하지만 공간의 본질 자체가 선택을 전제로 한 곳이고 선택은 책임을 동반한다. '정말 타임아웃이 필요하니?'라는 진실 게임을 할 필요 없이 친구들이나 본인이 정확하게 판단할 수 있다. 혹은 교사가 그런 상황 때문에 불편하다면 학생들에게 이야기하고 함께 해결책을 찾아볼 수도 있다. 하지만 지금까지 악용하는 경우는 거의 없었다.

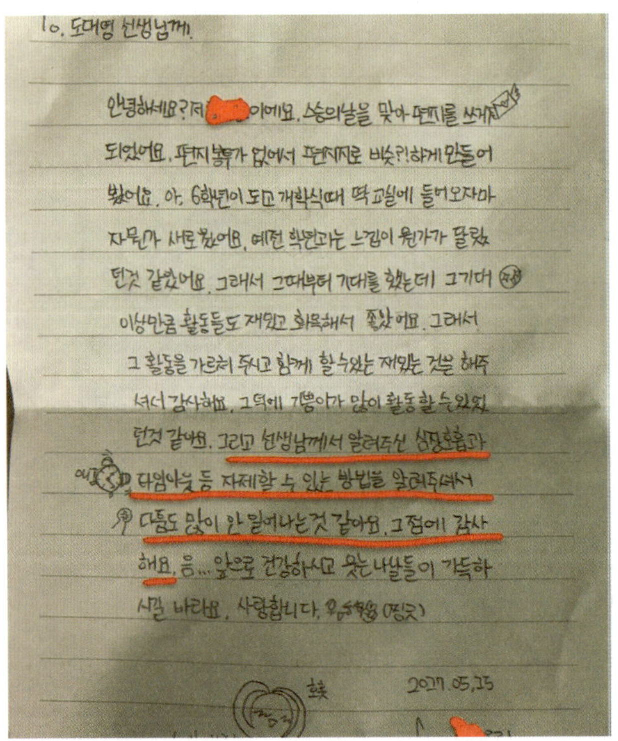

Q. 주변 교사들이나 관리자들이 이해하나?

공개수업 등 때문에 교실에 다른 교사나 관리자들이 방문할 때가 있다. 이때 학생들이 교실에 누워 있거나 수업시간에 다른 행동을 하고 있는 걸 보면 오해할 수도 있다. 그러나 크게 걱정할 필요는 없다. 오히려 이 공간의 의미와 기능, 효과를 홍보할 기회이기 때문이다. 한 예로 교생 대상 전체 공개수업 중에 한 학생이 자기 조절이 필요하다며 공간을 5분 정도 활용했다. 참관하던 수십 명의 교사와 교생들은 의아해했지만, 수업 후 내 설명에 수긍하고 응원을 해주었다.

Q. 관리가 어렵지 않나?

조성, 관리, 개선 모두 학생들과 함께해야 할 부분이다. 관리도 학생들이 하며, 이는 규칙과 약속으로 해결이 가능하다.

11. 다름 존중 활동
_ 공평과 정의

장원일

1. 공평이란?

서로 다른 조건을 가진 사람들에게 기계적으로 평등한 상황을 만드는 것은 진정 공평한 일일까? 서로 다름을 인정하는 활동을 한 후에 어떻게 하면 서로 공평하게 대할 수 있을까에 대해 생각해볼 수 있다.

이 활동을 통해서 아이들은 모든 사람에게 일률적으로 대하는 것보다 서로의 상황을 이해하고 배려하는 마음과 생각을 가지는 것이 중요함을 이해할 수 있다. 특히 학급에 특별한 배려가 필요한 아이가 있다면 도움이 된다.

가. 포스트잇 붙이기: 키가 큰 아이가 간신히 닿을 정도의 높이로 칠판 위쪽에 포스트잇 2개를 붙인다.

나. 학생 초대하기: 키가 큰 학생 1명과 키가 작은 학생 1명을 앞으로 초대한다.

다. 포스트잇 떼기: 칠판 위에 붙은 포스트잇을 떼어 보게 한다. 키가 큰 학생은 쉽게 떼어내지만, 키가 작은 학생은 떼어내기가 쉽지 않다.

라. 공평에 대해 생각해보기: 어떻게 해야 공평한지 함께 생각해본다. 장애인 주

[그림: 서민지 선생님]

차구역, 특정 과목에 부족한 아이들을 어떻게 도울까 등에 대해 이야기를 나누며 서로의 조건을 이해하고 어떻게 배려해야 하는지 생각해볼 수 있다.

키가 큰 친구가 간신히 닿을 정도의 높이로 칠판에 포스트잇 2개를 붙였다. 키가 작은 여학생 한 명과 키가 큰 남학생을 불러냈다.

"한번 포스트잇을 떼어볼래?"

키 큰 남학생은 손을 번쩍 들어 포스트잇을 쉽게 떼어냈지만, 키가 작은 여학생은 팔짝팔짝 뛰어도 손이 닿지 않았다.

"두 사람에게 똑같은 높이의 포스트잇을 주었지만, 공평하다고 할 수 있을까?"

"아니요. 포스트잇을 키 작은 사람을 위해서 조금 낮춰주면 될 것 같아요."

예상한 답변이 돌아왔다. 하지만 여기서도 우리 반 까칠이는 가만히 있을 아이가 아니다.

"키가 작은 건 개 문제잖아요. 똑같이 붙여줘야 공평한 거죠."

생각이 다른 아이들끼리 잠시 토론이 붙었다.

'그렇지. 좋아. 그래야 생각이 깊어지지.'

잠시 토론을 지켜보다가 물었다.

"그럼 백화점 입구에 가까운 장애인 주차 구역은 어떤가요? 장애인을 위해 입구 쪽에 가까이 만들었는데, 공평하다고 할 수 있나요? 수학을 어려워하는 친구도 있고, 체육을 어려워하는 친구도 있는데, 수학 시간에 어려워하는 친구를 위해 선생님이 특별히 시간을 내어 가르쳐준다면, 체육 시간에 잘하지 못하는 친구를 위해 특별한 도움을 준다면 불공평하다고 할 수 있을까요?"

정답은 없다. 이런 생각의 나눔을 통해 서로를 위한 배려를 배울 수 있을 것이다.

2. '다름 존중' 뮤직비디오 만들기

음악에는 우리의 마음을 울리는 무언가가 있다. 운율에 맞추어 은유적으로 표현된 가사를 아름다운 멜로디에 실어 전하는 음악은 우리의 감성을 교양시킨다. 다른 사람들과 생각이 서로 다름을 확인하고 이야기 나눈 뒤 함께 좋은 음악으로 마음을 나누면 훨씬 더 풍성해진다. 마음이 풍요로워지고 너그러워진다.

가. 노래 영상 시청하기: 영화 〈포카혼타스〉의 OST 중 'Colors of wind'라는 곡이 있다. 이 노래는 멜로디뿐 아니라 노랫말이 너무 아름답다. 서로 다름을 존중하는 것이 얼마나 중요한지를 잘 말해준다. 마침 우리나라 초등학생이 '마음의 빛깔'이라는 제목으로 부른 곡이 있다. 이 노래를 함께 시청한다.

나. 그림 그리기: 노랫말을 적은 빈 종이를 아이들에게 나누어준다. 각자 노랫말에 맞는 그림을 그린다.

다. 뮤직비디오 만들기: 그림을 순서대로 사진을 찍어 음악과 함께 편집 프로그램으로 뮤직비디오를 만든다.

라. 감상하기: 학급 SNS에 올려 공유하고 감상한다. 시간이 남을 때 수시로 함께 감상하며 서로 다름에 대해 간단히 이야기 나누면 서로 다름을 인정하는 태도를 되새길 수 있다.

바람의 빛깔(Colors of wind)

사람들만이 생각할 수 있다 그렇게 말하지는 마세요
나무와 바위 작은 새들조차 세상을 느낄 수가 있어요
자기와 다른 모습 가졌다고 무시하려고 하지 말아요
그대 마음의 문을 활짝 열면 온 세상이 아름답게 보여요
달을 보고 우는 늑대 울음소리는 뭘 말하려는 건지 아나요
그윽한 저 깊은 산 속 숲 소리와 바람의 빛깔이 뭔지 아나요
바람의 아름다운 저 빛깔을
얼마나 크게 될지 나무를 베면 알 수가 없죠
서로 다른 피부색을 지녔다 해도 그것은 중요한 게 아니죠
바람이 보여주는 빛을 볼 수 있는 바로 그런 눈이 필요한 거죠
아름다운 빛의 세상을 함께 본다면 우리는 하나가 될 수 있어요

미술 시간에 먼저 이 노래의 영상을 아이들과 함께 시청하는데, 너무나 아름다운 멜로디와 노랫말에 눈시울이 붉어졌다. 눈물이 맺힌 걸 들킬까 봐 아이들을 얼른 못 돌아봤는데, 돌아보니 감수성이 풍부한 몇몇 아이도 눈물이 그렁그렁했다. 서로 눈을 마주치니 뭔지 모를 동질감이 느껴졌다.

종이 아래쪽에 노랫말을 적어 나누어주고 노랫말에 어울리는 그림을 그리게 했다. 노랫말이 인원수에 맞지 않아 빈 종이를 주고 전주와 후주 부분에 그림을 넣었

다. 그림을 완성한 친구는 각자 자신의 이름을 아래쪽에 붙였다. 각 그림을 순서에 맞게 사진을 찍어 동영상 편집 프로그램으로 뮤직비디오를 만들고 학급 SNS에 올렸는데, '눈물을 찔끔했다', '감동적이다'라는 학부모들의 댓글이 달렸다.

그 뒤로도 아이들은 '바람의 빛깔' 노래가 너무 좋다며, 같이 보자는 이야기를 종종 하곤 한다. 그래. 얼마든지 같이 봐야지.

12. 신발을 신고
친구의 삶 속으로

강환이

이 활동은 준비된 신발 보드 위에 올라가 보드에 쓰인 문장을 읽어본 후 어떤 느낌과 생각, 결심을 하게 되는지 묻는 것이 주된 것이다.

활동을 그대로 한다면 교사는 내용이 서로 다른 6~8개의 신발 보드만을 준비하면 된다. 그러나 초등학교 40분의 단위 수업 동안 학생들이 단순히 보드 위에 올라가는 것뿐만이 아니라 서로 토의하여 해결책을 함께 생각하고 친구를 격려하는 과정을 경험하게 하기 위해서 변형할 수 있다. 또한 우리 반에서 함께 이야기해볼 만한 학생들의 특성을 생각하며 신발 보드를 직접 준비할 수도 있다.

본 활동에 대한 변형의 예는 다음과 같다.

〈활동 1〉

- 사진 보여주기: 미술 시간에 학생들이 똑같은 주제로 찍은 사진

- 세상을 보는 우리의 눈이 서로 다른 까닭 알기

- 다른 사람의 신발 신기

1) 신발 고르기: 모둠별로 색깔(빨, 주, 노, 초, 파, 보) 중에 1가지 고르기

2) 신발 확인하기: 모둠별로 주인이 서로 다른 신발 받기(모둠원 중 한 명은 활동의

3) 신발의 주인 되기: 신발 보드에 쓰인 문장을 한 명씩 돌아가며 읽기

4) 신발 주인의 감정 인터뷰: 이 신발을 신었을 때 어떤 감정인지 인터뷰하기

5) 신발 주인의 욕구 찾기: 이 신발 주인이 다른 사람에게 바라는 욕구 찾기

〈활동 2〉

• 신발 주인의 소원 들어주기

- 모둠에서 한 명씩 대표로 나와 신발 주인의 상황과 욕구 설명하기

- 전체 토의로 신발 주인을 도와줄 수 있는 방법 찾아서 알려주기

〈활동 3〉

• 새 신발 만들어주기

- 친구들의 조언을 바탕으로 모둠에서 신발 주인에게 필요한 새로운 신발 만들어주기

• 새 신발 신겨주기: 발표하기

활동을 적용한 실제 수업 사례

5학년 도덕과: 학부모 공개수업

2015학년도에 PDC 퍼실리에이터 2기 과정 중에 알게 된 이 활동을 활용하여 수업을 구성하기로 결심했다. 일 년 동안 PDC 학급을 운영하며 좌충우돌했지만, 그 속에서 성장한 학생들이 서로 다름을 이해하고 격려하는 모습을 학부모들에게 보여주고 싶었기 때문이다.

학부모들이 지켜보는 가운데 수업이 시작되었다. 어느 때보다도 떨리는 학부모

공개수업이었다. 마음속에 떠오른 여러 가지 생각이 나를 초조하게 만들었다. '아이들이 신발 보드의 글을 읽으며 신발 보드의 주인이 느끼는 생각, 느낌, 결심을 찾아낼 수 있을까?' '내가 너무 어려운 것을 요구하는 것은 아닐까?' '신발 주인을 도와줄 방법을 이야기할 때 너무 엉뚱한 것을 이야기해서 학부모님들 앞에서 창피를 당하지는 않을까?'

활동이 시작된 후 모둠을 다니며 학생들이 신발 보드에 있는 문장을 읽고 느낌과 생각을 나누는 모습을 관찰했다. 놀랍게도 학생들은 내가 생각한 것보다 더 깊게 신발 보드의 주인에게 공감하며 감정을 찾아내고 있었다. '나는 완벽해야 해' 보드를 받은 모둠에서는 이 신발 주인이 '미안하고 불안한 감정'을 느낄 것 같다고 말했다. 다른 모둠에서는 '나는 능력이 있어' 보드를 받은 학생이 나머지 세 친구의 '방관자' 보드에 대한 이야기를 듣고 난 후 '내가 저 친구들을 도와주고 싶다'는 감정을 느꼈다고 기록했다.

전체 토의 시간에 신발 주인을 도와줄 방법을 찾을 때 학생들은 각자 다양한 관점에서 다양한 해결책을 제시했다. 이때 교사도, 듣는 학생들도 어느 해결책이 더 좋은지 더 나쁜지 평가하지 않았다. 학급회의를 매주 해본 학생들은 이런 과정이 매우 자연스러워 보였다.

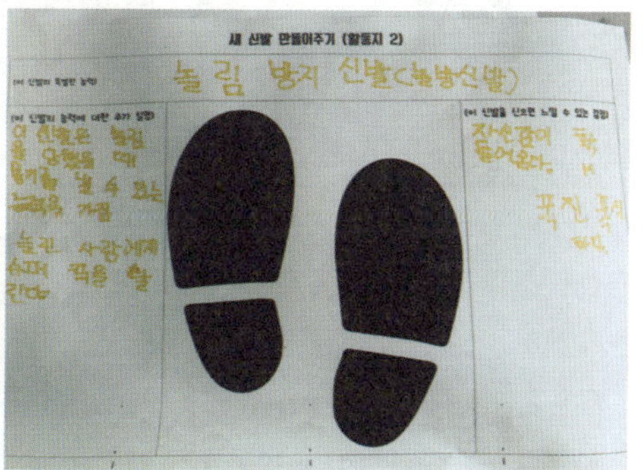

2017학년도 6학년 사회과 교육과정에는 '인권'에 대해 배우는 부분이 있다. 인권을 존중하기 위해서는 서로 다름을 존중하는 것이 반드시 필요하다고 생각한 나는 이 활동을 적용하여 미술과와 통합해 교육과정을 재구성하기로 했다. 앞에 소개한 수업과 거의 동일한 구성으로 사회과에서 수업을 한 후 미술과의 디자인 수업과 통합하여 '새로운 신발'을 직접 디자인하고 색칠하기로 했다.

2017학년도 학급에는 전학생이 있었다. 그런데 시간이 지나도 전학생은 친구들과 쉽게 어울리지 못했고, 이는 교사인 나에게 가장 큰 고민이자 숙제였다. 그때 '신발을 신고 친구의 삶속으로' 활동을 떠올렸다. 신발 보드에 있는 '전학생', '따돌림', '방관자' 카드를 읽고 감정과 욕구를 찾는 활동이 학생들에게 의미 있을 것으로 판단했다.

모둠에서 한 명씩 대표로 나와 이 신발 주인의 상황과 감정을 설명할 때, 나는 여분의 신발을 준비했다. 대표로 나온 학생은 자신의 신발을 벗고 여분의 신발을 신자 쑥스러운 얼굴을 하면서도 활동에 더욱 몰입했다. 지켜보는 학생들도 다른 신발을 신는 모습을 보자 귀 기울여 이 신발의 주인이 누구인지 들었다.

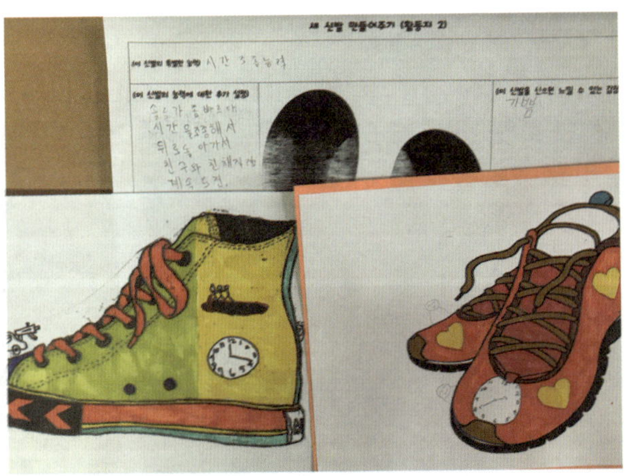

전체 토의 시간에 학생들은 마치 자신이 '나는 소속감이 있어' 보드와 '나는 능력이 있어' 그리고 '나는 최고는 아니지만 최선을 다하고 있어' 보드를 가지고 있는 것 같이 편안하고 자신감이 있어 보였다. 학생들은 해결책으로 관심과 소속감을 이야기했고 용기를 말했다. 모두 내가 한 해 동안 PDC 교실을 운영하며 학생들이 가지기를 바랐던 것들이다.

학생들의 소감

2015학년도 학부모 공개 수업에서는 본 활동의 동기유발로 『민들레는 민들레』[*] 그림책을 읽어주었고, 마무리로 책 속 문구를 변형하여 '우리 반은 우리 반'에 알맞은 문구를 포스트잇에 한 마디씩 써서 붙여 공유했다. 학생들이 쓴 문구에는 우리 반의 구성원이 모두 다 다르다는 것을 이해하고, 그럼에도 불구하고 우리 반의 일원으로서 존중하겠다는 마음이 담겨 있었다. 다음은 문구 중 일부이다.

- 행복해도 우리 반
- 짜증 내도 우리 반
- 헤어져도 우리 반
- 떨어져 있어도 우리 반
- 힘들어도 우리 반
- 존중해도 우리 반
- 웃어도 우리 반
- 울어도 우리 반

---

[*] 『민들레는 민들레』 김장성 지음, 오현경 그림, 아이세움(2014)

2017학년도 수업 마무리에서는 감사 나누기를 했다. 매주 학급회의에서 감사 나누기를 한 학생들은 익숙하고 자연스럽게 감사 나누기를 하며 '돌아가며 말하기'로 소감을 발표했다. 다음은 소감 중 일부이다.

- 친구들이 다양한 방법을 함께 고민해주어서 좋았어요.
- 우리 반에 이런 친구가 있다면 내가 먼저 다가가야겠다고 생각했어요.
- 내가 이 신발의 주인이라면 마음이 많이 아플 것 같았어요.
- 함께 도와줄 수 있는 방법을 이야기해서 재미있고 좋았어요.

13. 상처받은 영대

구은경

  교실에서 아이들이 서로에게 상처 주는 말과 행동을 하면서 힘들어하는 모습을 자주 보게 된다. 이럴 때 교사는 그저 듣기 싫은 말과 행동으로 친구들을 괴롭히는 아이들을 불러다가 서로의 입장을 바꾸어서 생각해보라고 수도 없이 이야기한다. 그러나 역지사지를 통해 상대방을 이해하는 것은 쉽지 않은 일이다.

  '상처받은 영대'는 상처 주는 말과 행동이 주는 영향을 시각적으로 제공하여 상처는 완화될 수 있어도 완전히 치유될 수는 없다는 것을 아이들 스스로 깨닫게 하는 아주 유용한 활동이다.

'영대 이야기' 열기

  수업을 시작하기에 앞서 우리 반에 영대라는 학생이 곧 전학 올 거라고 이야기하였다. 아이들은 진짜인 줄 알고 눈이 동그래지며 한껏 기대감에 부풀었다. 그런 모습이 순진하고 귀엽기까지 했다. 나는 교실 앞문을 열고 '찡그린 영대 얼굴을 그린 종이'를 들고 들어왔다. 아이들은 실망했는지 '에이' 하면서도 선생님께서 뭘 하시려는 걸까 궁금해했다. 그때 다음과 같은 이야기를 들려주었다.

"영대가 전학 오기 전에 친구들 때문에 많이 힘들고 속상했대요. 어떤 말과 행동이 영대에게 상처를 주었을까요? 혹시 나도 상처 받았던 말이 있다면 무엇이 있을까요?"

아이들은 번쩍번쩍 손을 들며 평소에 들었던 혹은 했던 나쁜 말들을 쏟아내기 시작했다. 듣기가 거북한 말을 할 때마다 나는 찡그린 영대 얼굴을 그린 종이를 조금씩 구겼다. 구길 때마나 아이들은 소리를 지르며 하지 말라고 했다. 그러나 나는 아랑곳하지 않고 나쁜 말을 들을 때마다 계속 조금씩 구겨 마지막에는 공처럼 되었고 그제야 발표를 멈추게 했다. 그리고 구겨져서 공이 되어버린 영대의 기분이 어떨지 물었다.

"영대는 지금 어떤 마음일까요? 이런 기분을 느꼈던 사람 있나요?"

아이들은 구겨진 영대를 보면서 '속상했을 것 같다', '나도 그런 말을 들은 적이 있다'고 말하며 감정이입을 했다.

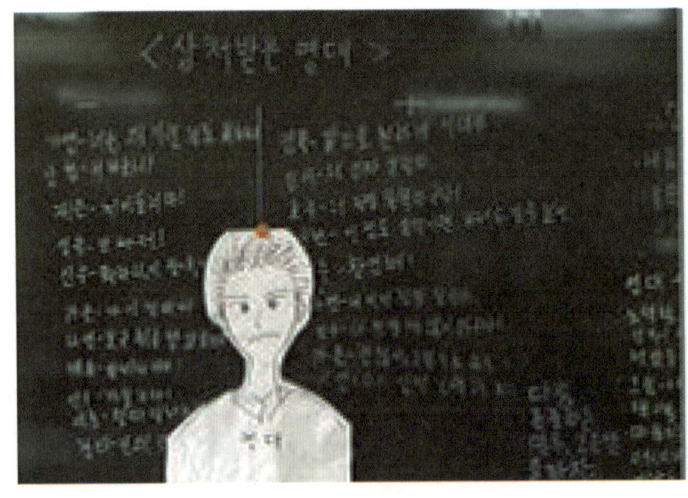

다시 아이들에게 물었다.

"이런 영대가 우리 반에 왔는데 어떤 말과 행동으로 환영해주고 도와줄 수 있을까요?"

아이들은 너무나 기특하게도 격려하는 말을 해주기 시작했다. 영대가 구겨질 때마다 아이들이 함께 마음 아파하고 도와주고 싶어 하면서 스스로 상호존중의 중요성을 깨달았던 것이다. 나는 아이들이 격려하는 말을 해줄 때마다 종이를 조금씩 폈다. 마침내 종이가 쫙 펴졌을 때 뒷면에 그려놓은 밝은 얼굴의 영대를 보여주었다. 아이들의 얼굴도 함께 기뻐하는 것처럼 보였다.

하지만! 아무리 격려해도 영대의 모습에는 구겨진 주름이 남아있었다. 아이들은 영대의 얼굴은 웃고 있지만, 한번 구겨진 종이는 온전히 펴지지 않는다는 것을 눈으로 보고 있었다. 우리는 이것에 대해 계속해서 이야기를 나누었다.

"우리가 이 주름을 완전히 제거할 수 있을까요? 여러분에게도 이런 주름이 있나요?"

교실에는 잠시 정적이 흘렀고 아이들도 생각에 잠기는 것 같았다. 주름이 생겨버린 영대를 보면서 한번 꺼낸 말은 주워 담기 어렵고 오랫동안 상처로 남아있기 때문에 말하기 전에 충분히 생각하고 말해야 한다는 것을 직접 체험하는 순간이었다.

상처는 완전히 사라지지 않았지만, 밝아진 영대를 환영한다는 의미로 영대와 함께 사진을 찍었다. 그 시간 이후로 영대를 교실 뒤 에어컨에 걸어두고 아이들이 나쁜 말과 행동을 할 때마다 앞으로 가져와 칠판에 붙여놓고 그때의 마음을 상기시켜 주었다. 그 효과는 말보다 훨씬 컸다.

14. 다름 존중 활동
_ TOP 카드 활동

박주현

　이념, 인종, 문화, 종교, 성별 등 사회의 도덕적 갈등은 대부분 내가 옳다고 생각하는 것과 상대가 옳다고 생각하는 것이 다를 때 발생한다. 사람들은 저마다의 관점으로 세상을 바라보고 이해하는데, '서로의 다름'을 이해의 대상이 아닌 비판의 대상으로 인식하는 순간 우리 머릿속은 자신의 옳음을 위한 투쟁을 시작한다.

　'서로의 다름'을 존중하지 않아 발생하는 갈등은 30여 명이 생활하는 교실 안에서도 수없이 일어나며, 이는 협력적인 학급 문화를 조성하는 데 걸림돌이 된다. 특히 또래집단이 형성되는 고학년에서는 집단의 동조 압력으로 소수의 의견을 억압하는 상황이 발생하기도 하며, 깊어진 갈등은 집단 간 대립이나 집단 따돌림 문제로 나타나기도 한다.

　점차 빨라지는 사춘기로 인해 성장통을 겪는 4학년 아이들에게 '서로의 다름'을 이해하고 존중한다는 것은 무척 어려운 일이다. '서로의 다름'으로 인한 갈등을 예방하고 협력적인 학급 문화를 조성하며 좁아져 가는 지구촌 사회의 일원으로서 세계시민 의식을 길러주고자 '서로의 다름을 존중한다는 것은?'이라는 핵심 질문을 가지고 다름 존중 활동을 실천했다.

　톱 카드(Top card)는 학급긍정훈육법 책에는 자세히 나와 있지 않지만, PDC 공부

모임과 PDC 클래스 연수에서 직접 배운 내용을 바탕으로 실천했다. 작년 2학년 학생들과 했을 때 가장 큰 어려움을 겪은 부분이 첫 질문이었는데, 다음과 같았다.

"딩동, 택배가 왔어요. 한 개를 제외하고는 무조건 받아야 한대요. 여러분은 어떤 것을 다시 돌려보내겠습니까? 첫 번째 택배는 고통과 스트레스, 두 번째 택배는 거절과 귀찮음, 세 번째 택배는 비판과 조롱, 네 번째 택배는 의미 없음과 중요하지 않음입니다."

교사의 발문이 얼마나 중요한지를 다시 한번 깨달았다. 위와 같이 질문한 결과, 각 택배의 의미를 설명하는 데 10분이 걸렸다. 학년 수준을 반영했어야 하는데 처음이라 서툴렀다. 고통과 스트레스를 어떻게 설명했는지는 기억이 나질 않지만, 절반 이상의 학생이 고통과 스트레스를 선택했고, 거절과 귀찮음은 한 명도 선택하지 않는 실패를 겪었다.

올해에는 작년의 실패를 어떻게 개선할 것인가에 대해 고민했다. 차라리 다른 심리 검사처럼 거북이, 카멜레온, 독수리, 사자를 판별할 수 있는 설문지를 자체 제작해서 활용하는 것도 생각해보았지만, '쉽게 하는 것이 가장 좋다!'라는 결론을 내리고 다음과 같이 실천해보았다.

1. 아이들에게 다음과 같이 질문한다.
TIP '정글 속 다양한 동물' 활동에서 따돌림을 당한 마법사가 모든 사람을 강제로 4가지 동물(거북이, 카멜레온, 독수리, 사자)로 바꾼 이야기를 이어간다.

"마법사가 이번에는 여러분에게 4가지 저주를 내립니다. 다행히도 정글 속 다양한 동물을 통해 다름 존중 실천의 마음이 생겨 한 가지 저주는 막을 수 있다고 한다면, 어떤 저주를 막겠습니까? 첫 번째 저주는 병에 걸려 몸이 아프고 계속 정신적 스트레스를 받게 됩니다. 두 번째 저주는 사람들이 나에게 계속 이것 좀 해달라고 부탁을 하거나 공부, 심부름 등 귀찮은 일을 시키는 것입니다. 세 번째 저주는 사람들이 나의 다름을 존중해주지 않고 '네가 틀렸어, 넌 바보야' 같이 내가 부족하다고 비판하고 놀리는 것입니다. 네 번째 저주는 사람들이 나를 더 이상 필요로 하지 않게 되고, 길을 걷다 쓰러져도 누구 하나 관심을 주지 않는 것입니다."

2. 간단한 질의응답을 통해 저주의 의미를 명확하게 한 후 선택하게 한다.

TIP 각 저주를 받게 되면 어떤 결과가 발생할지 예측해본다.

3. 첫 번째 선택이 끝나면 두 번째로 막고 싶은 저주를 선택하게 한다. 그리고 4가지 저주가 상징하는 동물과 그 성격을 이야기해준다.

TIP 『학급긍정훈육법』 60~62쪽을 참고한다.

4. 같은 동물을 선택한 친구끼리 모둠을 만들어 차트를 작성하고 발표한다.

5. 활동을 하고 난 후 어떤 생각, 느낌, 다짐이 들었는지 이야기한다.

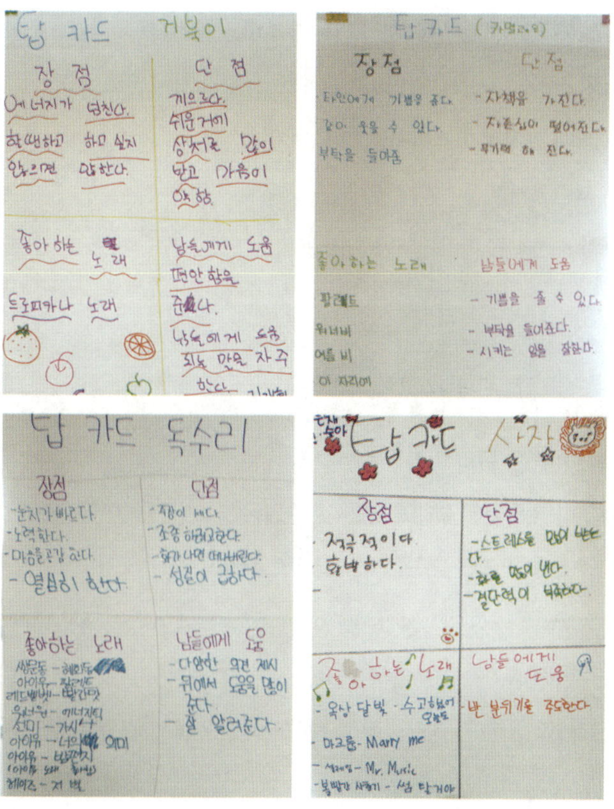

[다문화 스티커 놀이]

1. 문화 확인하기

　1) 8개의 문화가 적혀 있는 미션 종이를 무작위로 나누어주기

　2) 종이에 적혀 있는 문화 내용 확인하기

　　① 서로의 말을 듣고 10초 이상 생각하거나 기다린 후 대화하는 문화

　　② 대화할 때 웃으면 안 되는 문화

　　③ 말할 때 눈을 마주 보면 안 되는 문화

　　④ 대화할 때 1.5m 이상 떨어져서 대화해야 하는 문화

　　⑤ 가벼운 스킨십(손잡기, 팔짱끼기)을 당연하게 여기는 문화

　　⑥ 대화할 때 고개를 끄덕거리면 안 되는 문화

　　⑦ 다른 사람에게 목을 보이면 안 되는 문화

　　⑧ 조용히 소곤소곤 이야기해야 하는 문화

2. 활동하기

　1) 자유롭게 돌아다니다 일대일로 만나 서로 인사하고 자기 성격(동물)을 소개하기

　2) 이때 자신이 뽑은 문화 미션을 수행하기

　3) 상대방이 나의 문화에 결례를 했을 경우 얼굴에 스티커 붙이기

　4) 나와 같은 문화를 가진 친구를 2명 찾으면 자리에 앉기

3. 활동 마무리하기

　1) 놀이의 문화는 모두 실제로 있는 문화입니다. 어떤 친구의 문화가 나를 불편하게 했

나요? 그 까닭은 무엇인가요?

2) 만약 많은 사람이 나의 문화를 싫어한다면, 나는 다른 사람들과 방금처럼 서로 만나고 대화하는 일이 어떻게 느껴질까요? 그 까닭은 무엇인가요?

3) 친구의 다름이 나를 불편하게 한 적이 있나요? 그때 어떻게 행동했나요?

4) 많은 친구가 한 친구의 다름을 싫어한다면, 그 친구는 학교에서 어떤 마음일까요?

5) 조용히 눈을 감고, '서로 다름'을 존중하지 않았던 과거의 어린 내 모습을 떠올리고 이제 그 아이를 성장시켜 줍시다. 그리고 그 아이에게 괜찮다고 용서해줍니다.

6) 활동을 통해 어떤 생각, 느낌, 다짐이 들었는지 이야기해 봅시다.

다름 존중 활동을 진행한 후 맞이한 중간놀이 시간은 왠지 모르게 따뜻한 느낌이었다. 옹기종기 모인 아이들의 어울림은 평소보다 부드러웠으며, 수업에서 못다 한 이야기를 나누느라 운동장에 나가 노는 것까지 잊은 채 시간을 보냈다. 모여 있는 아이들에게 "활동에서 무엇을 배웠어?"라고 물었더니 '딱 들어맞아서 너무 신기했다', '남자 친구들이 왜 그랬는지 알겠다', '우리가 서로 싸울 필요가 없었다', '의미 있는 역할에도 숨은 의미가 있으니 열심히 해야겠다', '그동안 나에게 다름 존중의 능력이 없었다' 등으로 답했다. '서로 다름'을 의식하지 못하다가 의식하게 된 순간의 반응이었다. 애초 의도는 '다름 존중의 필요성을 느끼기'였으나 기대 이상으로 아이들의 마음에는 큰 울림이 있었다.

15. PDC,
그림책을 만나다

이진화

그림책 읽는 교실

교실에서 아이들을 만나고, 관계 맺는 일은 교사에게 가장 중요한 일이 아닐 수 없다. 그렇기에 매일 아이들을 따스한 눈으로 바라보고, 마음으로 포근히 안아준다. 아이들의 예민하면서도 섬세한 감정을 항상 살피고 어루만져 주고자 노력한다. 아이들이 스스로 또는 서로 존중하길 바라며, 그렇게 바르게 성장할 수 있도록 격려해주는 것이 교사의 역할이라고 생각한다. 이런 교사가 되기 위해 늘 노력하고 나 자신을 가꾼다.

이렇게 늘 노력하고자 했던 내게 다가왔던 것이 바로 '그림책'이었다. '그림책은 유아들이 보는 책'이라는 선입견이 있었는데, 처음 만난 그림책은 무척이나 신선한 충격이었다. 무언가 가슴 한켠을 먹먹하게 만들기도 하고, 나를 위로해주기도 하고, 큰 감동을 안겨주는 그림책의 힘을 느꼈다. 그 후로 많은 그림책을 읽고, 교실에서 만나는 아이들에게도 읽어주었다. 아이들은 그림책을 읽으며 웃기도 하고, 울기도 하고, 공감받기도 하고, 스스로를 치유하기도 했다. 그림책을 함께 읽는 시간은 더없이 따뜻하며, 소중한 시간이 되었다.

봄이 되면 예쁜 봄꽃이 그려진 책들을 보며 봄이 주는 특별한 아름다움과 톡톡 튀는 생동감을 느꼈고, 시험을 보고 좌절하는 아이가 있을 때는 함께 눈물을 흘리며 카타르시스를 느낄 수 있는 책을 보았다. 친구를 따돌리는 아이가 있으면 "우리 반에서 따돌림은 안 된다"라고 강압적으로 말하기보다는 따돌림을 받으며 힘들어하는 아이가 등장하는 책을 함께 읽으며 이야기 속 인물에 공감하고 느낀 점을 통해 스스로 성찰해보는 시간을 가졌다.

이렇듯 그림책은 책 속 인물에 동화되고, 책 속 상황에 몰입하여 스스로 성찰해보는 기회를 제공한다. 책 속 인물의 이야기를 통해 '나만 그런 건 아니었구나.' 스스로 위안하고, 위로받을 수 있다.

그림책의 이야기를 현실을 살고 있는 우리에게 빗대어 "나라면 어땠을까?", "이럴 땐 어떻게 해야 할까?", "이것이 과연 옳은 일일까?", "좋은 대안이 있을까?" 등의 다양한 질문을 던질 수 있다.

아이들은 이미 그림책을 통해 충분히 공감했기 때문에 이런 질문에 자신의 깊은 생각을 꺼내어 이야기할 수 있다. 그림책 이야기를 내 것으로, 우리의 것으로 가지고 와서 훨씬 더 확장된 사고를 할 수 있다. 이것이 바로 그림책이 주는 매력이라고 할 수 있다.

PDC와 그림책의 연결 짓기

PDC를 배우고 연구하고, 교실에 적용하는 가운데 또 하나의 즐거움은 PDC와 그림책을 연결 짓는 것이었다. PDC에서 소개히는 각각의 기술온 그것만으로도 충분히 아이들에게 깊은 울림을 준다. 이는 PDC의 기술을 PDC의 철학에 맞게 교실에 적용해본 교사라면 누구나 동의할 것이다. 여기에 그림책을 연계하여 가르치면 여러 기술 및 활동에 대한 아이들의 이해가 더 깊어지는 것은 물론, 자기 삶으로 끌어들이기가 더 쉽다.

『학급긍정훈육법 활동편』에도 많은 어린이 책을 소개하는데, 그 이유는 다음과 같다.

- 학생들이 읽기 쉽다.
- 하나 또는 그 이상의 개념을 지지하고 발달시킨다.
- PDC에서 가르치는 내용과 연관되는 것이 많다.(상과 벌이 들어간 이야기를 제외하고는 대부분 활용할 수 있다)

그렇다면 어떻게 연결 지어 지도할 수 있을까?

첫째, PDC의 여러 기술을 숙지하고 있어야 한다. 이는『학급긍정훈육법』과『학급긍정훈육법 활동편』을 통해 또는 워크숍을 통해 자세히 이해할 수 있다.

둘째, PDC의 기술과 연결 지을 수 있는 그림책을 선택한다. 그러기 위해서는 그림책을 고르는 안목이 있어야 하는데, 이는 많은 그림책을 읽어보면서 갖출 수 있다. 조금 더 쉬운 방법은『학급긍정훈육법 활동편』에 소개된 다양한 그림책 목록을 살펴보면 된다.

셋째, 그림책을 선택했다면 반드시 먼저 읽어보아야 한다. 그림책을 읽고 교사가 먼저 내용에 공감해야 한다. 가르치는 교사의 마음을 움직이지 못한다면, 아이들에게도 교사의 의도가 전달되지 않는 것은 당연하다. 그러고 나서 그림책의 내용과 PDC의 기술을 접목해 아이들에게 발문할 내용을 생각해야 한다.

넷째, 반드시 독후 활동을 할 필요는 없다. PDC의 기술을 배우고, 배운 기술을 실천하겠다고 하는 다짐의 씨앗이 그림책을 통해 아이들에게 심어졌다면, 그것만으로도 충분히 가치가 있다고 생각한다. 씨앗은 심어놓은 그 순간 싹을 틔우는 것이 아니기 때문이다.

PDC와 그림책의 만남

이제 PDC와 그림책을 어떻게 연결 지어 아이들에게 가르칠 수 있을지 예를 몇 가지 소개해보고자 한다.

1. 의사소통기술_경청

그림책 이야기

『내 말 좀 들어주세요, 제발』 하인츠 야니쉬 글, 질케 레플러 그림, 김라합 옮김, 상상스쿨

주인공 곰에게는 문제가 하나 있다. 곰은 자신의 고민을 털어놓고 도움을 받고자 발명가, 재단사, 모자 가게 주인, 의사, 노점상, 안경점 주인, 특별한 선물 가게 주인, 신발 가게 주인을 찾아간다. 하지만 이들은 하나 같이 곰의 이야기를 듣기보다는 곰의 이야기를 가로채서 자기 말만 하고, 자기 생각대로만 곰을 대한다. 너무 지친 곰에게 파리 한 마리가 날아왔고, 호기심 어린 눈으로 곰을 바라보며 곰의 이야기에 귀 기울여준다. 곰의 고민은 바로 '캄캄할 때 동굴에 혼자 있는 것이 무섭다'는 것이었다. 곰의 이야기를 들은 파리는 기꺼이 함께 곰의 집으로 간다.

그림책 파고들기

1) "저에게 문제가 조금 있어요. 그게 뭐냐면……"이라고 말을 꺼낸 곰에게 발명가, 재단사, 모자 가게 주인, 의사는 어떻게 했나요? 그때 곰의 기분은 어땠을까요?

2) 여러분도 혹시 곰과 같은 경험이 있었나요? 그때 기분은 어땠나요?

3) 파리가 곰에게 건넨 밀은 무엇인가요?

4) 호기심 어린 눈으로 곰을 바라보며 듣는 파리를 보면서 곰은 어떤 생각을 했을까요?

5) 이 책을 통해서 우리가 배울 점은 무엇일까요?

6) '경청'에 관해 함께 배워봅시다.

이 책은 긍정적인 관계 형성의 바탕이 되는 '경청'에 관한 책이다. 누군가와 관계 맺음을 할 때 가장 첫 걸음은 바로 '듣기'이다.

- 바라보며 듣기
- 귀 기울여 듣기
- 공감하며 듣기

경청을 해야만 서로의 생각과 마음이 바르게 전달되고, 서로 존중하게 되며 비로소 바람직한 관계 맺음이 되는 법이다. 그러나 교실에서 잘 안 되는 일 중에 하나가 바로 '듣기'이다. 교사가 말을 할 때 교사의 이야기에 귀 기울이지 않는 아이들이 있다. 또 친구가 말을 하고 있을 때 친구를 보지도 않고 건성건성 듣는 아이들도 있게 마련이다. 또, 이 그림책에 나오는 것처럼 상대방이 말하기도 전에 내 말부터 하는 아이들도 부지기수다.

서로의 이야기에 귀 기울이고 들어줄 때 진정한 친구가 되지 않을까? 잘 알면서도 잘 안 된다. 요즘 우리가, 그리고 우리 아이들이 살고 있는 시대가 '나' 위주로 돌아가고 있기에 남의 말에 귀 기울일 겨를이 없다. 그저 내가 더 많이 말하고, 내가 더 잘났음을 뽐내야 인정받는 사회에서 아이들도 듣기보다는 말하기를 더 중요하게 교육받는다. 잘 듣는 것도 반드시 훈련이 필요하다. 『학급긍정훈육법 활동편』에서도 이렇게 강조하고 있다. "듣기 기술을 발달시키는 것은 연습, 연습 또 연습이 필요하다."

이 그림책에서 곰이 이렇게 말한다.

"벌써 기분이 훨씬 나아졌어. 네가 곁에 있으니 말이야."

이런 친구가 옆에 있는지, 또 내가 이런 친구가 되어주고 있는지 아이들에게 물어볼 일이다.

'경청' 기술의 실제

- 주제 : 제대로 듣는 법_ 효과적인 듣기 기술 지도
- 활동 1

  1) '내가 가장 좋아하는 음식'에 대해 동시에 말한다.

  2) 대화를 멈추게 한다.

  3) 얼마나 많이 듣고, 느꼈는지 이야기한다.

  4) "이 활동을 하면서 알게 되고 느끼고 결심한 것에 대하여 이야기해보세요."

  5) "동시에 말할 때의 문제를 해결하기 위해 어떻게 하는 것이 좋을까요? 제대
  로 들으려면 어떻게 하는 것이 좋을까요?"

  6) '제대로 듣는 법'에 아이들의 말을 기록한다.

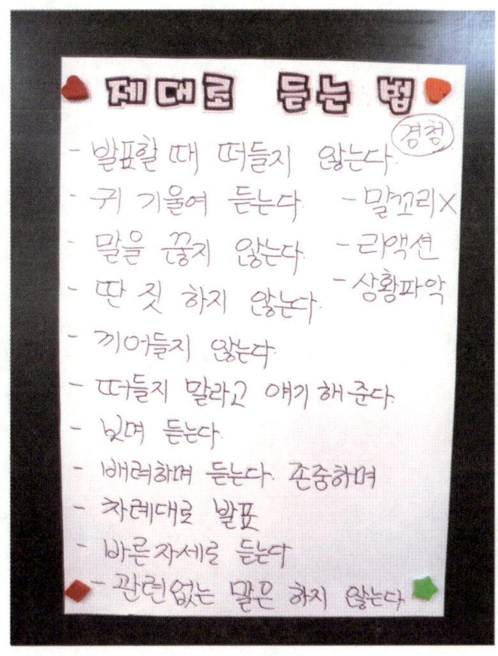

 아이들의 말은 칠판에 기록하지 않고, 따로 종이를 마련하여 매직펜으로 적는 것이 좋다. 칠판에 적은 것은 지우면 없어지기 때문이다. 앞의 사진처럼 기록한 후 아이들이 잘 보이는 곳에 게시하고 "우리가 만든 경청 기술을 잘 사용하고 있나요? 경청 기술을 어떻게 더 잘 사용할 수 있는지 생각해보세요"라고 계속 확인하는 것이 중요하다.

• 활동 2

 1) 짝 활동

 2) 한 학생이 다른 학생에게 '가장 좋아하는 TV 프로그램에 대해 설명한다. 듣는 학생은 일부러 눈을 피하며 마주치지 않는다. 떠든다. 말하는 동안 일어나서 돌아다닌다.

 3) "활동을 하면서 알게 되고 느끼고 결심한 것에 대하여 이야기해보세요."

 4) 비록 역할극이었지만, 무례한 태도로 경청하지 않은 것에 대해 친구에게 사과하게 한다.

 5) 다시 짝에게 좋아하는 프로그램에 대해 이야기한다. 이번에는 눈을 맞추고, 관심이 있다는 몸짓을 하며 말하는 사람을 보면서 듣도록 한다.

 6) 이 활동을 하면서 학생들이 알게 되고 느끼고 결심한 것에 관해 포스트잇에 써서 붙이게 한다.

활동을 함께 하고, 이 그림책을 읽고 난 다음에 우리 반 아이의 생각 나누기를 함께 적어 본다.

❖ 우리가 하찮게 여기는 파리가 결국 가장 잘 들어주는 친구였다는 사실이 반전이었다. 상대방이 무언가를 말하려할 때 끝까지 듣지도 않은 채 자기 마음대로 해석하여 상대방의 말을 다 이해한 듯 중간에 자르고 제멋대로 결론짓는 것은 잘못 듣는 태도 중

2. 다름 존중하기_정글 속 다양한 동물

우리가 교실에서 만나는 20명 안팎의 아이들은 모두 다르다. 온종일 재잘재잘 쉴
새 없이 이야기하는 아이, 너무나도 조용해서 종일 말 한마디 들을 수 없는 아이,
세상에서 축구가 제일 좋은 아이, 하루 종일 노래를 흥얼거리는 아이, 바깥 놀이가
좋은 아이, 자리에 앉아 책 읽기를 좋아하는 아이…. 이렇게 서로 다른 아이들이,
어울려 살아가는 법을 배우는 곳이 교실이기에 때로는 즐겁기도 하지만 때로는 툭
탁툭탁 잡음이 생길 때도 있기 마련이다.

'다름 존중하기'에서는 사람들이 저마다 자기만의 관점으로 세상을 바라보고 해
석한다는 사실을 강조한다. 어느 누구의 통찰도 상황에 따라 옳지 않을 수 있다. 또
한 우리는 저마다의 경험을 바탕으로 객관적인 사실에 주관적인 의미를 부여한다.
따라서 다름을 이해하는 것은 아이들에게 어려울 수 있지만, 다름을 이해한다면 건
강한 공동체를 만드는 데 도움이 된다.(『학급긍정훈육법 활동편』 161쪽 참조)

'다름 존중' 수업의 실제

• 주제 : 다름을 존중하고 이해의 폭을 넓혀라!

• 활동

 1) 학생들에게 4가지 동물(사자, 카멜레온, 독수리, 서북이)의 인형 또는 사진을 보여
   준다.

 2) 4가지의 동물 중 "하루 동안 한 가지 동물이 될 수 있다면, 어떤 동물이 되고
   싶나요?"라고 물어본다.

3) 선택한 동물 차트로 이동하여 모둠을 구성한다.

4) 모둠별로 차트에 그 동물을 선택한 이유와 선택하지 않은 이유를 쓴다. (모둠활동)

5) 한 모둠씩 작성한 차트의 내용을 발표한다.

(자세한 활동 방법은 『학급긍정훈육법 활동편』 참고)

학급에서 실제 활동한 사례는 다음과 같다. (4학년 활동 결과물)

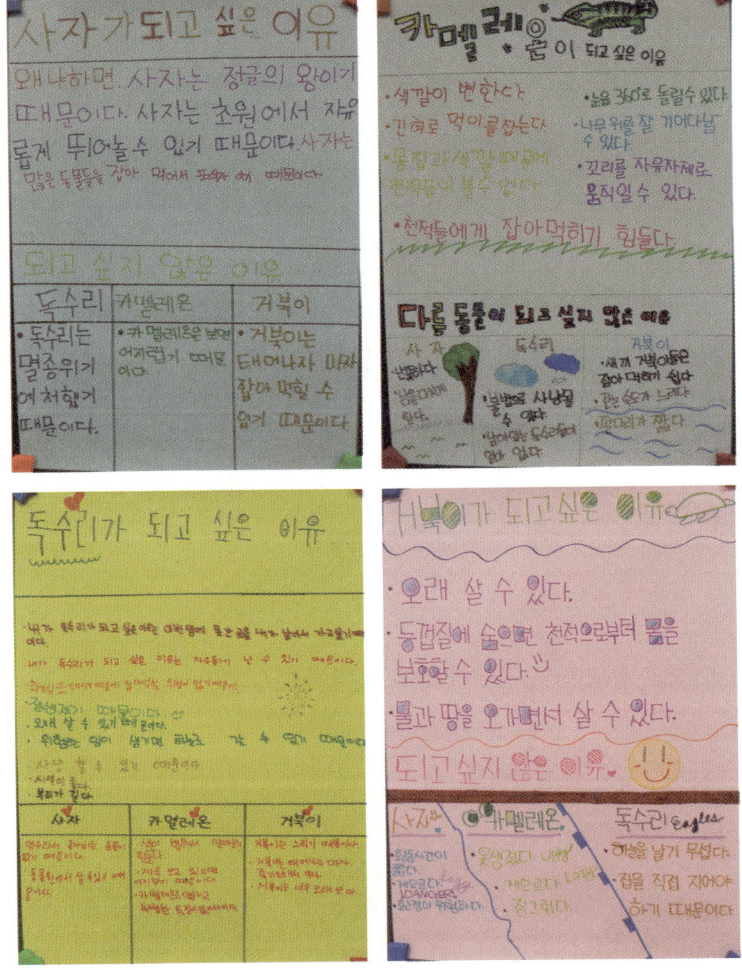

거북이가 되고 싶은 이유		
오래 산다. 느릿느릿 움직이는 것이 여유가 느껴진다. 어려움이 있을 때 숨을 곳이 있다.		
선택하지 않은 이유		
사자	독수리	카멜레온
무서워 보인다. 공격적이다. 갈기가 지저분하다	외로워 보인다. 눈과 발톱이 무섭다. 동물의 사체를 먹는다.	변덕스럽다. 눈을 뒤룩뒤룩 굴린다. 피부가 징그럽다.

카멜레온이 되고 싶은 이유		
적응이 빠르다. 몸의 색깔이 예쁘다. 눈을 굴려 먹이를 잘 찾을 수 있다.		
선택하지 않은 이유		
사자	독수리	카멜레온
덩치가 너무 크다. 송곳니가 무섭다. 힘이 너무 세다.	날아다니는 게 힘들어 보인다. 부리로 나를 쪼아버릴 것 같다.	너무 오래 산다. 행동이 느려 답답하다. 문제가 있을 때 피하려고만 한다.

위의 표는 수업에서 아이들이 쓴 내용의 일부이다. 두 개의 표에서 거북이를 선택한 이유와 선택하지 않은 이유, 카멜레온을 선택한 이유와 선택하지 않은 이유를 각각 비교해보자.

어떤 친구들은 거북이가 오래 산다는 이유로 선택했지만, 어떤 친구들은 너무 오래 살아서 선택하지 않았다. 또 어떤 친구들은 느릿느릿 움직이는 것에서 여유를 느낄 수 있다고 했지만, 어떤 친구들은 답답하다는 이유로 되고 싶어 하지 않았다. 또 문제가 있을 때 숨을 곳이 있어서 선택했다는 답변도 있었지만, 반대로 문제가 있을 때 회피하려는 점 때문에 선택하지 않았다는 답변도 있었다.

  카멜레온 역시 마찬가지이다. 어떤 친구들은 적응이 빠르고 몸의 색깔이 예뻐서 카멜레온이 되고 싶다고 했지만, 어떤 친구들은 장소에 따라 몸의 색깔이 변하는 것을 변덕스럽다고 생각했으며 그 모습이 징그러워 보인다고 생각하기도 했다.

  그렇다면 두 부류의 친구들 중에 틀린 답이 있을까? 옳고 그른 것이 있을까? 각각의 생각은 서로 다를 뿐이지 틀리지 않다. 옳고 그름도 없다. 아이들도 각자의 생각이 다름에 함께 웃고 만다. 만약에 누군가의 생각이 정답이고, 그 밖의 생각은 틀렸다고 한다면 웃음이 나올까? 아이들도 이렇게 다른 생각이 틀린 게 아니라 단지 다를 뿐이라는 것을 알고 함께 웃는 것이다. 또 만약에 모두가 같은 동물을 선택했다면, 우리 반은 어떤 모습일까? 아이들의 대답은 다음과 같다.

  "재미가 없어요."

  "서로 똑같은 것을 원하니까 싸워요."

  "모두가 똑같은 생각만 해서 다양한 대답이 나오지 않을 것 같아요."

  아이들의 대답처럼 우리 모두는 다르기 때문에 서로의 장점을 통해 서로 배우고 성장할 수 있다. 다르기 때문에 더 조화로울 수 있는 것이다. 다름이 틀린 것이 아니기에 서로 존중해주어야 한다.

  "선생님, 저는 제 친구가 잘 이해가 안 돼요. 도대체 왜 그러는지 모르겠어요"라고 한다면 어떻게 대답해주면 좋을까?

  "사람들은 모두 생김새가 다르단다. 나랑 똑같이 생긴 사람은 세상에 단 한 사람도 없어. 심지어 쌍둥이도 조금씩은 다 다르게 생겼단다. 생김새가 다 다르듯이 생각도 모두 다르단다. 그래서 나와 다르게 생각하는 것이 당연하지. 때론 나와 다른 생각을 다 이해할 수는 없단다. '그저 그 사람은 나와 다르게 생각하는구나' 하고 존중해주면 되는 거야."

  이렇게 존중과 이해를 마음속에 담고 있는 아이들은 친구와의 관계에서 다툼이 적기 마련이다. '그럴 수도 있지'라고 생각하는 유연함이 친구들과의 관계를 더욱 부드럽게 만들어준다는 것은 너무도 자명한 일이다.

『성격이 달라도 우리는 친구』 에런 블레이비 글 · 그림, 김현좌 옮김, 세용출판

펄 발리와 찰리 파슬리는 아주 친한 친구이다. 하지만 둘의 성격은 정반대다. 펄 발리는 말하는 것을 좋아하고 방방 뛰는 것을 좋아하는 반면, 찰리 파슬리는 부끄러워 구석에 있고 생각에 잠기는 것을 좋아한다. 하지만 둘은 서로의 부족한 점을 채워주고 서로 도와주는 둘도 없는 친구이다. 서로 다르기 때문에 더욱 좋은 친구가 된 것이다.

1) 여러분에게도 펄 발리와 찰리 파슬리처럼 둘도 없는 친구가 있나요?

2) 나와 친구의 서로 닮은 점은 무엇인가요?

3) 나와 친구의 서로 다른 점은 무엇인가요?

4) 우리가 서로 다르다는 것이 우리의 성장에 도움이 된다고 생각하나요?

5) 우리가 서로 다르다는 것이 불편하다면, 우리는 어떻게 함께 지내고 서로를 받아들일 수 있을까요?

6) 우리 둘레에 있는 나와 다른 사람들을 어떻게 받아들이고 존중할 수 있을까요?

7) 우리가 스스로를 있는 그대로 받아들이고 자랑스러워할 수 있으려면 어떤 노력을 해야 할까요?

서로 비슷한 부분이 있어 친해지는 친구들도 있다. 하지만 서로 다른 점에 끌려 진해지는 친구들도 있다. 이것은 내게 부족한 부분을 친구가 채워주고, 친구에게 부족한 부분을 내가 채워줄 수 있어서 더욱 소중한 존재가 되는 것이 아닐까 한다.

1) 종이를 4등분으로 접어 사람을 그린 후 자른다.

2) 나와 가장 친한 친구들의 모습을 그리고 각각 친구들의 이름을 쓴다.(첫째 사람은 '나')

3) 첫째 사람의 몸에는 나의 성격 및 특징을 적고, 나머지에는 친구들의 성격과 특징 중에서 나와 다른 부분을 생각하여 적는다.

4) 친구와 손을 잡고 있는 팔 부분에는 나와 성격은 다르지만, 그 친구에게 느끼는 가장 좋은 점을 적는다.

5) 나와 성격이 다르지만 친구의 좋은 점을 알고, 존중하며 친한 친구로 지내고 있음을 상기시킨다.

TIP 유타 바우어의 『숲 속 작은 집 창가에』라는 그림책에는 사냥꾼에게 쫓기던 토끼가 노루의 집에 찾아와 살려 달라 애원하고, 노루는 토끼를 안으

로 들어오게 하여 손을 잡아 준다. 또 사냥꾼에게 쫓기던 여우도 집으로 들어오게 하여 토끼와 손을 잡게 한다. 이번에는 사냥꾼이 노루의 집에 찾아와 무릎을 꿇고 배가 너무 고프니 살려 달라 애원을 한다. 노루는 또 다시 문을 열어주고 떨고 있는 토끼와 여우를 불러 이렇게 말한다. "손을 잡아요." 서로 쫓고 쫓기던 사이였지만, 서로 손을 맞잡는 순간 친구가 된다는 이야기이다. 우리도 힘들고 어려운 일이 있을 때 손을 잡아주는 친구가 옆에 있기 때문에 더욱더 힘이 나고 행복해짐을 아이들과 이야기해 볼 수 있다.

16. Bugs & Wishes
_ 의사소통훈련

신수진

"선생님, 있잖아요. ○○가요, 갑자기 머리를 때리고 갔어요."

"선생님, 누가 제 필통에 있는 연필 가져갔어요."

매일 쉬는 시간마다 듣는 아이들의 고자질. 억울하다고 우는 아이, 속상한 아이, 화가 나서 붉으락푸르락하는 아이…. 지켜보는 교사도 마음이 편치 않다. 들어주고, 들어주고 또 들어주고 싶지만 비슷한 상황이 반복되다 보면 지치기도 한다. 교사가 문제를 해결하려고 나서면 그 순간 문제가 해결되는 듯하지만, 비슷한 문제가 또 반복되고 아이들은 문제가 발생할 때마다 교사에게 의존하게 된다. 이럴 때 내가 진심으로 바라는 것은 아이들끼리 문제를 해결하는 것이다. 아이들의 자립심과 문제해결력을 어떻게 길러줄 수 있을까? 자신의 감정을 먼저 알아차리고, 상대는 오해 없이 이해하는 교실을 꿈꾸면서 수업을 진행했다.

경험 나누기

먼저 화가 났을 때의 경험을 이야기 나누었다.

"혹시 화가 났을 때 화를 푸는 나만의 방법이 있나요?"

아이들은 다양한 방법을 대답해주었다.

"참고 있으면 잊어버리게 돼요."

"좋아하는 노래를 들어요."

"즐거운 상상을 해요."

"내가 좋아하는 것을 해요."

"매운 음식을 먹어요."

"곰 인형을 때리기도 해요."

주제 도입

경험을 나눈 다음, 무엇을 하려고 하는지 소개한다.

"화를 한 번도 내본 적이 없는 사람 있었나요? 누구나 한 번쯤은 화를 낸 적이 있네요. 그렇다면 화가 나는 것은 이상하거나 잘못된 걸까요? 화가 나는 것은 당연하고 누구든지 그럴 수 있어요. 문제는 화를 푸는 방법이에요. 참고 혼자 앓는 사람, 날카로운 말로 다른 사람을 공격하는 사람, 다른 사람을 때리거나 욕하는 사람, 생각을 안 하고 잊으려고 애쓰는 사람도 있어요. 그런데 화가 날 때 말을 심하게 하거나 다른 사람 마음을 다치게 하면, 문제가 해결될까요? 건강한 사람은 화를 어떻게 표현할까요? 다른 사람을 다치지 않게, 나의 감정을 잘 표현하는 방법이 있을까요? 오늘은 건강하게 화를 표현하고 문제를 해결하는 방법을 공부할 거예요."

Bugs & Wishes 활동

1) 준비물: 소포지 전지, 매직펜, 포스트잇

2) 관련 교과: 5학년 '도덕' 7단원 '모두 함께 지켜요(법과 규칙)', 5학년 '미술' 2단원 '소통과 디자인'

3) Bugs(나를 힘들게 하는 상황)

   - "내가 스트레스받거나 힘들고 귀찮게 만드는 상황이 있나요?"

   - 놀릴 때, 욕할 때, 때릴 때, 나 빼고 놀 때, 내 뒷담화를 하는 것을 알았을 때,

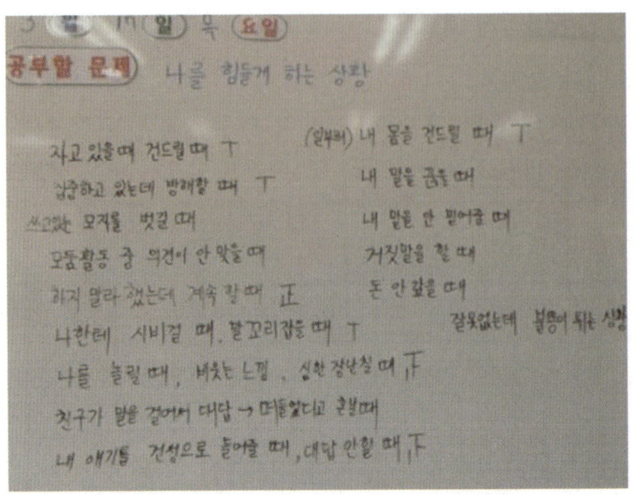

줄을 제대로 서지 않을 때, 심한 장난을 칠 때, 음식을 달라고 계속 조를 때 등

4) Feeling (감정)

– "친구가 나를 놀릴 때 어떤 기분이 드나요? 당황스럽나요? 화가 나나요?"

TIP 감정에 대한 공부를 그 전에 미리 해두면 좋다

5) Wishes (바람)

– "내가 진짜 바라는 것은 화내는 것이 아닐 거예요. 내 기분에는 분명 이유가 있을 거예요. 왜 내가 화가 났지요? 진짜 내가 바라는 것은 무엇이었나요?"

– 바람을 이야기할 때는 2가지 규칙이 있어요. 첫 번째는 구체적으로. 두 번째는 긍정적으로 표현해야 해요. 예를 들어서 '나를 놀리지 않았으면 좋겠어'는 어떻게 대해주기를 바라는 거지요? '나는 친구들한테 존중받고 싶어. 별명 대신 내 이름을 불러줬으면 좋겠어'라고 이야기하면 좋겠어요.

– 비언어적, 반언어적 요소 포함하기: "메라비언의 법칙에서는 의사소통의 3가지 요소가 있지요. 그중에 의사소통에 가장 영향을 크게 미치는 것은 무엇이었나요? 말도 중요하지만 억양, 행동, 제스처가 큰 영향을 미쳤지요. 그렇다면 친구가 나를 놀릴 때 어떤 말투와 느낌으로 말하면 좋을까요? 괄호에 행

동이나 제스처를 적어주세요.

6) Response(대답)

- "친구가 자신의 바람을 표현했을 때 우리는 뭐라고 답하면 좋을까요? 우리의
약속을 만들어봅시다."

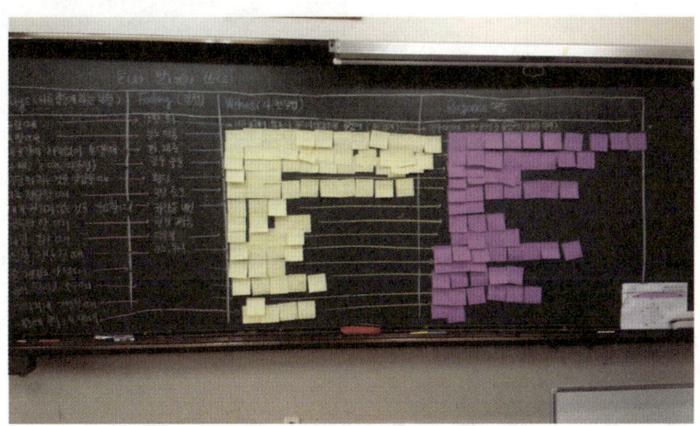

7) 표 완성하기(모둠)

- "칠판에 적힌 친구들의 의견을 보고 귀찮고 피곤한 상황(bugs)과 바람(wishes)
그리고 대답을 포함하여 bugs & wishes 표를 완성해주세요."

8) 발표와 동의 구하기

- 읽어보고 동의하면 빈 곳에 이름(싸인) 적기

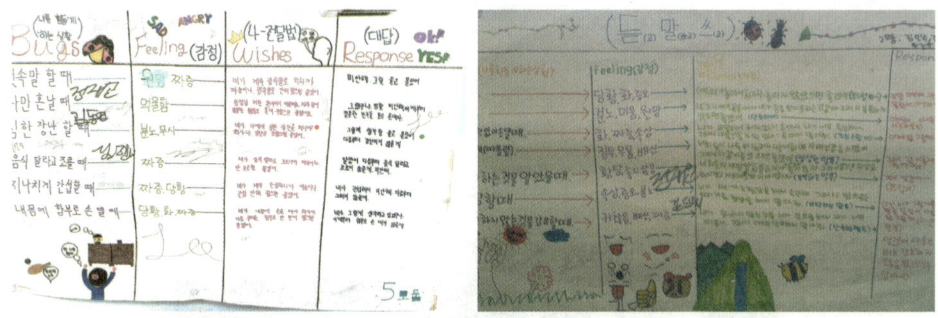

    - 동의하지 않는 부분이 있다면, 포스트잇으로 좋은 의견 적어주기

9) 역할극하기

    - 아무래도 아이들이 제일 좋아하는 시간은 역할극이다.

10) 배움 정리하기

    - "오늘 배운 것을 공책에 정리해 볼까요?"

    - '나-전달법'에 대해서 더 깊게 이해하고 배웠던 것 같다. 너무 재미있었고 나를 힘들게 한 점, 그때 할 수 있는 대답, 감정을 자세히 알 수 있어서 좋았다.

    - 오늘은 한 가지 수업만 했지만, 그 놀이 안에 많은 공부가 섞여 있었던 것 같다. 그리고 한 번 더 하면 더 잘할 수 있겠다. 그리고 '나-전달법'을 더 잘 사용하고 싶다.

배움 후

Bugs & Wishes를 어떻게 표현할까 하다가 결국 우리말과 영어를 둘 다 사용했다. 많이 고민한 부분은 아니지만 '나를 힘들게 하는 상황'이라는 말을 간단히 표현하고 싶었기 때문이다. 간단하면서 쉽게 이미지를 떠올릴 수 있는 우리말로 바꿔 사용하면 좋을 듯하다. Bugs & Wishes 수업 후 아이들이 스스로 문제를 잘 해결했는지 궁금할 것이다. 사실 수업 후 쉬는 시간은 더 시끄러워졌다.

"하지 말아줄래. 내가 짜증 나거든."

말투는 부드럽지만, 내용은 비아냥거리는 말이 여기저기서 들렸다.

"선생님, 제가 나-전달법으로 하지 말아 달라고 부탁했는데요. 쟤가 모른 척하고 갔어요!"

"엄마한테 이야기했는데요. 엄마가 갑자기 왜 그런 말을 쓰냐고 이상하대요."

약속을 했는데도 지키지 않는 것을 보면 기운이 빠지기도 한다. 당연한 결과다. 수업 한두 시간으로 아이들의 태도가 완전히 바뀌지 않는다. 오히려 배운 것을 오남용할 수도 있다는 것을 미리 알아두면 좋다. 이런 마음을 가지고 있으면 아이들의 변화가 더디어도 기다릴 수 있다.

이제는 반복과 실천이다. 문제가 생길 때마다 '나-전달법'을 상기시켜주고 연습해보게 해야 한다.

"지금 기분이 어때?"

"우리 이런 상황에서 어떻게 이야기하기로 했지?"

자신의 감정과 바람을 알아차리는 게 익숙해지고 나면, 그제야 다른 사람의 감정과 바람도 살필 여유가 생기기 때문이다. 여기서 제일 어렵고 중요한 것은 모델링이다. 교사인 내가 바른 언어 사용의 모델을 많이 보여주면 아이들도 자연스럽게 배우게 될 것이다.

17. 어긋난 목표 차트의 이해와 활용

노유림

빙산 이론과 어긋난 목표 차트

학생들이 소위 말하는 '문제행동'을 할 경우 '이 아이가 왜 이러지?' 하는 의문이 든다. 이때 추측하거나 암중모색하며 괴로워하는 대신 빙산 이론과 어긋난 목표 차트를 참고하면 도움이 된다.

빙산 이론이란 인간의 행동 이면에는 신념이 있다는 이론으로 '빙산'과 같이 겉으로 드러난 행동보다 그 기저에 깔린 더 크고 근본적인 신념이 있다는 것이다. 문제행동을 하는 모든 아이는 신념이 좌절된 아이들이고, 아이의 행동 이면에는 소속감과 자존감이라는 두 가지 신념이 있다. 겉으로 드러나는 아이의 말과 행동은 빙산의 윗부분에 해당하고 소속감과 자존감을 얻기 위한 신념은 행동의 이면 즉, 빙산의 아랫부분에 해당한다.

아이의 문제가 되는 행동과 신념을 정리한 것이 어긋난 목표 차트이다. '아이들이 도대체 왜 이러는 거야? 어떻게 해결해야 하지?'라는 궁금증에 대한 답이 어긋난 목표 차트에 있다. 빙산 이론에서 보았듯, 빙산의 일각에 해당하는 학생들의 문제행동 이면에는 빙산의 수면 아래 커다란 부분과 같은 소속감과 자존감을 얻기 위

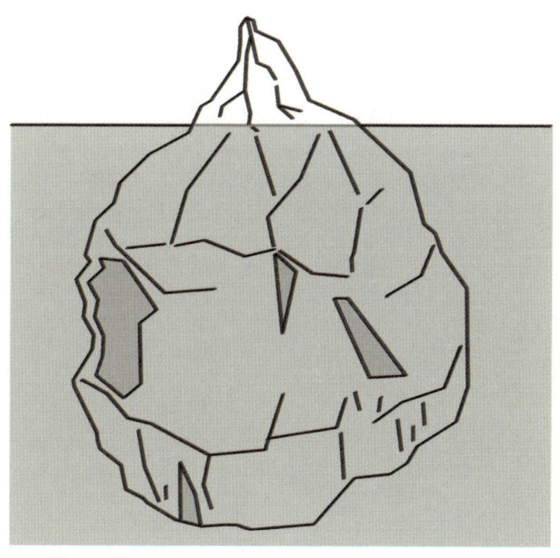

한 목표가 있다. 자신을 가치 있게 여기며 소속감을 갖고 공동체와 함께하고 싶은 목표에 어긋난 행동이라는 것이다.

처음 어긋난 목표 차트를 접할 경우 '어떻게 아이들의 문제행동을 이 4가지 유형에 끼워 맞출 수 있지?'라고 생각할 수도 있다. 그러나 어긋난 목표 차트는 심리학을 바탕으로 소아정신과 의사인 드라이커스가 25년 동안의 연구로 얻은 결과이다.

어긋난 목표 차트는 보는 순서가 중요하다. 적용 순서는 다음과 같다.

교사의 감정 → 학생의 목표 → 그릇된 신념 → 숨겨진 메시지 → 긍정훈육 방법

어긋난 목표 차트는 아이들 행동에 대한 '암호 해독지'이자 선생님의 아이들의 마음으로 가는 '내비게이션'이다. 아이의 마음을 느껴보고, 그 세계로 들어가 아이가 왜 그렇게 행동하는지, 얻고자 하는 것이 무엇인지를 이해하는 순간 선생님이 어떻게 대처해야 할지 가늠할 수 있다.

학생 목표	부모와 교사의 감정	부모와 교사의 반응	아이의 반응	아이 행동 이면의 그릇된 신념	숨겨진 메시지	긍정 훈육법
지나친 관심 끌기 (다른 사람 의 지속적인 도움과 관심을 얻으려 함)	성가시다. 짜증난다. 걱정된다. 죄책감을 느낀다.	알아차리게 한다. 아이를 타이른다. 아이들이 할 수 있는 일 을 대신 해 준다.	순간적으로 행동을 멈 추지만 같은 행동을 반복 하거나 다른 방법으로 방 해한다.	'내가 사람 들의 관심을 받을 때 또 는 특별한 대접을 받을 때 나는 소 속감을 느 껴.' '당신이 나 때문에 분주 할 때 내가 중요한 사람 이 된 것 같 아.'	**나를 봐 주세요. 나도 함께 하고 싶어 요.**	제대로 된 관심을 받을 수 있 는 일을 하도록 이끌어준다. "난 너를 사랑해. 나중에 너와 함께 시간을 보낼 거야." 특별 대접을 하지 않는다. 바꾸거나 구해주려 하지 말고 아이 스스로 감정을 조절할 수 있다고 믿는다. 특별한 시간을 계획한다. 아이들이 일정표를 짜도록 도 와준다. 문제 해결 과정에 참여시킨다. 가족회의 또는 학급회의를 활 용한다. 비언어적 신호를 정한다. 작은 행동은 무시한다.
힘의 오용 (보스처럼 행동함)	화난다. 도전받는 느 낌이다. 위협을 느낀다. 패배감을 느 낀다.	싸운다. 포기한다. '넌 벌 받아 야 해' 또는 '본때를 보 여주겠어'라 고 생각한 다. 바로 잡아주 려 애쓴다.	더 심한 행 동을 한다. 명령에 반항한다. 부모나 교사 가 화내는 모습을 보고 만족감을 느낀다. '네'라고 대 답하고 따르 지 않는다.	'내가 대장 일 때 또는 내가 통제 할 때 나는 소속감을 느 껴.' '누구도 나를 어쩔 수 없어.'	**도와줄게요. 선택권을 주세요.**	아이가 긍정적 힘을 사용할 수 있도록 도움을 요청한다. 한정된 선택을 제안한다. 싸우거나 포기하지도 않는다. 갈등상황에서 빠져 나온다. 부드러우면서도 단호하게 행 동한다. 말하지 않고 행동한다. 당신이 할 행동을 결정한다. 규칙이나 일정표를 따르게 한 다. 자리에서 물러나 마음을 진정 시킨다. 상호 존중하는 태도를 개발한 다. '관철하기' 기술을 친절하고 단호하게 실천한다. 가족회의 또는 학급회의를 활 용한다.

학생 목표	부모와 교사의 감정	부모와 교사의 반응	아이의 반응	아이 행동이 면의 그릇된 신념	숨겨진 메시지	긍정 훈육법
보복 (똑같이 되돌려 줌)	상처받는다. 실망스럽다. 믿지 못하겠다. 혐오스럽다.	보복한다. 복수한다. 창피함을 느 낀다. '네가 나한 테 어떻게 이럴 수 있 지?'라고 생 각한다.	보복한다. 더 심하게 행동하거나 다른 방법을 찾는다.	'난 어디에 도 속해 있 지 않아. 그 래서 내가 상처받 은 만큼 다 른 사람들한 테도 상처를 줄 거야.' '사람들이 나 를 좋아하지 않아.'	**난 상처받고 있어. 내 마음을 알아줘.**	상처받은 감정을 토닥여준다. 감정에 상처를 주지 않는다. 처벌이나 보복을 하지 않는다. 신뢰를 쌓는다. 경청한다. 당신의 감정을 표현하고 나눈 다. 보상해준다. 배려를 보여준다. 장점을 격려한다. 어느 한쪽 편을 들지 않는다. 가족회의 또는 학급 회의를 활용한다.
무기력 (포기하고 혼자가 됨)	체념한다. 절망적이다. 어쩔 수 없다. 기대에 미치 지 못한다.	포기한다. 아이들이 할 수 있는 일 을 대신 해 준다. 지나칠 정도 로 도와준 다.	더욱 움츠려 든다. 수동적이 된다. 더 나아지려 는 생각이 없다. 아무런 반응 을 보이지 않는다.	'난 잘하는 게 없어. 그 래서 어디에 도 속할 수 가 없어. 사 람들이 나한 테 아무런 기대도 할 수 없게 할 거야.' '난 도움이 안 되는 무 능한 인간이 야.'	**날 포기하지 말아줘. 나에게 조금씩만 과 제를 주세 요.**	할 일을 작은 단계로 나누어 준다. 비난하는 것을 멈춘다. 시도한 것 자체를 격려한다. 아이의 가능성에 믿음을 갖는 다. 긍정적 자산에 초점을 둔다. 동정하지 않는다. 포기하지 않는다. 성공할 기회를 제공한다. 기술을 가르친다.— 어떻게 하 는지 보여준다. 그러나 해주지 는 않는다. 아이와 즐겁게 지낸다. 아이가 좋아하는 것을 찾도록 도와준다. 가족회의 또는 학급회의를 활 용한다.

4가지 유형 : 문제행동을 하는 아이들

무엇이 문제행동인가? 문제행동의 기준은 교사에 따라 다를 수 있다. 중요한 것은 문제행동을 하는 아이는 'discouraged' 즉 낙담한, 용기를 잃은, 좌절된 아이라는 점이다. 문제행동은 아이가 소속하고자 하는 욕구와 자신이 중요하게 여겨지고 싶다는 욕구가 좌절되어 나타난 행동이라는 것을 염두에 두어야 한다. 좌절된 아이는 어긋난 목표를 세우고 이는 문제행동으로 이어진다. 아이는 그 문제행동이 자신에게 소속감을 되찾아줄 거라고 생각한다. 빙산 아래 좌절된 마음을 알기만 해도 교사의 내비게이션은 켜질 수 있다.(좌절된 마음을 아는 것이 가장 중요하다)

4가지 유형별 대표 행동을 간단하게 나타내면 다음과 같다. 그리고 유형별 대처 방법에 대해 도움이 되는 사례를 실었다.

유형	대표 행동
지나친 관심 끌기	잡담, 이르는 것, "할 얘기 있어요.", "저요, 저요.", 전화받는 교사에게 다가와 질문하기
힘의 오용	"말대꾸, 맞짱, 안 그랬는데요. 쟤도 그랬는데요."(물귀신) "뭐 어때서요?"
보복	별 이유도 없는데 대상을 가리지 않고 때리고 복수하는 행동
무기력	"아무것도 안 할 거예요." "안 하면 안 돼요?"

가. 지나친 관심 끌기

정수는 자폐 성향이 있는 2학년 남자아이다. 정수의 문제행동은 수업시간에 발표 기회를 독차지하고 싶어 발언권을 얻기도 전에 큰 소리로 말하는 것이었다. 다른 아이들의 불만은 정수에 대한 야유로 이어졌다. 정수는 지식이 풍부해 한번 발표를 시작하면 의미는 있으나 장황해지기 일

쑤여서 경청하기도 힘들다. 1학년부터 누적된 경험으로 정수가 발표할 차례가 오면 친구들의 불만 섞인 소리가 새어 나왔다. 뿐만 아니라 교사도 수업을 진행하기가 어려웠다.

어긋난 목표 차트에서 찾은 정수에 대한 교사의 감정은 '짜증 난다. 실망스럽다. 내가 잘 못 가르쳐서 그런가 싶은 죄책감이 든다'였다. 정수의 목표는 다른 사람을 계속 바쁘게 만들거나 특별한 대접을 받으려고 하는 '관심 끌기'였고, 숨겨진 메시지는 '나를 봐주세요. 나도 함께하고 싶어요'였다.

아이의 문제행동에 대한 암호를 해독한 뒤 교사의 내비게이션에 따라 '특별한 시간 갖기'를 시도했다. 아이를 방과 후에 잠시 남게 하여 아이가 가장 좋아하는 비사치기를 했다. 아이의 몸과 마음이 다 열렸을 때 정수와 교사만의 수신호를 정하고 실천하기로 했다.

"정수야, 네가 발표를 하는 것은 좋은데, 발표 권한을 얻기도 전에 답을 말해 버려서 친구들이 불편해하는 것 같아. 너는 어떠니?"

"저도 안 하고 싶은데, 잘 안 돼요."

"그럼 선생님이 도와주고 싶은데 괜찮겠니?"

"네."

"정수가 그럴 때마다 선생님이 정수 눈을 마주치며 가슴에 손을 얹을게. 다른 친구들이 눈치채지 못하게 말이야. 우리 둘만의 약속인 거지."

"알겠어요."

교사는 정수의 '나를 봐주세요. 나도 함께하고 싶어요'라는 메시지를 읽고, 온 맘을 다하는 태도로 단둘이 집중하며 '특별한 시간 갖기'를 통해 정수를 격려해주었다. 그 뒤로 문제행동이 완벽히 없어진 것은 아니지만, 선생님과 눈짓과 수신호를 주고받으며 문제행동은 눈에 띄게 줄어들었다. 가능성이 있다는 것을 보여준 정수의 긍정적 변화의 씨앗은 소중하다. 정수의 변화는 완벽하지는 않더라도 의미 있는 일이 아닐 수 없다.

영서는 교사가 열심히 준비한 수업 내용 중 약간 어려운 활동을 하려고 하면 교사를 쏘아보며 이런 말을 한다.

"이런 거 왜 해요?"

"에이, 씨X ~~!"

신규 교사로 발령받았을 때 이런 아이를 만나면, 나의 대처법은 '못 들은 척 회피하기'였다. 비겁한 방법이라고 생각할 수 있으나 그때는 어떻게 대처해야 할지 몰라 피했던 안타까운 기억이 있다. 이때 어긋난 목표 차트에서 찾은 교사의 감정은 '패배감'이었다. 17년 차가 된 지금, 이런 아이에 대한 감정은 '화가 난다. 도전받는 느낌이다. 위협을 느낀다'이다. 어긋난 목표 차트에서 찾은 영서의 목표는 보스처럼 행동하고자 하는 '힘의 오용'이고, 숨겨진 메시지는 '도와줄게요. 선택권을 주세요'이다.

이렇게 이론으로는 알지만, 교사의 내비게이션에 따라 행동하기 가장 어려운 경우가 '힘의 오용'이다. 아이의 말과 행동을 접한 순간 화가 머리끝까지 올라와 이성적인 두뇌를 사용하기 어렵기 때문이다. 이때를 대비해 '어긋난 목표 차트'를 잘 보이는 곳에 붙여놓고 수시로 보았고, 이 아이를 보고 숨겨진 메시지를 떠올렸다.

첫째, 갈등에서 한발 뒤로 물러나 화를 가라앉히는 시간을 갖는다. "지금은 선생님이 너무 화가 나서 너와 이야기할 수가 없구나. 나중에 이야기하자"라며 시간을 번다. 혹은 상황에 적절한 질문을 하여 냉각기를 갖는다.

같은 아이의 행동을 교사마다 다르게 볼 수 있는가? '나는 이런 경우에 짜증 났는데? 똑같은 상황이지만, 사람마다 다를 수도 있는데?'라고 생각하는 독자가 있을 수 있다. 아이의 문제행동은 무한가지이다. 행동으로는 유형화할 수 없다. 감정을 중심으로 유형화할 수 있다. 그 행동을 보는 공통 감정은 '짜증'이기 때문이다. 그래도 감정은 변수가 많다. 자신의 감정을 제대로 들여다보지 못하는 사람들은 유목화하기 어렵고 다 짜증 날 수도 있다.

〈화를 가라앉히는 시간 갖기의 예〉
교사: "지금은 선생님이 너무 화가 나서 너와 이야기할 수가 없구나. 나중에 이야기하자."
　　　"지금 이야기할까? 나중에 남아서 할까?"
영서: "……(묵묵부답)" 혹은 "예."(지금 이야기하고 싶어요. 나중에 하고 싶어요)
교사는 갈등에서 한발 물러나 냉각기를 가지며 화를 식혀 이성의 뇌가 작용하기를 기다린다. 아이가 화난 경우도 마찬가지이다.

둘째, 화를 가라앉히는 시간을 가진 후 아이가 긍정적 힘을 사용할 수 있도록 도움을 요청한다. 이 경우 두 가지 케이스가 있다.

〈화를 가라앉히는 시간을 거친 후 바로 만날 경우〉
교사: "화는 조금 가라앉았니? 선생님은 그 문제를 잘 해결하고 싶은데 선생님도 화가 올라와서 이야기할 수 없었어. 너도 화가 가라앉았으면 다시 이야기 나누어보고 싶어."

〈냉각기를 거친 후 아이와 관계 맺기〉
교사: "영서야, 우리 반 텃밭을 만들기 위해 흙을 퍼 날라야 하는데 도와줄 수 있겠니?"
영서: "네."

수업시간과 상관없이 아이에게 힘을 긍정적으로 사용할 기회를 제공한 뒤로 영서와의 사이가 눈에 띄게 좋아졌다. '힘의 오용'에서의 힘은 에너지이다. 물리적인 힘 외에 정신적인 힘까지 포함한다. '선택권을 주세요'를 떠올리며 "화를 가라앉히는 시간을 갖겠니?"라고 제안했고, '도와줄게요'를 떠올리며 아이에게 도움을 요청했다. 방과 후에 남아서 삽질을 하는 것이 성가신 일일 수 있으나 어떤 식으로든 힘을 보여주고 싶었던 아이에게 삽질이라는 물리적인 힘, 선생님을 지지하고 도와주는 정신적인 힘을 발휘할 기회를 제공한 사례이다.

아이 입장에서는 선생님과 우위를 가리기 위한 힘겨루기를 하고 있다고 느꼈는데, 교사는 도움을 요청함으로써 대결 대신 인정과 손 내밀기를 한 것이다. 문제를 구체적으로 풀지는 않았으나 선생님에게 자신이 영향력 있고 의미 있는 존재로 느껴 관계가 풀어질 것이다. 아이의 인정받고 싶은 욕구가 채워진 셈이다. 이전의 싸운 문제에 대해 이야기하지 않아도 문제가 우회적인 방법으로 해결된 것이다. '선생님이 나에게 도움을 요청해?'라는 것이 힘의 오용인 아이에게는 가치 있는 사람으로 인정받는 중요한 일이다. 동반자로 인정해주는 것, 이걸 누르거나 이기려고, 박살내려고 하는 것보다 효과적이다.

호기심 질문법으로 아이의 화를 가라앉힌다. 아이의 관심사를 묻는다. "넌 뭐가 좋니?" 혼날 것 같은 불안감으로 교사 앞에 섰는데, 삽질하며 마음을 놓게 된다. 물론 마지막에 "선생님 혼자 삽질할 뻔 했는데, 네가 도움을 주어 수월하게 아름다운 텃밭을 만들었구나. 고마워"란 격려의 말도 잊지 않았다.

다. 보복

"제가 버린 거 아닌데요. 이걸 제가 왜 주워요?"(반대를 위한 반대, 어깃장 놓는 사례)

"얘가 나 1학년 때 때렸어요. 그래서 지금(3학년 때) 때리는 거예요."

"선생님을 117에 신고할 거예요."

명희는 늘 '억울하다'는 말을 입에 달고 산다. 자신이 버린 쓰레기가 아니므로 줍기 억울하다

며 같이 줍기를 부탁하는 교사에게 따진다. 1학년 때 맞은 일을 오랫동안 마음에 품고 복수할 기
회만 엿보며 교사에게도 협박을 한다.

명희에 대한 교사의 감정은 '상처받는', '실망스럽다'를 넘어 '어떻게 감히 나에게
이럴 수 있지?', '혐오스럽다'까지 이어진다. 심지어는 아이와 똑같은 방법으로 대
해 주고 싶은 마음이 올라올 정도이다.

명희는 어릴 적 부모의 이혼으로 상처가 많다. 이 아이의 숨겨진 메시지는 '난 상
처받고 있어요. 내 마음을 알아주세요'이다. 부모로부터 받고 형성되어야 할 애착
이 불안정해 대상이 누구든 상관없이 상처를 주는 것이다. 그러나 안타깝게도 그
누구도 부모의 역할을 대신해 줄 수는 없다. 대신 '따뜻한 추억 만들기'를 해주기로
했다. 상처받은 감정을 토닥여주고, 더 이상 감정에 상처를 주지 않도록 처벌이나
보복하고 싶은 교사의 마음을 돌아보았다. '네 잘못이 아니야'라는 말과 함께 이 세
상이 따뜻한 곳임을 느낄 수 있도록 부족한 점을 채워주려고 했다. 명희와 같은 아
이들은 힘의 오용과 보복이 번갈아 나타나 더 힘든 경우가 많다.

〈보복임을 인지하지 못하고 다가간 사례〉
명희: 싸움을 많이 일으켜 일이 커진다.
교사: (다가가) "또 너야?"
명희: 한 번 더 문을 쾅 닫는다. 아이는 입을 닫아버리고 교사와의 대화는 끊긴
　　　다. 다른 곳에 가서 다시 시비를 걸기 시작한다.

〈보복임을 인지하고 대처한 사례〉
명희: 싸움을 많이 일으켜 일이 커진다.
교사: "그럴 수 있다. 화가 났겠다." (시간이 흐른 뒤) "아까 왜 때렸어?" (보복임을 알
　　　고 열심히 들어주면 전 학년 때 억울했던 이야기까지 나온다) "억울하고 미웠겠다. 어

떻게 지금까지 참았니?”

　보복으로 가시 돋친 아이는 주변에 어떻게든 상처를 주려고 한다. 보복에 해당하는 아이는 존중하는 마음과 따뜻한 태도를 보여주며 벽을 허무는 것이 좋다. 교사는 먼저 감정 수용을 한다. 이렇게 접근하면 그나마 입을 연다. 여기서 주의할 점은 수용에서 그치면 안 된다는 것이다. 행동을 이끌어 학급의 규칙을 지킬 수 있도록 해주어야 한다. 간단한 규칙대로 처리하더라도 한 번이라도 마음을 알아주는 것이 중요하다. 알아주는 것만으로도 마음이 풀어지는 경우가 있다. 아이에게는 그런 경험이 없었으니까.

　이 아이는 혼난 경험이 대다수였을 것이다. ‘네가 먼저 때렸잖아’ 하고 다그치듯 접근하면 교사도 보복의 대상이 될 수 있다. 그러나 따뜻한 공감이 우선되면 아이는 교사 편이 되어 교사의 이야기를 들을 것이다. 적어도 미리 단정 짓지 않기 때문에 교사와 대화가 된다.

　『미움받을 용기』 2권에서는 보복의 경우에 해당하는 아이는 이미 교사의 손을 떠났다고 한다. 즉, 전문가의 도움이 필요하다는 것이다. 충분히 수용되어야 마음이 조금 열리는데 일반 교사가 하기 어렵다는 뜻이리라. 하지만 교사인 우리가 뿌린 씨앗이 언젠가는 열매를 맺을 것이라는 신념을 가지고 최선을 다할 뿐이다.

　학급에 명확한 규칙이 있다면 역할극을 활용한 학급회의로 규칙대로 문제를 해결하고, 평소에 나들이를 통해 따뜻한 순간을 쌓았던 것도 효과적이었다. 배신하지 않는 자연과 공감하는 감수성을 키울 수 있었다.

　보복에 해당하는 아이들에게는 존중하는 마음을 가지고 동의를 얻는 질문을 하는 것이 효과적이다.

　“진짜 힘들었겠다. 지금은 괜찮니?”

　마음을 물어보고 친절하게 수용한 뒤 질문한다.

　“…… 이유로 때린 거란 말이지?” (‘그런데’란 말 대신에 잠깐 쉬는 것도 효과적이다)

이런 아이들은 '그런데'라는 말에 민감하다. 결국은 알아주지 않는 거라고 생각하기 때문이다. 결국에는 "그건 잘못된 거야. 하지 말았으면 좋겠어"라고 단호하게 규칙과 행동의 한계를 전달해야 한다. 단, 바로 해결하고자 하는 의욕이 앞서 공감 후 바로 '그런데' 제안을 해서 마음을 돌아서게 하는 경우를 경계해야 한다.

라. 무기력

경수는 수업시간에 늘 잔다. 경수의 눈을 본지가 언제인지도 모르겠다. 깨워도 소용이 없다. 이제 저 아이를 어찌할 방법은 없는 것 같다.

현서는 모둠활동을 할 때 아무것도 하지 않는다. 아이들은 "현서 아무것도 안 해요"라며 같은 모둠이 되기를 꺼린다.

경수에 대한 교사의 감정은 '포기해야겠다', '이 아이는 어찌해도 안 된다'이다. 어긋난 목표 차트 역할극을 통해 이 아이의 입장이 되어 보았다. 무기력은 문제행동의 최고 단계이다. 소속감과 자존감이 가장 낮고, 이로 인한 주변의 반응으로 소속감과 자존감이 심하게 상처받는 지경에 이른 단계이다.

경수와 현서의 숨겨진 메시지가 '날 포기하지 말아줘. 나에게 조금씩만 과제를 주세요'라는 것을 안 순간 그것을 믿을 수 없었다. 내가 온 마음을 다해 도와주는 것도 거부하고, 힘이라고는 급식 먹을 힘밖에 없는 것 같던 이 아이의 숨겨진 메시지가 포기하지 말아 달라는 거라고?

일단 믿어보기로 하고 잠자는 경수를 바라보았다. 수업 중 시끄러운 소리가 나자 경수가 고개를 들었다. 나는 경수가 동굴 밖으로 나온 이 순간을 놓치지 않았다.

"경수야, 네 눈이 이렇게 초롱초롱했어? 자주 보면 좋겠다. 자주 보여주렴."

경수는 씩 웃었다. 그다음 시간, 경수는 어떻게 되었을까? 똘망똘망한 눈으로 교사와 눈을 맞추며 열심히 수업시간에 임했을까? 아니다. 경수는 또 잤다. 단, 미안해하는 몸짓을 보이며 선생님과 눈을 한 번 맞추고는 엎드렸다. 모든 아이를 변화시킬 수 있다는 것은 교사의 '구제환상'일 뿐이다. 미안해하면서 엎드린 경수의 태도 변화에서와 교사의 관계에서 희망을 찾는 것으로 족하다.

모둠활동에 참여하지 않는 현서의 경우는 어떻게 해야 할까? 할 일을 작은 단계로 나누어주고 친구들에게 비난하는 것을 멈출 것을 부탁했다.

"이 활동에서 제목 글씨만이라도 쓸 수 있겠니?"라고 하며, 시도한 것 자체를 격려하고 아이의 가능성을 믿으려고 노력했다. 아이에 대한 기대 수준을 낮추고 모둠의 다른 아이들에게도 양해를 구했다. 질문을 통해 이 아이가 할 수 있는 일을 찾도록 도와주었다.

"네가 웃는 모습을 보니 참 좋다. 이렇게 하나만 해도 좋아. 넌 존재만으로도 소중해."

'그 아이의 존재를 있는 그대로 인정해주기'에서 시작하고, 해당 아이와 주변 아이들에게 맥락을 설명하고 양해를 구한다면, 무기력한 아이들을 지도하는 데 도움이 될 것이다.

18. 친절하지만 단호한 문제 해결 기술

장은정

PDC를 만나다

교직 경력 9년이 되던 해에 둘째 아이 출산을 앞두고 육아 휴직에 들어갔다. 3년을 계획했던 휴직 기간이 셋째의 등장으로 5년이나 이어졌고 5년 휴직 뒤 복직한 곳은 중학교였다. 육아 휴직으로 나름대로 갈고 닦은 감정 코칭과 훈육 방식이 있었기에 자신만만했지만, 그 패기는 내 수업시간을 해방구로 여기며 난장판으로 만들어대는 중학교 사춘기 아이들로 인해 바닥으로 내동댕이 처졌다. 나는 언제 그만둘지를 고민하는 눈물의 퇴근길로 일 년을 버텼다. 그러면서 중학생들을 지도할 나름의 방법을 터득하기 시작했고 더 이상 큰 어려움은 없었으나 그러는 사이에 뭔가 아이들과 불편함을 갖고 아슬아슬하게 일 년을 보내고 있는 내 모습을 발견하게 되었다. 중학생 아이들과 소통이 어려웠던 것이다.

인터넷 서점을 뒤져 발견한 『학급긍정훈육법』, 책을 읽을 땐 이해가 되던 것이 교실에선 실천하기가 어려웠다. 그래서 1일 클래스를 찾아갔고, 신학기 연수, 연구회, 심화연수, PDC 캠프를 찾아다니며 중학생들을 친절하고 단호하게 훈육할 방법을 모색하며 실천하고자 했다. 하지만 복장 및 생활 지도가 엄격한 중학교에서 여러 교과 선생님과 함께 학생들을 지도해야 하고, PDC 활동을 함께할 시간 확보가 어려운 중등의 현실에서 PDC를 실천하는 것은 매우 난관이 많았다.

개인적인 관심도 있었지만, 수시로 문제가 터져 나오는 중학교 교실에서 합리적인 문제 해결 방법에 대한 갈증이 있었기에 PDC의 많은 활동 중에서도 문제 해결 기술을 적용해보고 싶었다.

문제가 발생하면 교무실로 데리고 온 아이들에게 반성문을 쓰게 하고 잘잘못을 가린 뒤 벌 청소나 학부모 상담으로 이어졌던 기존 패턴을 버리고 문제해결 4단계와 문제해결 활동지로 상담을 시도해 봤다. 신기한 것은 화를 낼 필요가 없었기에 학생들과 감정의 실랑이가 없었고 문제 해결 시간이 단축되었다. 중학교 교실에서 적용해볼 만한 PDC적인 방법이라 소개해보고자 한다.

| 문제해결 4단계 |

1. 목표: 비난이 아닌 문제 해결에 초점을 둔다.

2. 활동 안내

　1단계. 문제에서 물러나기

　　가. 반응하지 않고 문제에서 물러난다.

　　　– 장소를 이동한다. 당사자들 손을 잡고 "의자에 앉아서 이야기할래? 아니면 여기서 서서 얘기할래?"라고 묻는다.

　　　– 다른 일을 한다.(게임이나 활동을 찾는다)

　　나. 감정을 추스를 시간을 가진 후 다음 단계로 간다.

　1단계. 문제에 대하여 서로 정중하게 이야기하기

가. 문제에 대해 어떻게 느끼는지 서로 이야기하게 한다.

나. 다른 사람들은 어떻게 느끼고 무엇을 좋아하지 않는지 관심을 갖고 듣는다.

다. 문제를 일으킨 행동에 대해 서로 이야기한다.(이름은 넣지 않는다. 그때 상황을 10단어로 사실만 말하기, 감정을 '나–전달법'으로 말하기, 어떤 결심이 들었는지, 어떻게 행동했는지 말하기. 예를 들면, "메리가 새치기를 해서 화가 났어요"가 아니라 "새치기를 당해서 화가 났어요"라고 말한다)

라. 다음에 어떻게 다르게 행동할지 이야기 나눈다.

3단계. 해결 방법 의논하기

해결 방법에 대해 질문하고 제한된 선택권 주기–대답을 생각해내고 해결 방법을 결정하며 감정이 풀린다.

가. 해결책을 브레인스토밍한다.

 – 역할을 나누거나 순서를 정하기 위한 계획을 세운다.

 – 행동 수정 방법을 찾아내고 행동에 책임지는 방법을 생각해낸다.

 – 만약 둘 사이에 피해를 입혔다면 피해에 대한 보상을 구체적으로 이야기한다.

나. 서로 동의한 해결책을 선택한다.

 – 해결이 되었다면 배운 점을 나눈다.

4단계. 해결할 수 없으면 도움 요청하기

가. 학급회의 의제로 올린다.

 – 의미: 문제에 대해 서로 의논하며 함께 배운다. 브레인스토밍을 통해 다양한 해결책을 모색한다.

나. 부모님이나 선생님, 친구들과 이야기를 나눈다.

조회 시간에 뒤에 앉은 B가 앞에 앉은 A의 머리를 책으로 내리쳤다. 이에 A가 벌떡 일어나 B를 바라보며 주먹을 날리려는 상황이었다.

해결 과정

1단계: 문제에서 물러나기

 1) 교사가 무슨 일인지 묻고 바로 다가가 두 학생의 손목을 잡은 뒤 묻는다.

　　교사: "여기서 이야기할래? 밖에 나가서 이야기할래?

　　A, B: "나가서요."

 2) 복도로 데리고 나간다. 장소를 이동하면서 감정에서 물러나게 된다.

 3) 조회를 진행해야 하는 경우에는 싸움을 중지시키고 분리시켜 따로 앉게 한 뒤 조회가 끝나고 따로 부른다.

2단계: 문제에 대하여 서로 정중하게 이야기하기

 1) 지금 기분을 묻는다. 누가 먼저 말할지 묻고 뜻을 밝힌 학생이 먼저 말해도 되는지 다른 학생에게 묻는다. 두 학생의 현재 감정을 다 들어 본다.

　　교사: "지금 기분이 어떤지 이야기해볼래? 누가 먼저 할래? 그래, B야, A가 먼저 말해도 될까?" (동의를 얻으면) "A야, 좀 전에 B한테 책으로 머리를 맞았을 때 기분이 어땠어?"

　　A: "화가 났어요. 아프기도 했고요."

　　교사: "B는 어땠니?"

　　B: "당연히 화가 났죠!"

 2) 문제를 일으킨 행동에 대해 사실대로 10단어, '나전달법'으로 말하게 한다. 말하기를 힘들어하면 글로 쓰고 읽게 한다.

　　교사: "그래. 그럼, 방금 일어난 일을 사실대로 10단어로 써 보자. 그때 어

떤 감정이 들었으며 어떤 결심이 들었는지 그래서 어떻게 행동했는지를 각자 써 보고 이야기해보자. 누가 먼저 읽어 볼까? 그래, 이번엔 B가 먼저 읽어 봐."

B: "아침에 교실에 들어왔는데 A가 자꾸 툭툭 쳤다(상황). 하지 말라고 했는데 자꾸 하니까 나를 무시하나 하는 생각이 들었다(생각). 짜증 나고 화가 나서(감정), 책으로 머리를 쳤다(행동)."

교사: "그렇게 된 일이구나. 그럼 이번엔 A가 읽어 볼까?"

A: "아침에 B에게 뭘 물어봤는데 대답을 안 해서 계속 물어보느라 몇 번 등을 톡톡 쳤다(상황). 그런데 갑자기 B가 책으로 머리를 내리쳐서 너무 화가 났다(감정). 나도 때려야겠다는 생각이 들었다(결심). 그래서 일어나 손이 올라간 거다(행동)."

각자 쓴 내용을 바탕으로 누가 먼저 얘기할지 물어본 뒤 각자의 '상황(사실, 생각)-감정-결심-행동' 순으로 쓴 내용을 읽게 한다.

3단계: 해결 방법 의논하기

1) 벌어진 상황에 대해 해결 방법 혹은 책임질 방법에 대해 이야기 나눈다.

교사: "그래 그렇게 된 거구나. A는 B가 대답을 안 하니까 답답해서 톡톡 쳤다고 했는데 B는 툭툭 쳤다고 느꼈고 A가 자신을 무시한다고 생각했네. 같은 상황을 다르게 느꼈고. 그런데 우리 교실에서는 폭력은 안 돼. 서로 폭력으로 문제를 해결하려고 했으니 문제가 커진 것 같아. 이 상황을 어떻게 해결할지, 벌어진 상황에 대해 책임질 방법을 생각해보자. 누가 먼저 얘기해 볼까? 그래. A가 먼저 얘기해 볼까? A는 이 문제를 어떻게 해결하고 싶어?"

어떻게 해결해야 할지 몰라 할 때는 교사가 해결책을 먼저 제시해줘도 좋고 '감격해 카드'의 해결 카드 중에서 고르게 해도 된다.

A: "제가 먼저 툭툭 친 것 사과할게요."

교사: "B야, A가 사과했는데 B는 어떻게 하고 싶니?"

B: "저도 사과할게요."

교사: "어느 부분을 사과할 거야?"

B: "잘 모르겠어요."

교사: "A의 머리를 책으로 내려친 것에 대한 책임을 어떻게 질 수 있느냐는 질문이야."

B: "저도 사과할게요."

교사: "A야, B가 사과하는 거로 해결책을 내놓았는데 괜찮니?"

A: "네."

교사: "그럼 둘이 사과하는 거로 이 문제는 해결을 하자. 누가 먼저 할래?"

B: "제가 먼저 할게요."

교사: "그래라."

B: "내가 책으로 머리 친 거 미안해."

A: "괜찮아."

교사: "A도 B한테 사과하기로 했지?"

A: "아~ B야 툭툭 친 거 미안해."

교사: "그래. 사과로 잘 해결이 되어서 다행이야."

2) 해결이 되었다면 배운 점을 나눈다.

교사: "이번 일로 뭘 느꼈는지 A부터 말해볼까?"

A: "툭툭 치는 걸 애들이 싫어할 수도 있다는 거요."

교사: "B는?"

B: "기분이 나쁘다고 폭력을 쓰면 안 된다는 거요."

교사: "그래. 다음에 이런 일이 벌어지지 않기를 바란다."

소감

❖ 선생님이 손을 잡고 밖으로 가니까 화를 더 이상 낼 수가 없었어요. 말로 설명하라고 할 때는 말할수록 더 감정이 나빠지고 더 싸움이 커져서 선생님이 무섭게 해야 그쳤는데 뭘 쓰라고 하시니까 쓰는 데 집중하게 돼서 감정이 좀 가라앉는 것 같았어요. 싸운 애의 감정을 들을 때는 다시 화가 나기도 했지만, 폭력은 안 되고 해결책을 찾자고 하니까 어떻게든 빨리 해결을 봐야겠다는 생각은 들었어요. 근데 좀 길어서 힘들었고. 쓰라고 할 때는 순식간에 일어난 일을 쓰라는 대로 쓰는 게 좀 귀찮았어요. _ 학생

❖ 순서대로 해야 한다는 강박으로 과정이 자연스럽지 못해서 스스로 어색했고 학생들도 좀 당황스러워했다. 하지만 문제 상황을 보고 둘 다 혼내거나 피해자로 보이는 학생을 일방적으로 두둔하고 가해자라 생각했던 학생을 호되게 혼내던 방식보다 학생들 입장에서 훨씬 공정하게 생각했다. 문제 상황에서 물러나 어느 정도의 시간을 갖고 상대를 대하니 감정이 가라앉은 상태에서 해결책을 쉽게 찾을 수 있게 됐다. 문제 상황을 감정적으로 대응하기보다는 해결책에 중점을 두고 반응하다 보니 학생들이 갈등 상황을 해결하는 법을 배워가는 듯하다. _ 담임교사

문제 해결지로 해결하기

10단어로 상황 알리기, '생각-감정-결심-행동'의 순서를 결합하여 생활지도에 활용할 활동지를 사용했다.

〈첫 번째 사례〉
여학생 3명이 학교스포츠클럽 시간에 무단 결과하여 슈퍼마켓에 가서 간식을 사

먹었다는 사실을 체육 선생님께서 알려주셔서 그 학생들을 지도하는 상황이다.

지도 과정

1) 종례 후 지도할 내용에 대해 담임이 인지하고 있음을 알렸다.

2) 활동지를 작성하게 했다.

3) 일대일 대화로 실제 사실을 확인한 후 학생이 느낀 감정과 스스로 내놓은 해결책을 들었다.

4) 담임의 질문과 학생의 답으로 사실을 보충할 만한 내용을 썼다.

5) 교사도 다른 활동지에 학생의 답변을 듣고 난 뒤의 '생각–감정–결심–행동(지도 방법)'의 내용을 쓰고 보여줬다.

6) 학생의 해결책과 담임 지도 방법의 차이가 클 경우에는 제안 부분에 절충안을 썼다.

   – 학생의 해결책: 다음부터는 무단 결과하지 않겠다.(일주일 동안 몇 가지 일로 지도를 2~3회 받고도 같은 해결책을 내놓았다)

   – 담임의 해결책: 일주일 동안 여러 차례 지도할 때 학생들이 내놓은 해결책을 수용했음에도 불구하고 다른 지도할 상황을 만드는 건 부모님과 협의하여 지도할 일이기에 부모님 상담이 필요한 일임을 확인시켜 주었다.

   – 절충안 제시: 학생이 일주일 동안 점심시간을 이용하여 청소 봉사를 하고 담임선생님 확인을 받는 지도를 받겠다고 했다. 담임이 수용하고 난 뒤 귀가시켰다.

〈두 번째 사례〉

학교에서 휴대폰을 사용하여 교칙대로 일주일 동안 담임이 보관하려 했으나 추석 연휴에 써야 하므로 연휴 후에 일주일 보관하는 것으로 해달라고 요청하는 상황이다. 지도 과정은 앞의 사례와 동일했으나, 담임은 활동지를 작성하지 않았다.

소감

감정의 뿌리를 살펴보는 훈련을 위한 글쓰기 제안이었는데, 학생 스스로 잘못을 인정하게 하는 또 다른 형태의 반성문은 아닌지, PDC를 배우고 만들었다고 하기에는 부끄럽지만 이전보다 학생을 존중하는 방식이라는 점에서 학생도 교사도 만족한다.

지도 방식의 차이

이전 지도

화나고 기분 나쁜 표정으로 '네 죄를 네가 알렸다' 식의 호통과 취조식 질문, 일방적인 반성문 작성과 반성하는 기미가 보일 때까지 잘못한 것 일깨우기로 지도하고 나면, 온몸의 에너지가 방전된 느낌이었다. 학생과 기분 나쁜 상태로 헤어져 마음이 아프고 죄책감이 들었고 그 후 학생과의 관계가 서먹해졌다.

활동지 작성 후 지도

매우 짧은 시간에 사실을 확인하고 상황에 대해 인정한 뒤 기분 나쁘지 않게 상황을 마무리할 수 있었다. 학생들은 진지하면서도 이전에 위압적인 분위기가 아니라 자신의 상황과 감정을 솔직하게 전달할 수 있어서 깔끔해서 좋다고 한다.

아쉬움과 남는 과제

사무적인 느낌이 들었고 감정을 충분히 공감해주지 못한 것이 아쉬웠다. 스스로 내놓은 해결책을 존중하지 못하고 절충한다는 것이 담임의 의도대로 꿰맞춘 듯한 느낌이 들었다. 학생들이 부모님 상담을 피하려고 이전에 받았던 벌칙을 제안한 것을 담임이 편리하게 수용하여 이전에 담임과 약속했던 문제 해결 방법을 허무는 결과를 낳았다. 문제 해결 방법이 문제와 논리적 연관성이 있어야 하고, 해결 방법이 PDC적이어야 하며, 이전에 학생들과 약속했던 해결 방법을 일관성 있게 지켜나가는 방식인지에 대한 고민이 있어야 할 듯하다.

　이 사례에서는 학생으로 하여금 올바른 해결방식을 가르치게 하는 것인지, 얄팍한 협상 기술을 가르치는 것은 아닌지, 담임이 나쁜 역할 안 하면서 학생을 의도한 방향으로 몰고 가는 것 같은 느낌이 들었다. 담임과 학생 사이에 감정적인 실랑이는 크게 없지만, 상황에 대한 충분한 인식과 공감, 소통 없이 책임만 지게 하고 마는 듯한 느낌이 들었다.

상황을 돌아보고, 해결책을 찾고, 개선하기 위한 활동지	
학번(　　　　　　) 이름(　　　　　　)	
상황을 10단어로 쓴다	
생각	
감정	
결심	
행동(해결책)	
보충	
제안	

19. 나를 알고 친구를 이해하며 문제해결력을 키우는 감격해 카드

안진수

'감'격해: 감정 카드로 감정 알아보기

'감정'이라는 단어가 낯선 아이들과 감정에 관해 이야기를 나눌 때는 '감정'보다는 아이들에게 익숙한 단어인 익숙한 기분과 느낌, 마음 등으로 시작하는 것이 좋다. 하지만 자기 자신의 기분과 느낌, 마음을 표현해본 경험이 없어 그조차도 어색할 경우에는 아이들에게 친근한 날씨나 숫자, 좋아하는 캐릭터 등으로 자신의 기분과 마음 등을 표현하게 하는 것이 좋다. 매일 자기감정을 확인하는 과정을 통해 아이들은 '지금 여기에 있는 나'의 감정을 그대로 직면하고 알아차리는 기회를 가져볼 수 있다.

| 우리 반 이야기 |

날마다 아침 수업을 시작하기에 앞서 아이들과 둥그렇게 앉아 아침 열기를 시작합니다. 자

신의 기분과 마음, 느낌 등을 친구들에게 이야기하며, 그런 감정을 느낀 까닭에 대해서도 함께 나누며 공감하는 시간을 가져봅니다.

오늘 아침 열기 시간에는 자신의 감정을 날씨로 표현해 봤습니다. 안개가 자욱한 산속 같은 기분, 햇살이 반짝반짝 빛나는 기분, 비가 엄청 내리는 기분, 천둥 번개가 치는 기분 등으로 아이들은 자신의 감정을 이야기합니다.

수연이는 오늘 방과후 수업으로 성장 댄스를 하기 때문에 기분이 좋다고 이야기하며 자신의 기분을 무지개로 표현하고, 현철이는 밥을 늦게 먹는다고 아침부터 엄마께 혼나서 화가 난 자신의 감정을 천둥·번개라는 날씨로 표현합니다. 준형이는 어제 키우던 고양이가 죽어서 너무 슬프다며 자신의 감정을 비가 주룩주룩 내리는 날씨로 표현합니다.

아이들은 자기 기분을 친구들 앞에서 이야기하는 경험을 통해 자신의 감정을 알아채고 (직면하며) 친구들의 이야기를 들으며 친구들의 감정에 공감합니다. 서로의 감정을 이야기 나누며 아이들은 감정이 이렇게나 많다는 것과 비슷한 상황에서도 서로 느끼는 감정이 다름을 알아채고 이해합니다.

감정의 다양성 알기

새 학기가 시작되고 반 아이들을 만나 "오늘은 기분이 어떤가요?", "오늘 아침 열기 시간에는 자기의 감정에 대해 이야기해볼까요?"라는 질문을 던질 때마다 아이들이 가장 많이 하는 대답은 '좋아요!'와 '짜증 나요!'이다. 자신의 기분이나 마음, 감정에 대한 질문을 받아본 적도 거의 없을뿐더러 감정이나 기분을 묻는 질문에 자신의 감정을 깊이 들여다보는 것이 어색할 뿐이다.

그동안 아이들은 자신의 기분과 마음, 감정을 생각해보는 시간도, 그것을 말로 표현해보는 기회도 거의 없었다. 하지만 매일 친구들과 감정에 대해 함께 이야기를 나누기 시작하면서 아이들은 감정이 무엇인지, 감정에는 어떤 것들이 있는지, 오늘

나의 감정은 어떠한지를 곰곰이 생각하며 이야기를 나누기 시작했다. 이 시간을 통해 아이들은 감정이 이렇게 다양하다는 사실에 놀라고 자신의 행동이 어떤 감정에서 시작되었는지 알아채기 시작한다. 함께 앉아 서로 바라보며 친구의 감정을 이해하고 공감하며 아이들은 변하고 성장해간다. 감정의 다양성을 알아가기 위해 PDC 감격해 카드 중 감정 카드를 활용해보았다.

① 각 모둠에 서로 다른 감정 카드를 한 장씩 골라 나누어준다. 이때 다른 모둠이 어떤 감정 카드를 가졌는지 알 수 없도록 비밀편지를 나누어주듯이 전달한다.
② 모둠 친구들과 감정 카드에 적힌 감정을 느낀 경험과 상황을 서로 돌아가며 이야기를 나눈다. 이때 다른 모둠원들에게 들리지 않도록 조용히 이야기 나누는 것이 중요하다.
③ 모둠 친구끼리 경험을 나눈 뒤, 모둠에 주어진 감정을 가장 잘 표현한 친구의 이야기를 하나 골라 역할극으로 꾸민다.
④ 역할극 준비가 끝나면 한 모둠씩 차례로 나와서 준비한 역할극을 발표한다.
⑤ 다른 모둠의 친구들은 역할극을 보고 감정을 맞춘다.
⑥ 감정을 맞춘 뒤 이 역할극에서 표현한 감정을 느낀 경험에 대해 반 친구들과 함께 이야기 나눌 수 있다.

우리 반은 4모둠으로 구성되어 있습니다. 오늘 국어 시간에는 아이들과 '자신의 감정을 표현하며 대화를 나눈다'라는 성취기준으로 수업을 진행했습니다.

① 교과서 지문에 나온 감정과 같은 감정 카드를 4개 골라 각 모둠에 한 장씩 나누어주었습니다. 나눠주는 감정 카드로 퀴즈를 내야 하기 때문에 카드에 있는 감정은 그 모둠원들만 알아야 한다고 카드를 나눠주기 전에 미리 이야기해줍니다.

② 1모둠은 '행복해요' 카드를, 2모둠은 '슬퍼요' 카드를, 3모둠은 '당황해요', 4모둠은 '억울해요' 카드를 받고 조용조용 서로의 경험과 느낌을 이야기 나눕니다. 1모둠 아이들은 '행복한'이라는 감정에서 각자 자신이 행복했던 기억을 떠올리며 그때 자신이 느낀 감정이 행복이라는 것을 알아갑니다.

'억울한'이라는 감정 카드를 받은 4모둠의 준수는 엄마가 동생과 자신을 차별한다고 생각하며 자신의 경험을 이야기했습니다. 그 이야기에 다른 친구들도 크게 동조하며 자신의 경험을 이야기하기 시작했습니다. 준수와 같은 모둠의 승희도 동생이 엉망으로 어지른 장난감을 엄마가 자기한테 화를 내며 치우라고 말했을 때 억울했던 감정을 떠올리며 준수의 감정에 공감했습니다. 모둠 친구들은 서로서로 친구의 감정에 공감하며 격려하고 마음을 읽어주었습니다. 여러 상황에서 느꼈던 자신의 감정이 무엇인지를 알아차린 후 아이들과 그 감정을 느꼈을 때의 행동에 대해 이야기를 나눕니다.

③ 4모둠에서는 승희의 경험을 역할극으로 표현하기로 했습니다. 4모둠에서는 승희 역할과 동생 역할 그리고 화를 냈던 엄마와 아빠로 역할을 정하고 역할극 연습을 시작했습니다. 다른 모둠에서도 감정을 가장 잘 표현할 수 있는 경험을 정하고 역할극으로 꾸밉니다.

④ 각 모둠이 차례로 나와 역할극을 합니다.

⑤ 1모둠 역할극이 끝나면 1모둠을 제외한 다른 모둠원들은 1모둠의 감정이 무엇인지 서로 상의를 한 후 감정을 말합니다. 2~4모둠도 같은 식으로 진행합니다.

⑥ 1모둠의 역할극이 끝나고 감정을 맞춘 뒤, 교사가 1모둠의 감정인 '행복한'을 느꼈던 경험에 대해 전체를 대상으로 발문하고 함께 이야기를 나눕니다.

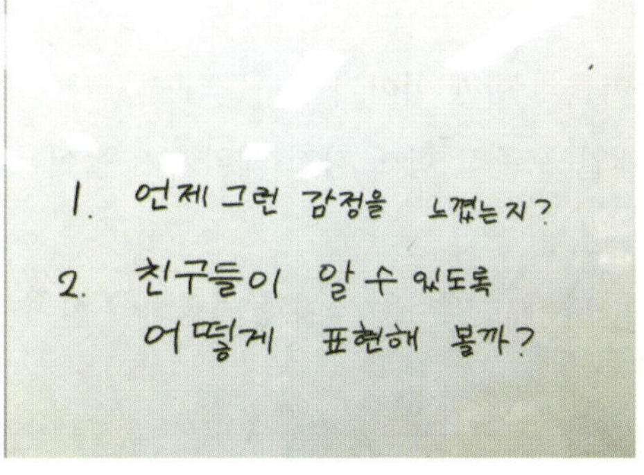

감정 카드로 감정 알아가기 수업을 하면서 아이들은 내 감정과 친구의 감정에 대해 함께 이야기 나누며 내 감정을 알아차리고 직면할 힘이 생긴다. 친구들과 서로 경험을 이야기 나누고 친구의 감정에 공감하기도 하며 여러 상황에서 친구들이 느끼는 감정이 다양하고 나와 다르다는 것을 알게 된다. 아이들은 천천히 감정의 다양성과 서로의 다름을 이해하고 인정하며 각자의 경계를 존중하며 성장한다.

친구의 감정 맞추기

감정 카드로 함께 놀면서 아이들은 다양한 감정이 존재한다는 것과 지금 내가 느끼는 감정이 무엇인지, 예전에 내가 느꼈던 감정이 무엇이었는지 알아간다.

① 각 모둠에 감격해 카드에 있는 감정 카드를 모두 펼쳐 놓는다. 아이들은 어떤 감정이 있는지 살펴본다. 1~2분 정도 살펴볼 시간을 준다.

② 교사는 감정 카드에서 하나를 고르고 아이들이 보지 못하도록 손으로 가린다. 시작과 함께 교사는 카드의 감정을 느낀 경험을 아이들에게 이야기한다.

③ 아이들은 이야기를 듣고 그때 교사가 느꼈을 감정을 펼쳐진 감정 카드에서 고른다.

④ 아이들이 정답이라고 생각하는 감정 카드를 모두 다 선택했을 때 교사는 손으

로 가렸던 감정 카드를 보여준다.

⑤ 교사가 선택한 카드의 감정을 전체 아이들과 함께 이야기를 나눈다.

⑥ 하루에 3~5개 정도의 감정 카드로 매일 꾸준히 함께 감정 배워가기 놀이를 하는 것이 좋다.

⑦ 모둠 아이들끼리 서로 돌아가며 경험을 말하고 맞추는 놀이로 변형하여 할 수 있다.

오늘의 감정 표현하기

다양한 감정이 있다는 것을 알아가는 아이들을 보며 매일 아침 자신의 감정을 깊게 생각해보는 시간이 있으면 좋겠다는 생각을 했다. 그래서 그동안 아이들과 함께 배운 감정 단어들을 칠판에 붙이고 매일 아침 교실에 들어오면 자신의 마음과 기

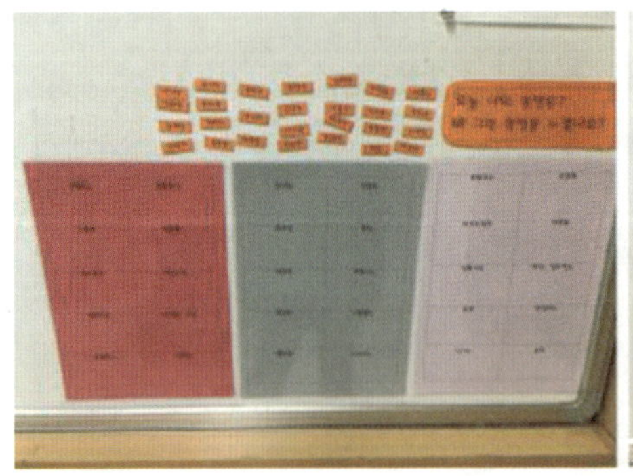
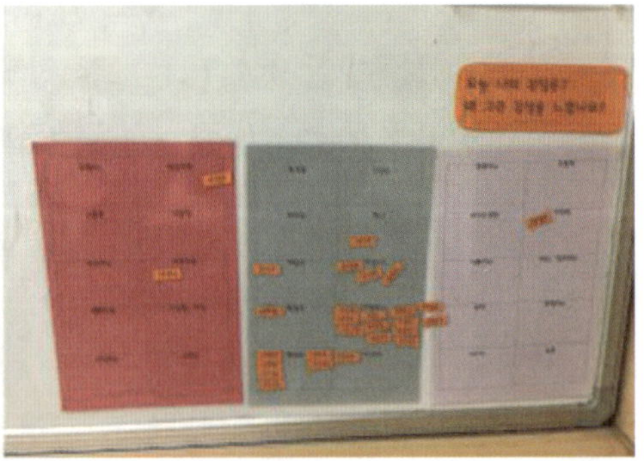

분, 상태 등을 생각하고 자신의 감정을 알아차리는 시간을 갖기로 했다.

교실 문을 열고 들어오면 아이들은 칠판 앞에 서서 한참이나 감정 단어를 쳐다본다. 그리고는 많은 감정 단어 중에서 지금 자신이 느끼는 감정에 자신의 이름을 붙인다. 그리고 아침 열기 시간에 아이들은 자신의 이름표를 붙인 감정과 그 이유에 대해 함께 이야기 나눈다.

감'격'해: 격려로 함께 성장하기

2014년 알게 된 PDC는 내 교직 인생을 송두리째 바꾸어 놓았다. '단호'라는 말로 치장하기도 부끄럽지만, PDC를 만나기 전 나는 그저 '무서운' 선생님이었다. 사실 알고 있었으면서도 직면하기 싫어 회피했던 나의 모습이었다.

PDC를 공부하면서 그동안 내가 우리 반 아이들의 강점과 예쁨에는 당연하다는 듯 지나치고, 잘못된 점과 단점에는 지나치게 집중했다는 사실을 알게 되었다. 아이들에게 필요한 것은 단점을 지적하고 잘못된 행동을 고쳐주기 위해 혼을 내는 것이 아니라 아이 한 명 한 명을 바라보며 그 아이의 노력과 성장하는 과정 자체에 대한 따뜻한 격려였다는 것을 알게 되었다.

격려에 인색했던 내 자신을 직면한 후, 매일 매일 우리 아이들이 가진 그 아이만의 강점을 찾아 언어적 · 비언어적 방법으로 격려하기 위해 노력하고 있다. 이제는 아이의 단점과 약점에 바로 다가가기보다는 살짝 눈 감고 기다려주는 마음의 여유가 생겼으며, 아이들의 잘못된 행동에 대해서는 아이 스스로 문제를 찾고 해결해갈 수 있도록 자존감과 소속감을 키우기 위한 격려 활동을 꾸준히 진행하게 되었다. 격려는 아이들뿐만 아니라 교사인 나에게도 꼭 필요하다는 사실을 알게 되었기 때문이다.

"식물이 물을 필요로 하듯 어린이들은 격려가 필요하다."

PDC를 공부하면서 나의 마음을 울린 루돌프 드라이커스의 글귀다. 식물에게 물이 없으면 성장할 수 없듯 우리 아이들이 건강하게 성장하고 발전하는 데 격려가 반드시 필요함을 알려주는 말이다. 이렇듯 격려가 좋다는 것을 이론으로는 다 알고 있었지만, 막상 격려를 하려고 하면 참 막막하고 난감하다. 격려는 아이들에게도 교사에게도 낯설고 어색할 수 있다. 나 또한 과정보다 결과에 초점을 맞추어 살아왔기에 아이들이 노력하는 과정에 대한 격려는 꾸준한 연습이 필요했다.

언어적 격려 연습하기

'희연이 봄꽃 정말 열심히 색칠하는구나. 꼭 동화 속에 있는 듯한 느낌이야', '시원이 어제보다 앞으로 뛰기 줄넘기 10번이나 더 했네. 대단한걸.' 수업 중에 이루어지는 수업 내용의 성취 과정을 살펴보며 열심히 노력하는 과정을 언어로 격려한다.

'수업시간에 수진이가 선생님 이야기를 열심히 듣는 모습 너무 고마운걸!', '친구들과 함께 다른 모둠활동에 방해되지 않도록 조용하게 모둠 토론을 하는 2모둠원들 보니 너무 기분이 좋다' 등 수업에 참여하는 아이들의 수업 태도와 관련해서 언어로 격려한다.

'지수가 준혁이를 도와주니 선생님이 더 고맙다', '점심 급식 반찬이 수민이가 싫어하는 두부가 나왔는데도 한 번 먹어보려고 시도하는 모습 용기가 대단해' 등 수업 이외 아이들의 생활 모습을 관찰하여 언어로 격려한다.

비언어적 격려 연습하기

맡은 역할을 열심히 하는 아이 곁을 지나가면서 머리 쓰다듬어 주기, 어깨와 등 토닥여주기, 미소 보내주기, 아이와 눈 맞추고 엄지 들어주기 등의 비언어적 격려를 의식적으로라도 자주 하려고 노력한다.

언어적, 비언어적 격려가 자연스러워지기 위해서는 꾸준한 연습이 필요하다. 그래서 나는 PDC 격려 카드를 보며 내가 가장 쉽고 편하게 아이들에게 실천할 수 있는 격려를 고르고 의식적으로라도 매일 쓰려고 노력했다. 교사가 반 아이들을 관찰하고 격려하는 모습을 매일매일 보며 자라는 아이들은 친구의 실수나 노력에 대해 어색해하지 않고 격려하는 모습을 보여준다.

격려(칭찬) 샤워하기

아침 열기 시간은 이야기를 나누며 아이 개개인의 상태를 파악하는 데 도움이 된다. 가끔 아침 열기 시간에 이야기하는 아이들의 얼굴을 살펴보면, 유독 힘이 없거나 슬픈 표정의 아이를 발견할 수 있다. 친구 관계에서 속상했거나 개인적으로 힘든 일을 겪고 있는 친구가 있다면, 격려 샤워를 활용해보는 것이 좋다. 격려는 내가 정말 소중한 사람이라는 자존감과 소속감을 길러줄 수 있으며, 자존감과 소속감은 학급을 안전하고 따뜻한 공간으로 만들어준다.

① 담임교사가 미리 격려가 필요한 아이의 이름만을 적은 쪽지를 반 아이들 수만큼 만들어 상자에 넣는다. 예를 들어, 학생 수가 24명이면, 격려 주인공의 이름만 적은 쪽지 24개를 미리 상자에 넣어두면 된다.

② 교사는 '오늘 격려의 주인공이 누구일지 궁금하다'고 말하며 쪽지를 넣어둔 상자를 가져온다.

③ 격려 주인공을 뽑을 사람은 교사나 학급 친구 중 한 명으로 정한다. 이미 상자에는 교사가 선택한 한 명의 이름만 적혀있기에 누가 뽑는지는 중요하지 않다. 하지만 긴장감과 호기심을 유발하기 위해 교사의 과장된 연기와 퍼포먼스가 필요하다.

④ 뽑힌 격려의 주인공 친구에게 반 전체가 한 명씩 돌아가며 고마운 점, 그 친구가 좋아 보였던 적, 그 친구가 잘하는 것, 부러운 점 등을 이야기한다. 학급 친

구들에게 듬뿍 격려를 받은 아이의 표정을 보는 것은 참 행복한 일이다. 격려 주인공은 친구들이 미처 자신도 깨닫지 못한 자신의 강점에 대해 이야기하는 것을 들으며 뿌듯한 미소로 하루를 시작한다.

격려 짝꿍 만들기

우리 반은 일주일에 한 번 격려 짝꿍을 정합니다. 격려 짝꿍을 진행하기 전 아이들과 함께 미술 시간을 이용해 자신의 이름을 아이스크림 막대에 꾸미는 활동을 해보았습니다. 그렇게 예쁘게 만든 막대 이름표는 다양한 학급 활동에서 활용하고 있습니다.

격려 짝꿍 활동은 아이들이 일주일에 한 번(3일에 한 번도 가능) 선생님 앞으로 나와서 친구의 이름 막대를 뽑는 것으로 시작합니다. 마니또를 뽑을 때처럼 두근두근 거리는 마음으로 친구의 이름 막대를 하나 뽑은 다음 조심스레 옆에 있는 PDC 감격해 카드 중 격려 카드도 하나 뽑아갑니다. 자리로 돌아간 아이들은 자신의 격려 짝꿍과 격려 카드의 문구를 확인합니다. 오늘 내가 뽑은 그 친구가 일주일 동안 격려 짝꿍이 되는 거지요.

아이들은 격려 짝꿍의 이름과 격려 카드의 문구를 적은 다음 이름 막대와 격려 카드는 다

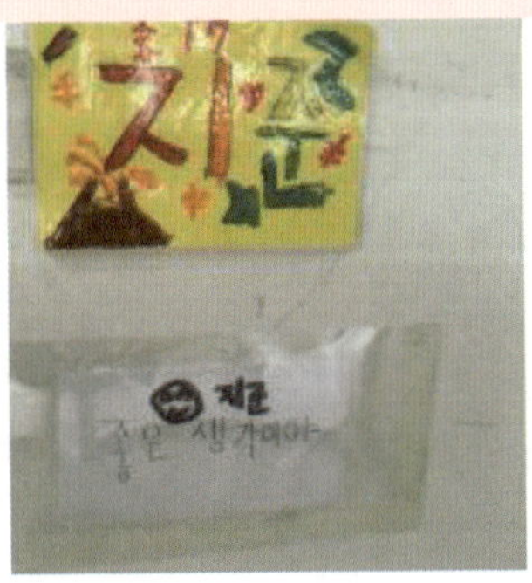
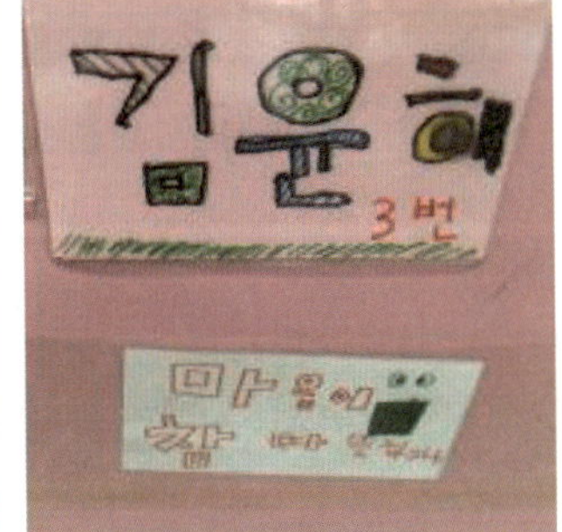

시 선생님께 돌려줍니다. 이제부터 아이들은 마니또처럼 자신의 격려 짝꿍에게 따뜻한 격려의 말을 해줄 기회를 노립니다.

격려 짝꿍 활동을 진행하기 전 아이들과 격려에 대해 이야기를 나누는 것이 중요합니다. 격려가 왜 필요한지를 알기 위해 아이들과 함께 어떤 상황에서, 어떤 말을 하는 것이 기분이 좋고 행복했는지 이야기를 나눠봅니다. 아이들은 자기가 열심히 노력할 때나 기분이 좋지 않을 때 옆에서 친구가 건네주는 말 한마디가 참 도움이 된다는 사실을 알게 되고 자연스럽게 왜 격려가 필요한지도 인지하게 됩니다.

격려하기 위해서는 어떻게 해야 하는지 이야기를 나누며, 아이들은 격려를 하기 위해서는 격려 짝꿍을 자세히 관찰해야 한다는 사실도 알게 됩니다. 아무 때나 뜬금없이 격려할 수는 없기 때문에 격려 짝꿍의 모습을 자세히 관찰하고 격려가 필요하다고 생각할 때 주저 없이 다가가 따뜻한 손길을 건넵니다.

그리고 격려 짝꿍 활동을 진행하는 동안 처음에 이름 막대와 함께 뽑았던 격려의 문구는 몰래 작성해서 격려 짝꿍의 사물함에 붙여줍니다. 학급에서 하루를 시작하고 끝낼 때마다 사물함에서 발견하게 되는 따뜻한 격려의 한 마디! 아이들은 자신도 모르게 사물함을 열고 닫을 때마다 미소를 짓게 됩니다. "네가 있어서 난 참 좋아", "너랑 함께 놀고 싶어", "넌 그냥 그 자체로 최고야"라는 문구를 매일 보면, 든든한 에너지를 듬뿍 받고 하루를 시작할 수 있다고 생각합니다.

감격'해': 문제해결 카드로 나만의 문제해결력 키우기

PDC를 학급에 적용하면서 가장 눈에 띄게 나타난 변화는 생활지도에 많은 시간이 들지 않는다는 것이다. 하루가 멀다 발생하는 문제를 해결하다 보면 교사라는 직업에 회의감이 밀려들 때가 많았다. 그리고 생활지도에 에너지를 소진하다 보면 정작 수업 준비는 뒷전으로 밀리게 되고 내가 교사인지 형사인지 판사인지 헷갈리기 시작한다. 문제를 일으킨 아이를 취조하는 형사, 누구의 잘잘못이 더 큰지 알려주는 판사의 역할을 하면서 내가 과연 교사의 역할은 잘하고 있는지 교사로서의 자존감이 크게 떨어질 때가 많았다.

일 년 동안 흔들리지 않고 일관적으로 학급을 운영하기 위해서는 여러 교육 철학 중 나에게 맞는 나만의 교육 철학과 그 철학을 실천하기 위한 방법이 필요하다고 생각했다. 교사의 교육 철학과 그 철학을 실천해가기 위한 교육 방법! 나는 감히 그 방법에 가장 효과적이고 효율적인 것이 PDC라고 말하고 싶다.

PDC를 통해 학급 세우기와 관계 맺기를 꾸준히 진행하면서 예전처럼 생활지도에 에너지를 소모하는 시간이 눈에 띄게 줄어들기는 했지만, 여전히 아이들과 생활하다 보면 여러 문제와 맞닥뜨리게 된다. 하지만 문제가 발생했을 때, 그 문제에 대한 자신의 감정과 친구의 감정을 알아차리고 이 상황에서 내가 친구에게 해주고 싶은 말, 내가 친구라면 이런 상황에서 어떤 말이 듣고 싶어 하는지를 고민하고 함께 나누다 보면 오해가 풀리고 문제 해결에 대한 실마리를 찾을 수 있다.

아이들에게 일어나는 문제 대부분은 감정적인 부분이 크기 때문에 이런 상황에서 서로의 감정을 알아차리는 것만으로도 문제가 해결되는 경우가 많다. 지금 벌어진 문제 상황을 알아차리고 그 문제에 관해 서로 이야기를 나누며 해결해나가는 과정은 우리 아이들이 민주시민으로 성장하는 데 가장 중요하다고 할 수 있다.

교사는 아이들에게 미래를 살아가는 데 필요한 문제 해결 능력을 가르칠 수 있는 중요한 위치에 있다. 물론 문제가 생기지 않으면 좋겠지만, 교실에서 문제는 매일 발생하고 싸운 아이들이 화를 내면서 교사 앞에 서 있다면! 잠시 심호흡을 하고 지금 이 상황이 아이들의 문제 해결 능력을 배울 가장 소중하고 의미 있는 시간이 될 수 있다고 생각하고 함께 노력해보면 어떨까?

선생님이 해결해주지 않아서 더 좋아요

대부분 학교생활에서 벌어지는 문제 상황의 90%는 친구와 관련이 있다고 해도 과언이 아니다. 아이들이 씩씩거리거나 울면서 교사를 찾아오는 경우는 문제를 해결해 달라는 경우가 거의 100%이다. 하지만 교사는 더 이상 판사가 되거나 문제 해결 버튼 역할을 해서는 안 된다.

교사의 역할은 아이들이 자신에게 발생한 문제를 이야기하면서 상황을 객관적으로 파악하고 그 상황에서 내 감정과 친구의 감정을 깨닫고 친구와 나에게 도움이 되는 격려와 문제 해결 방법을 찾아가는 과정을 지켜보며 필요한 안내와 따뜻한 격려를 해주는 것으로 충분하다.

| 우리 반 이야기 |

수업이 끝난 오후, 두 아이가 씩씩대며 저를 찾아왔습니다. 우선 둘 다 바로 이야기할 상황이 아닌 듯하여 손바닥 뇌 이론을 이용하여 뚜껑이 열렸는지 아이들에게 물어봤습니다. 두 아이 모두 현재 자신의 상태가 뚜껑이 열린 상태라고 말했습니다. 그래서 뚜껑이 닫힐 때까지 어떻게 하는 것이 좋을지 물었습니다.

"저는 제 책상에서 좀 엎드려 있을래요." 눈물이 그렁그렁한 준수가 대답했습니다. 옆에서 준수를 지켜보던 호진이도 "저는 복도에서 감나무 쪽을 좀 보고 있어야겠어요"라고 말했습니다. 각자 마음을 진정시키고 뚜껑을 닫기 위한 장소로 이동했습니다. 10분 정도가 흐른 뒤, 준수가 먼저 다가와 이야기할 준비가 되었다고 말했습니다. 준수와 함께 호진이에게 다가가서 이야기를 해도 되는지 물었습니다. 호진이 또한 준수와 이야기할 준비가 되었다고 했습니다.

두 아이는 마주 보고 이야기를 시작했습니다. 우선 현재 자신의 기분을 손가락 5개로 표현해 보았습니다. 뚜껑은 닫혔지만 아직 마음의 앙금이 남아서인지 둘 다 손가락 4개를 보여주며 자신이 화가 많이 나 있음을 표시했습니다. 교사는 아이들의 문제 해결 과정에서 객관적인 태도로 아이들 스스로 문제를 해결할 수 있도록 도와줍니다. 절대 판단하거나 평가하지 않습니다. 물론 판단하고 평가하고 싶은 마음이 계속 올라옵니다. 왜냐하면, 교사도 그동안 자신의 경험을 통해 만든 교사만의 '문제해결방법 사전'이 있기 때문입니다. 하지만 아직 자신만의 '문제해결방법 사전'이 없는 아이들이기에 스스로 자신만의 문제해결방법을 만들어가도록 기다려줘야 합니다. 아이들이 진정할 수 있도록 두 아이의 눈높이에서 함께 손을 잡아주거나 편안한 음악을 틀어주거나 따뜻한 차를 줄 수도 있습니다.

두 아이는 조금 더 편안한 분위기에서 이야기를 시작했습니다. 아이들에게 감격해 카드의 감정 카드 중에서 자신의 감정을 고를 수 있는지 물어봅니다. 감정 카드 중에서 현재 자신의 감정을 2~3장 고른 뒤 준수가 먼저 이야기를 시작했습니다.

"호진이가 수돗가에서 자꾸 물을 뿌려서 하지 말라고 했는데 계속했어요. 그래서 화가 나고 너무 속상했어요. 그래놓고는 자기가 먼저 울어서 억울하기도 했고요."

준수의 이야기에 호진이도 눈물을 글썽이며 자신이 고른 감정 카드를 이야기했습니다.

"저는 준수가 그만하라는 말을 못 들었는데 갑자기 저를 때려서 너무 놀라고 화가 나고 속상했어요."

서로 감정을 이야기하는 과정에서 아이들은 미처 몰랐던 사실을 알아갑니다. 준수는 호진이가 자신이 그만두라는 말을 무시하는 것 같아서 화가 났고, 그 상황에서 호진이를 때린 거였지요. 호진이는 물을 뿌리느라 준수가 그만두라는 말을 듣지 못했고 갑자기 준수가 자신을 때렸기 때문에 화가 났던 겁니다.

문제해결방법 사전 : 사람마다 자신의 경험을 통해 문제를 해결하는 다양한 방법이 있다. 살아가면서 문제 상황에 직면할 때 우리는 이것에서 다양한 해결 방법을 꺼내 사용한다.

이렇게 감정 카드로 먼저 문제 상황에 접근할 수도 있으며 서로에게 벌어진 문제 상황을 먼저 이야기한 후 그 문제 상황에서 상대방이 느꼈을 감정을 감정 카드에서 찾아주는 방법도 있다. 준수와 호진이는 서로 미처 몰랐던 사실을 알게 되면서 서로를 이해하는 폭이 넓어진다.

서로의 상황을 이해한 두 친구에게 내가 상대방이라면 듣고 싶어 할 말 또는 각자가 지금 이 상황에서 듣고 싶은 말을 격려 카드에서 골라보게 한다. 각자 자신이 듣고 싶은 카드를 골랐으면, 카드를 교환하고 친구의 이름을 넣어 격려 카드를 읽어준다.

"준수야, 많이 힘들었지? 넌 소중한 사람이야, 우리 같이 놀자!"

"호진아, 많이 속상했지? 넌 내 친구야, 우리 같이 놀자!"

서로 격려 카드에 친구의 이름을 넣어서 읽어주는 순간 아이들의 마음속에 있던 앙금은 많이 사라진다. 씩씩대던 표정 대신 미안한 표정과 살짝 미소 짓는 아이들의 모습을 볼 수 있다.

이제 교사는 아이들이 스스로 이런 상황에서 문제를 해결할 수 있도록 도와주어야 한다. "자, 이제 서로의 감정도 알게 되었고 비난보다는 격려로 서로를 이해했으니 이런 상황에서 어떻게 문제를 해결해야 할지 생각해보자. 감격해 카드 중에서 문제해결 카드를 읽어보고 사용하고 싶은 문제해결 방법을 골라보자." 준수는 '함께 놀기, 진심으로 사과하기'라는 문제해결 카드를 골랐고, 호진이는 '서로 미안한 점 말하기, 함께 놀기'를 골랐다. 교사는 지금 고른 문제 해결 방법을 지금 선생님 앞에서 할 수 있는지, 나중에 실천하고 선생님께 이야기해줄 것인지 물었다. 준수와 호진이는 지금 할 수 있다고 말했고 서로 문제 해결 방법을 잘 실천했다.

준수와 호진이는 내게 도움을 요청하러 왔을 때와는 180도 다른 표정으로 집으로 돌아갔다. 나도 아이들의 문제해결 과정을 지켜보며 대견함을 느꼈다. 물론 교사가 판사 역할을 할 때보다 시간이 배가 더 걸린다는 점을 충분히 이해한다면 말이다.

문제해결 카드로 해결하기

문제 해결 과정에 감격해 카드를 사용하는 것은 문제해결력을 배워가는 아이들에게 매우 효과적이라고 생각한다. 아이들은 문제가 발생하면 감격해 카드를 활용해서 ① 문제를 인지하고, ② 문제를 객관적으로 파악하고, ③ 상대방의 감정을 파악하며 다름을 이해하고, ④ 상대방과 문제를 해결하기 위한 방법을 논의하고, ⑤ 이 과정을 통해 문제를 해결하는 방법을 스스로 찾아갈 수 있다.

감격해 카드를 PDC 문제해결 4단계와 연계해서 활용하는 것 또한 학급에서 발생하는 수많은 문제를 해결하는 데 효과적이다.

문제에서 물러나기

문제가 발생한 상황에서 교사는 바로 개입하여 해결하려 하지 않고 아이들에게 문제해결에 도움이 필요한지 물어본다. 물론 문제가 안전과 직결된 경우와 친구 간의 심리적·육체적 힘의 격차가 너무 큰 경우는 기다리지 않고 즉각적으로 문제 상황에 개입했다. 이 경우를 제외하고는 아이들 스스로 문제해결방법 사전을 만들 수 있도록 기다려주었다. 교사와 부모가 바로 아이들 속으로 들어가 문제를 해결하는 것이 효과적으로 보일 수 있지만, 장기적으로는 아이들 스스로 문제해결력을 키우는 데 효과적이지 않다는 사실을 항상 기억하려고 한다.

문제에 관해 정중하게 이야기하기

문제 상황을 이야기하는 도중 아이들은 서로 자기 이야기가 맞고 상대방의 이야기는 틀리다고 우기는 경우가 종종 발생한다. 설사 그렇다 하더라도 우선 말하는 친구의 이야기를 다 듣고 나서 자기가 맞는다고 생각하는 이야기를 할 수 있도록 먼저 안내해야 한다.

이 과정에서는 문제 상황과 그때 느낀 감정을 서로 이야기하는 시간을 가져본다. 친구가 지금 이 상황에서 느끼는 감정을 맞추거나 서로의 감정을 이야기하는 것만으로도 분위기가 많이 전환되며 화가 많이 누그러지는 것을 느낄 수 있다.

서로 감정을 공유했다면 이 상황에서 서로에게 도움을 줄 수 있는 말을 고르도록 한다. 내가 직접 친구에게 듣고 싶은 말을 고르거나 친구의 입장에서 친구가 듣고 싶어 하는 말을 생각해서 고를 수 있다. 이때 상대방의 이름을 넣어서 격려 카드를 읽어주는 것이 훨씬 효과적이다.

문제해결방법 의논하기

이미 격려의 말을 서로에게 읽어 주는 단계까지 갔다면, 대부분의 아이는 문제가 해결되었다고 생각한다. 자신의 감정을 이야기하고 친구가 자신의 감정에 공감하는 과정에서 속상한 마음이 많이 풀렸기 때문이다. 하지만 문제가 해결되지 않았다고 느끼는 경우 아이들이 스스로 문제를 해결할 수 있도록 도와줄 수 있다. 이런 상황에서 어떻게 문제를 해결하는 것이 좋을지 문제 해결 카드를 사용하는 것이 효과적이다.

2~3가지의 문제해결 카드를 골라서 서로에게 읽어 준 후, 지금 실천할 수 있는 방법은 함께 해본다. 시간이 더 필요한 해결 방법은 나중에 꼭 실천한 후 교사에게 이야기해달라고 한다. 원하는 해결 방법이 카드에 없을 경우, 문제해결 카드 중에서 비어있는 카드에 자신이 원하는 해결 방법을 직접 작성한다. 장기적으로 봤을 때, 결국 아이들 스스로 자신만의 해결 방법을 찾아가는 것이기 때문에 빈 카드에 스스로 문제해결 방법을 생각하고 적는 것은 매우 효과적인 방법이다.

도움 요청하기

만약 감정의 골이 깊어 문제가 쉽게 해결되지 않는다면, 그 상황에서 급하게 문제 해결 방법을 찾는 것은 오히려 역효과를 불러일으킬 수 있다. 이런 경우 학급회의에 올려 친구들에게 도움을 요청하는 것이 필요한지, 다시 이야기해 볼 필요가 있는지, 의견을 묻고 기다려준다. 물론 문제 해결이 완벽하게 끝나지 않은 찝찝함을 견뎌야 하지만, 이 또한 아이들이 극복해야 할 과제라고 생각한다.

감격해 카드는 장기적 관점에서 타인의 감정을 이해하고 다름을 받아들이는 과정이다. 아울러 비난보다는 격려로 서로를 바라보고 기다려주며 자신만의 문제해결력을 갖추어 민주시민으로 성장하는 우리 아이들에게 의미 있는 도움을 줄 수 있다. 그동안 서로의 감정을 알고 이해하고 비난이 아닌 격려로 문제해결방법을 찾아가는 데 익숙하지 않았던 나를 포함한 대한민국의 모든 어른에게도 적극적으로 감격해 카드 사용을 추천하고 싶다.

감격해 카드 내용과 활용법
- 혼자 낙담한 학생, 학생들끼리의 다툼 -

1. 감격해 카드 내용

1) 감(감정)

외로운 ● 안도하는 ● 행복한 ● 수줍은 ● 슬픈 ● 해맑은 ● 서러운 ● 흐뭇한 ● 희망찬 ● 의기소침한 ● 변명하는 ● 평화로운 ● 짜증 나는 ● 화난 ● 고민하는 ● 반성하는 ● 미안한 ● 후회되는 ● 간절한 ● 무서운 ● 여유로운 ● 절망적인 ● 걱정되는 ● 놀란 ● 억울한 ● 신나는 ● 심통 나는 ● 고단한, 지친 ● 삐친, 질투하는 ● 기분 좋은

2) 격(격려)

많이 힘들었지? ● 많이 속상했지? ● 괜찮아, 그럴 수 있어 ● 넌 소중한 사람이야 ● 너랑 함께하면 기분이 좋아 ● 너랑 함께 있으면 참 좋아 ● 너는 내 친구야 ● 누구나 실수할 수 있어. 이를 통해 성장할 수 있을 거야 ● 괜찮아. 다음에 더 잘하면 돼 ● 최선을 다했잖아 ● 같이 하자 ● 같이 놀자 ● 네가 노력한 결과야. 축하해! ● 내 도움이 필요하면 얘기해. 언제든 도와줄게 ● 너 노력하고 있잖아. 힘내! ● 항상 널 응원할게 ● 네가 뭘 잘해서 사랑하는 것이 아니라 너여서 사랑하는 거야 ● 넌 사랑받는 사람이 될 거야 ● 스스로 뿌듯하겠다. 그치? ● 네가 ○○해서 나도 기뻐. 축하해! ● 네가 하는 선택을 응원할게 ● 괜찮아. 다음 기회에 하면 돼 ● 네가 노력하고 있다는 걸 알아 ● 걱정마! 잘 될 거야 ● 너는 이미 존재 그 자체만으로도 소중하고 사랑받을 만해 ● 심심하면 언제든 이야기해. 내가 놀아줄게 ● 너만 그런 게 아니란다. 누구나 어려움이 찾아온단다 ● 다음에 더 잘하면 돼. 넌 할 수 있어! ● 나는 그래도 네 편이야 ● 고마워

3) 해(해결)

규칙 정하기 ● 해결책 서로 이야기하기 ● 다시 안 그러도록 노력하겠다는 약속하기 ● 서로 화해하기 ● 책임 있는 행동하기 ● 진심으로 사과하기 ● 역할극으로 서로의 입장 이해하기

● 나 전달법 해보기 ● 격려문장 3개 찾아서 읽어주기 ● 미안한 마음을 담은 손편지 쓰기 ● 1부터 10까지 세기 ● 서로 미안한 점 말하기 ● 친구들, 선생님께 도움 요청하기 ● 미안한 마음이 풀릴 때까지 사과하기 ● 학급회의 안건으로 올리기 ● 회복하는 시간 갖기 ● 미안한 이유 3개 말하기 ● 서로 원하는 것 서로 이야기하기 ● 비난하지 않고 감정과 생각 나누기 ● 함께 놀기

2. 감격해 카드 활용 예시

감격해 카드는 감정을 살피고 격려를 통해서 해결의 방식으로 가도록 고안되었다. 다음은 감격해 카드를 이용한 문제해결 4단계 장면이다.

1단계: 문제에서 물러나기

- "선생님이 도와줘도 되겠니? 여기에서 얘기할까, 연구실에 갈까?"

- 신체 자각 질문하기: "오른발과 왼발 중에 앞에 있는 것은?", "심호흡 한번 하고 시작해도 되겠니?"

2단계: 정중하게 이야기하기

  (감정 카드)

- 감정 찾기: "주황색 카드 뒤에 보면 감정 낱말들이 적혀 있어. 그중에 네 마음과 관련된 걸 한 장 골라봐. 골랐으면 보이지 않도록 뒤집어 놓아. 둘 다 골랐니? 고마워."

- 상대방의 감정을 맞추고 이유 말하기: "그러면 ○○야, ○○가 어떤 카드를 골랐을 것 같아? 왜 그 카드를 골랐을 거라고 생각하니? 실제로 뭘 골랐어?"

- 서로의 감정을 듣고 난 뒤 든 생각과 느낌 나누기

  (격려 카드)

- 지금 듣고 싶은 격려의 말 2장 고르기: "누가 나한테 해줬으면 좋겠다 싶은 말을 2장씩 골라

줄래? ○○야, 뭘 골랐는지 읽어주겠니?"

- 상대방의 눈을 보면서 이야기하기, 경청하기: "상대방에게 상대방 카드를 읽어줄래? 혹시 읽어주기 어려운 말이 있으면 말해줘. 없으면 상대방 눈을 보면서 말해줘."

- 서로의 격려를 듣고 난 뒤 든 생각과 느낌 나누기

3단계: 해결 방법 의논하기

- 원하는 해결 방법 고르기: "그럼 앞으로 이런 일이 일어나지 않도록 각자 해결 카드를 2장씩 골라보자. 이번엔 ○○부터 읽어줄래?"

- 서로 받아들일 수 있는 해결 방법인지 확인하기: "서로 하기 어려운 거 있니?"

- 실행계획 세우기: "지금 여기서 할래? 나중에 너희끼리 할래?"

- 교사 격려로 마무리(지혜 카드): "책임 있는 말을 배운 걸 축하해."

4단계: 도움 요청하기

- 감정이 격하여 감정 나누기나 격려하기를 하기 어려운 경우, 해결 방법이 결정되지 않는 경우에는 교사나 다른 학생의 제안을 받거나 학급회의 의제로 올릴 수 있다.

감정을 살피고 격려를 통해 해결하는 감·격·해 카드

감정

1. 감정카드 중 나의 감정을 골라 위에 놓는다.
2. 감정나누기를 아래와 같이 한다.
   [감정나누기]
   "난 사람들이 (행동)하면 (감정)기분이야."

격려

3. 만약 자신이 그리고 사람들이 상대의 감정이라면 어떤 격려카드를 갖고 싶은지를 골라 내 격려 칸에 놓는다.
4. 격려카드를 서로 읽어주세요. 만약 읽을 마음의 준비가 되지 않았다면 해결 단계로 넘어간다.

해결책

5. 문제를 해결하기 위한 나의 해결책을 3장 고른다. 친구와 일치하는 것이 있는지 확인하고 일치하는 것이 있다면 그 카드를 해결책 칸에 놓는다. 그리고 서로 이야기 나눈다. 만약 해결책에 동의할 수 없다면 이야기를 나누고 이야기를 통해 해결되지 않으면 선생님(부모님)의 도움을 요청한다.

노력카드

6. 만약 최선을 다했지만

   해결을 하지 못했다면 선생님(부모님)이 노력카드를 각자에게 준다. 학생은 노력카드를 읽은 후 선생님(부모님)께 다시 카드를 돌려준다.

지혜카드

7. 서로에게 도움이 되는 해결책을 선택했다면

   선생님(부모님)이 지혜카드를 각자에게 준다. 학생은 지혜카드를 읽은 후 선생님(부모님)께 다시 카드를 돌려준다

감정이 격해 있을 때 효과적인 방법

1. 의자나 바닥에 앉기
2. 따뜻한 물 마시기
3. 호흡하기
4. 쿠션이나 부드러운 인형 만지기
5. 흥분한 아이에게 간단한 질문하기
   예) 선생님이 도와줄까? 혼자서 해결해 보겠니?
6. 부드러운 스킨십

책임과 능력을 키우는 7가지 질문

1. 그때 원한 것이 뭐였니?
2. 그래서 어떤 방법을 사용했니?
3. 그때의 감정과 지금의 감정은 어때?(공감하기)
4. 네가 사용한 방법이 효과적이었니?
5. 다음에는 어떤 방법을 사용하고 싶니?
6. 너의 행동에 대한 책임 있는 행동은 뭘까?
7. 이 문제는 어떻게 해결하면 좋을까?

만든이: 김성환 / PD-KOREA(한국긍정훈육협회) http://www.pd-korea.net

20. 문제 해결을 위한 PDC 학급회의

심은주

　PDC를 알게 된 첫해에는 아이들과 학급회의를 하지 못했다. 정말 해보고 싶은 활동이었으나 내가 할 수 있을 거라는 확신이 없었다. 그러나 학급을 운영하며 일어나는 많은 문제를 보면서 활동 한두 가지를 도입하는 것이 아닌 정기적인 학급회의가 꼭 필요하다는 생각이 들었다.

　다음 해 3월을 시작하며 고민이 생겼다. PDC 학급회의를 위한 개념과 기술을 가르치고 학급회의를 소개할 것이지, 학급회의를 먼저 시작하고 개념과 기술을 가르칠 것인지이다. 전해의 경험으로 모두 가르치고 시작하려고 하면 아마 또 시작하지 못할 것이란 생각에 먼저 학급회의를 소개하는 방법을 택했다. 그리고 학급회의를 소개하고 진행하는 과정 자체가 교사와 아이들 모두에게 큰 배움이였다. 2016년 3학년 아이들과 함께한 학급회의의 과정을 소개하고자 한다.

1. 원으로 둘러앉기

2. 칭찬하고 감사하기

3. 이전 해결 방법 확인하기, 의제 확인하기

4. 활동계획 세우기

1. 원으로 둘러앉기

매번 원으로 둘러앉는 것이 번거롭게 느껴지기도 하지만, 원으로 둘러앉아 이야기를 나누어보면 왜 원으로 둘러앉는 것이 필요한지 이해할 수 있다. 또한 원으로 둘러앉기 활동을 통하여 토의, 협력하는 방법을 배울 수 있다.

먼저 원으로 둘러앉기에 관해 이야기하면서 '빠르고 조용하고 안전하게' 원으로 만들기 위해 어떤 방법이 좋을지 브레인스토밍했다. 아이들이 낸 의견 중 3R1H에 해당하지 않는 방법을 하나씩 지워나가며 우리 반만의 방법을 만들었다.

원 만들기 목표 시간을 정하고 서로 도와가며 목표에 도달하기 위해 격려했다. 당연히 처음부터 목표에 도달하지는 못했다. 목표에 도달하지 못했을 때는 '우리가 왜 못했을까'가 아니라 '목표에 도달하려면 어떻게 해야 할까'라는 질문을 통해 방법을 수정해 나가고 서로 격려했다. 우리가 정한 목표에 도달했을 때 다 함께 함성을 지르며 진짜 하나가 되는 경험을 했다. 이 모습을 보며 팀을 나누어 경쟁했더라면 아이들과 이런 멋진 경험을 할 수 없었을 거라고 생각했다.

차근차근 한 주에 하나씩 배우기로 계획했기에 남은 시간 동안에는 원으로 만들어서 할 수 있는 놀이를 했다. 그 후로도 학급회의가 끝나고 시간이 조금씩 남으면 교실 놀이를 했다. 아이들에게 학급회의 시간은 놀이와 같이하는 즐거운 시간으로 인식되어 학급회의 시간을 좋아하게 한 계기가 되었다.

2. 칭찬하고 감사하기

감사를 주고받는 것이 아이들에게 익숙하지 않기 때문에 처음에는 놀이처럼 접근했으며, 칭찬과 감사의 말을 같이 찾아보기도 하고, 칭찬과 감사 말의 형식을 정해두고 빈칸만 채워서 해보는 방법도 사용했다. 『학급긍정훈육법』에 나온 방법을 참고했다.

둘째 주에는 원을 만들기 위해 우리가 알아낸 방법을 되짚어 보며, 원을 만들고 감사 나누기를 했다. 감사 나누기를 소개하기 위해 스노우볼 활동을 했다.

① 쪽지에 자신이 받고 싶은 격려의 말을 쓰고 눈덩이처럼 구긴다.
② 눈덩이처럼 구긴 종이를 던지다가 신호에 따라 멈춘다.
③ 자기 가까이에 있는 쪽지를 주워 그 쪽지의 주인에게 쓰인 대로 격려의 말을 한다.

서로 감사의 말을 하는 것이 익숙하지 않은 아이들이라 처음에는 자신이 받고 싶은 격려부터 시작했다. 자신이 받고 싶은 격려의 말도 예시가 필요해서 아이들과 오늘 있었던 여러 상황을 떠올리며 어울리는 격려의 말 찾기를 했다. 그래서 대부분의 아이가 자신이 받고 싶었던 격려의 말을 쓸 수 있었다. 상대방을 존중하기 위해서는 눈덩이 종이를 어떻게 던져야 할지 이야기를 나누며 주의할 점을 알아보았다. 그래도 3학년인지라 장난하고 싶어서 다른 사람의 얼굴을 향해 던지는 아이들이 있었다. 이때 멈추고 아이들에게 물어보았다.

"지금 이 상황이 불편한 친구 있니?"

그러자 얼굴에 맞지는 않았지만, 겁이 나고 속상했다는 친구가 있었다. 그래서 다시 한번 어떻게 할 것인지 이야기를 나누었다. 혼내지 않고, 장난치는 아이 이름도 언급하지 않았는데 아이들은 차분해졌다. 우리가 정한 규칙을 지켜주었다. 그 순간 '아 이렇게 해도 아이들은 장난을 멈추는구나, 그동안 내가 너무 성급하게 화냈었구나' 하고 깨달았다. 놀이를 끝내고 아이들 모두에게 솔직하게 고백했다.

"선생님은 그동안 장난치는 아이들은 혼내서 버릇을 고쳐야 한다고 생각했는데, 오늘 여러분이 스스로 어떻게 할지 결정하고 지키는 모습을 보여주어서 참 놀랍고 고마웠어."

그런데 뜻밖에 아이들에게 격려를 받았다.

"선생님도 실수할 수 있어요. 저희에게 기회를 주셔서 감사해요."

PDC는 교사인 내게도 익숙하지 않은 새로운 방식이어서 실수하고 실패하는 순간이 많았지만, 이날의 솔직한 고백과 아이들의 격려를 생각하면 늘 다시 시도해볼 수 있었다.

스노우볼 활동이 끝나고 들어본 아이들의 소감은 '쑥스럽기도 했지만, 친구들이 격려를 해주어서 좋았다'이다.

그 이후에는 감사 나누기의 방식 중『학급긍정훈육법 활동편』에 나오는 주고받기 또는 패스하기의 방법을 사용했다. 이 방식이 익숙해질 때까지 학급회의 시간에 칠판에 '~ 야, ~~해서 고마워', '~야 칭찬해주어서 고마워'라고 써 두고 기본 문형으로 활용했다. 3학년이기에 익숙할 때까지 기본 문장을 알려주는 것은 효과가 있었다.

3. 이전 해결 방법 확인하기, 의제 확인하기

그 후에는『학급긍정훈육법 활동편』에 소개된 학급회의 안건지를 활용하여 안건을 쓰고 그 안건을 학급회의에서 다루는 방법으로 진행했다. 그리고 몇 주 동안은 처벌이 아닌 방식으로 안건을 다루기 위해 안건 다루는 방법을 공부했다. 의사소통 기술, 서로 다름 존중하기 활동 등은 다른 시간에 틈틈이 하며 학급회의를 위한 기술들을 익혀나갔다. 학급회의에 필요한 기술들을 모두 다 공부한 후에 학급회의를 시작할 수 있다고 생각했다면 3월부터 학급회의를 할 수 없었을 것이다. 문제 상황이 생길 때마다 멈추고 다시 의논했다. 그래서 5월쯤 되니 아이들은 학급회의 안건지에 문제를 적는 것이 익숙해졌고 학교 행사나 휴일로 학급회의를 할 수 없게 되면 많이 아쉬워했다.

학급회의 안건의 수가 점점 많아지며 시간의 문제가 생겼다. 늘 예상했던 시간보다 늦게 끝나는 문제였다. 그리고 안건지에 쓸 때는 속상했지만, 학급회의 시간에는 더 이상 문제가 아닌 것도 다수 있었다. 어느 학급회의 시간에는 안건의 수가 무려 14개나 되었다. 이날은 문제를 다 다루지 못했는데 자기 문제가 다루어지지 않은 아이들이 많이 속상해했다.

학급회의를 통해 해결해야 할 문제가 무엇인지에 대해 생각해보자는 안건을 냈다. 아이들은 모든 문제를 학급회의 안건으로 다룰 수 없다는 데 동의했다. 문제해결을 위한 다른 방법도 사용해보고, 그 방법으로 해결이 되지 않는 문제를 학급회의 안건으로 올리기로 정했다. 나는 아이들에게 미리 다양한 문제해결 방법이 있음을 미리 가르치지 않은 실수를 했다. 그래서 선택돌림판, 문제해결 테이블, 나-전달법 등을 다시 집중적으로 가르쳤다. 그리고 아이들에게 좀 더 일찍 가르쳐주지 않은 것을 사과했다. 교사도 실수할 수 있으며 실수를 회복하기 위해 노력하는 것을 보여주는 기회가 되었다.

4. 활동계획 세우기

체험학습이나 학급 행사 등이 있을 때는 아이들이 직접 계획해보도록 기회를 주었다. 물론 사전에 아이들이 정할 수 있는 사항과 허용되는 범위를 분명하게 말해주었다.

학급회의를 통해 아이들과 함께 배운 것

학급회의 안건은 늘 비슷한 문제들이었다. 놀리는 것, 놀이에서 이기려고 부정한 방법을 쓰는 것, 물건을 함부로 다루는 것, 기분 나쁜 말을 하는 것 등이다. 이런 문제의 해결 방법으로 많은 아이가 사과하기를 택했다. 하지만 그 일은 또 일어났고 다시 학급회의 안건으로 다루어야 하는 경우가 점점 많아졌다.

같은 문제가 반복되고 늘 같은 해결 방법을 선택하는 학급회의가 꼭 필요한지 의문이 생겼다. 그리고 내가 잘못하고 있는 건 아닌가 하는 의심도 들었다. 그래서 아이들에게 학급회의가 꼭 필요한지 물어보았다. 대부분의 아이가 꼭 필요하다고 했다. 그 이유는 다음과 같았다.

- 감사 나누기를 하면서 마음이 따뜻해진다.
- 친구들의 이야기를 들을 수 있고 내 이야기를 할 수 있어서 서로의 마음을 알 수 있다.
- 우리가 결정하기 때문에 내가 우리 반에서 중요한 사람이 된 것 같다.
- 내 이야기를 하니 속이 시원하다.

아이들의 이런 솔직한 이야기는 혼란스러운 내게 격려가 되었다. 그러나 마음 한편의 불편함은 그대였다. 학급회의를 통해 최선의 해결 방법을 찾고 새로운 고민을 해결해야 하지 않을까 하는 의문을 품고 있던 내게 큰 깨달음을 준 것은 마지막 학급회의였다.

마지막 학급회의 시간 안건은 '남녀차별을 하지 말자'였다. 2월이라 단축 수업으로 일찍 끝난 어느 날, 학원에 갈 때까지 시간이 남은 남자아이 4명이 술래잡기를 시작했다. 그때 여자아이들이 와서 "우리도 같이 하자"고 했다. 남자아이 중 한 명이 "여자는 가, 남자만 할 거야"라고 했다. 남자아이들의 이야기를 들어보니, 규칙을 의논하고 술래를 정해서 막 시작하려고 할 때 여자 친구들이 와서 같이하자고 말하고는 대답도 듣지 않고 잡으러 다녀서 기분이 나빴다고 한다. 그리고 학원가기 전까지 시간이 충분치 않아 여자아이들을 끼워주면처음부터 다시 술래를 정할 시간이 부족해서 그랬다고 했다. 그 이야기를 들은 여자아이들은 "그런 줄 몰랐어. 우리도 성급하게 끼어들어서 미안해"라고 했고 남자아이들도 "화가 나서 여자는 가라고 말해서 미안해"라고 사과했다.

나는 그 과정을 보며 '또 같은 문제가 반복되고 사과하기를 해결책으로 골랐구나' 생각했다. 그런데 그때 학급의 모든 아이가 박수를 치며 해결한 아이들을 격려했다. 의아한 마음에 "왜 박수를 친 거니?"라고 물었다. 아이들은 이렇게 해결해낸 친구들이 너무 멋지다고 했다.

그 순간 아이들은 나에게 큰 깨달음을 가져다 주었다. '나만 모르고 있었구나. 아이들이 학급회의에서 훌륭한 해결책을 찾아내는 것을 배우는 것이 아니라 문제 상황을 만나면 서로 의견을 나누고 이해해야 한다는 것을 배우는 것이구나. 그리고 그동안 학급회의를 하는 과정 전부가 아이들에게 큰 배움의 과정이었구나. 내 눈에 보이지 않는다고 아이들이 배우지 않은 것이 아니구나!'

올해도 나는 매주 학급회의를 한다. 최선의 해결책이 나오길 기대하는 것이 아니라 아이들이 해결하는 과정에서 많이 배우고 있을 것이라고 확신한다. 그래서 실수하기도 하고 원하는 대로 되지 않아 좌절하기도 하지만, PDC를 알게 된 것은 참 행운이다.

21. 서로의 마음을 나누는 학급회의
_저학년

김은미

학급회의의 의미

학급회의는 PDC의 꽃이다. 함께 문제를 해결해나가며 아이들은 정말 말 그대로 꽃처럼 활짝 피어나고 성장해나간다. 학급에서 일어나는 거의 모든 문제는 학급회의를 통해 해결할 수 있다. 하지만 학급회의는 함께 해결책을 찾는 것보다 더 큰 역할을 한다. 학급회의를 통해 아이들은 자신의 감정과 생각을 표현하며 서로 이해하고 돕는다. 나아가 서로 마음을 나누며 아픔이나 상처를 보듬고 진정으로 하나가 되는 경험을 통해 성장하고 발전해나간다.

특히나 최근 늘어나고 있는 정서적으로 불안정한 아이들, 가정에서 상처를 입고 학교에 와서 다른 아이들에게 상처를 주는 행동을 반복하는 '어긋난 목표 행동'을 하는 아이들에게 학급회의는 자신의 상처를 드러내고 치유받는 유일한 통로가 될 수 있다. 아이들은 우리가 생각하는 것보다 다른 친구들이 하는 말이나 행동을 잘 받아들이고, 상처받은 마음을 잘 이해한다. 그리고 그 기회를 제공하고 서로의 마음을 연결해줄 수 있는 것이 바로 학급회의이다.

학급회의는 문제를 해결하는 것도 중요하지만, 서로의 마음을 이해하고 알아주는 것이 더 중요하다. 정말 단순한 질문 하나가 그 열쇠가 되기도 한다.

1. 감사 나누기

감사 나누기는 서로를 따뜻하게 연결해주는 빠뜨릴 수 없는 중요한 활동이다. 매주 안건이 많아 칭찬이나 감사를 나눌 시간이 부족했다. 그래서 매일 아침 자습시간에 서로에게 고마운 점이나 칭찬할 일들을 이야기했다.

2. 안건 확인하기

학생이 진행하도록 하지만, 저학년인 경우는 교사가 진행했다. 학급회의 안건으로 '귀에 대고 소리를 지르지 않으면 좋겠어요'가 올라왔다. 아이들과 약속한 대로 안건 게시판에 해결하고 싶은 문제를 쓸 때는 주어 없이 쓰기로 했지만, 그 문제에 대해선 누가 그랬는지 모두가 알고 있었다. 바로 ○○이었다. ○○이는 개구쟁이 남학생이다. 요즘 부쩍 친구에게 갑자기 다가가 "왁!" 하고 소리를 지르는 일이 잦았다. 친구들은 대부분 귀를 막고 괴로워했지만, ○○이는 그저 씨익 웃고 말았다. 그 문제에 개입을 할까 싶었지만, 그 일을 당한 학생이 아직 도와달라는 말을 하지 않아 지켜보며 기다리고 있었는데 안건 게시판에 오른 것이었다.

교사 : "첫 번째 안건을 쓴 친구가 설명해주겠어요?"
학생 1 : "친구가 제 귀에 대고 갑자기 소리를 질러서 무척 놀랐어요. 다시는 그러
　　　　지 않았으면 좋겠어요."

교사: "이 안건에 대해 이야기를 나눠볼까요?"

학생 2: "제 귀에 대고 소리를 지르니 귀에 침이 들어가서 기분이 나빴어요."

학생 3: "너무 소리를 질러서 귀가 하루 종일 들리지 않았어요."

학생 4: "귀가 아팠어요."

학생 5: "귀가 많이 아팠어요."

……

○○이가 귀에 대고 소리를 질렀을 때 어땠는지 아이들이 이야기를 시작하자 ○○이의 표정이 굳어졌다. 한 명에서 점점 여러 명의 아이가 이야기를 하자 ○○이는 어느새 주먹을 쥐고 눈물을 뚝뚝 흘리다가 갑자기 소리를 지르며 머리를 무릎 사이에 넣으며 몸을 흔들어댔다. 아이들은 당황했고 나 역시 조금 놀랐다. 교실에는 이내 어색한 침묵이 흘렀다.

4. 친구의 마음에 공감하기

아이들은 자신의 행동이 일으킨 영향을 알게 되면 당황하거나 이처럼 화를 내거나 격렬하게 반응하기도 한다. 이때가 제일 중요하다. 이 친구가 왜 그렇게 했는지 이해하는 아이가 생기기 시작하기 때문이다.

교사: "그 친구가 왜 그랬을까요?"

학생 1: "관심받고 싶어서요."

학생 2: "네. 우리랑 친해지고 싶었던 거 같아요."

교사: "그럼 그 친구는 지금 기분이 어떨까요?"

학생 3: "속상할 것 같아요."

학생 4: "'비난받는다' 느껴서 슬플 것 같아요."

아이들은 놀랍다. 어긋난 목표를 배우지 않아도 친구가 왜 그러는지 이미 이해하고 있었던 것이다. 친구 몇 명이 ○○이의 마음을 알아주기 시작하자 몸을 흔드는 행동을 멈추고 고개를 들고 나와 아이들을 쳐다보았다.

5. 해결책 이야기하기

교사: "그럼 이 문제를 어떻게 해결하면 좋을까요?"

학생 1 : "소리 지르는 대신 이름을 작게 불러주면 좋겠어요."

학생 2 : "팔을 톡톡 두드렸으면 좋겠어요."

학생 3 : "저는 등을 살짝 두드렸으면 좋겠어요."

……

○○이는 사실 일 년 내내 친구들과 나를 힘들게 한 아이였다. 맞벌이하는 부모 밑에서 방임되어 자란 ○○이는 2학년이 되면서 부모의 사이가 안 좋아지면서 굉장히 힘든 한 해를 보냈다. 그러다 보니 친구들이 싫어하는 행동을 많이 했으며, 수업시간에도 전혀 집중을 못 하고 돌아다니는 일이 많았다. 하지만 이 학급회의를 계기로 ○○이가 변하기 시작했다. 친구에게 소리를 지르는 행동은 바로 사라졌으며, 수업시간에 돌아다니는 행동도 조금씩 줄어들기 시작했다.

마음을 나누는 학급회의를 위하여

학급회의가 학급의 문제를 해결하는 데 탁월하다는 것은 부인할 수 없다. 하지만 친구 간의 문제가 안건으로 오르면 자칫 서로 상처가 될 수 있다는 것이 걱정이었다. 하지만 막상 회의를 꾸준히 진행해보면 아이들은 정말 놀랍게도 서로의 마음을 잘 헤아리고 이해한다. 그리고 그 아이가 왜 그랬는지 마음을 알아주는 것만으로 문제가 해결되기도 한다. 교사는 그저 "그 친구가 왜 그런 행동을 했을까?" 하는 질문을 던지기만 하면 된다.

하지만 그전에 꾸준히 자신의 감정을 표현하고 서로의 마음을 알아주는 활동이 필요하다. 특히나 저학년의 경우는 자신의 감정을 찾아보고 언어로 표현하는 것이 중요하다. 감격해 카드의 감정 단어를 가지고 언제 그런 기분이 드는지 이야기해보거나, 이런 상황이면 어떤 기분이 드는지 등을 이야기해본다. 그러면서 계속 감정을 찾아보고 표현해보는 활동을 통해 감정 단어를 많이 쓰고 익숙해지도록 도와야 한다. 아이들이 감정 단어에 익숙해지면 다양한 교실 상황 속에서 내 감정은 어떤지, 그때 친구의 감정은 어땠을지 이야기할 수 있도록 계속 기회를 제공해야 한다. 진정한 학급회의란 문제해결을 넘어서 서로의 마음을 알아주고 이해하는 것을 바탕으로 서로 지지하고 북돋을 수 있는 것이 아닐까 한다.

학급회의에서 교사는 진행하는 역할에서 연결자의 역할이 더 크다. 어떤 불편한 마음이든 표현할 수 있는 분위기를 만들어 불편함을 호소하는 친구의 마음과 그 마음을 친구들이 들어줄 수 있게 연결하는 것이 중요하다. 교사가 마음을 알아주는 것보다 반 친구가 알아주는 것이 같은 단어, 같은 문장을 말하더라도 울림이 더 크다. 학급회의가 문제를 해결하는 것에서 나아가 서로의 마음을 연결하고 나눌 수 있는 소통의 창구가 되는 것이다. 이것이야말로 진짜 우리가 바라는 학급회의의 모습이 아닐까?

22. 아이들이 진행하는 학급회의

신수진

　　2016년에 만난 아이들은 참 순했다. 여느 반과 마찬가지로 수업시간에는 종이도 던지고 장난도 많이 쳤지만, 대부분의 아이가 선생님 말이면 잘 따르고 다른 친구들의 의견도 존중해주는 편이었다. 오히려 그게 내 고민이었다. 어떻게 하면 아이들이 자유롭게 자신의 의견을 이야기할 수 있을까? 다른 사람이 아니라 내 생각대로 말하고 행동하는 자율성을 어떻게 기를 수 있게 해줄까? 모든 과목 시간에 공통으로 가지는 질문이었다. 아이들이 정말 좋아하는 학급회의 시간도 마찬가지였다. 학급회의의 주체가 선생님이 되기 쉬웠다. 나는 아이들이 문제해결 의지를 갖기를 원했고 학급회의를 이끌기보다 아이들의 시간으로 지켜주고 싶었다.

　　그래서 시작한 것이 아이들이 진행하는 학급회의다. 이를 위해서 사전작업이 많이 필요했다. 1학기는 2학기를 위한 기간이라 생각하고 학급회의를 거의 일관된 순서로 진행했다. 아이들이 순서를 자연스럽게 학습할 수 있게끔 반복하며 보여주었다. 9월부터 의미 있는 역할에 학급회의를 진행하는 진행자를 새로 만들었다. 이를 위해 진행자를 따로 불러 순서를 한 번 더 짚어주기도 했다. 그리고 뒤에 서 있는 교사가 감시하는 사람처럼 느껴지지 않도록 철저하게 조용히 있었다. 중간에 끼어들어 흐름을 깰까 봐, 하고 싶은 말이 있으면 메모해두었다. 그리고 학급회의가 끝나기를 기다렸다가 마지막 선생님 이야기 시간에 하나씩 이야기해주었다. 특히 새로운 해결책을 내거나 친구의 마음을 잘 헤아려보는 친구가 있으면 반 아이들에게 알려주고 학급회의 역량을 키워나갈 수 있게 격려했다. 아쉬운 점이 많이 보여도 한 개만 이야기했다. 사실 다음 회의 시간에 달라졌다면 그 부분도 칭찬할 부분이 된다. 매번 성공적으로 진행된 것은 아니었지만, 민주적인 회의를 경험하는 기회를 만드는 것 자체에 만족하기도 했다.

올해 중학교에 간 나영이에게 문자가 왔다.

"선생님, 여기서도 학급회의 하는데 한쪽 이야기만 들어봐요. 그리고 다수결로 그냥 정해버려서 허무해요."

나는 문자를 보면서 신기했다. 예전에는 당연시되고 익숙했던 것을 이제는 달리 볼 수 있는 게 신기했다. 학급회의를 처음 시작할 때 사실 머뭇거렸다. 문제를 드러냈는데 해결이 잘 안 될까 두려웠기 때문이다. 하지만 나영이 문자를 보고서 학급회의에 대한 확신이 더 생겼다.

'지금 나는 씨앗을 뿌리는 거야. 이 씨앗은 아이들이 살면서 필요할 때 꺼내서 쓸 거야.'

학급회의 처음부터 끝을 아이들에게 맡겨보는 것, 그것도 괜찮은 시도다.

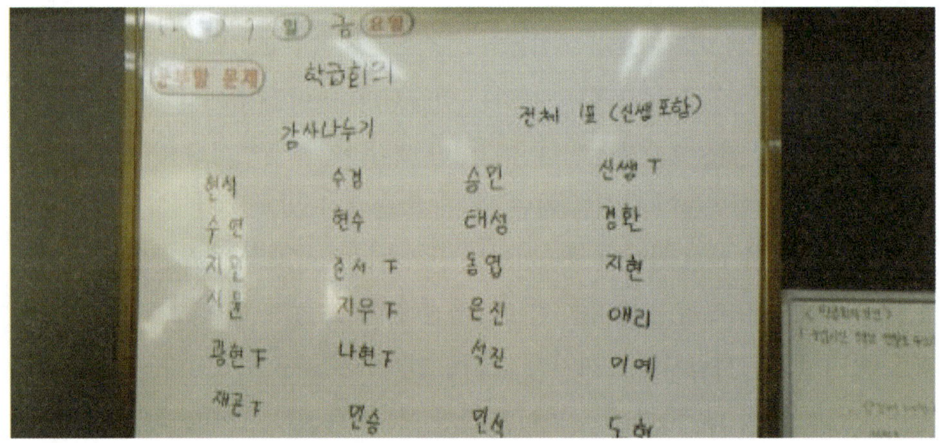

- 감사 나누기

진행자: "한 주 동안 생활하면서 친구에게 고마웠던 적이 있나요? 나 또는 우리
　　　　반에 도움이 되었던 일이 있다면 이야기해주세요."

- 안건 확인

진행자: "학급회의를 시작하겠습니다. 이번 주 학급회의 안건은 '수업시간에 책
상을 연필로 두드리는 것'입니다."

- 안건을 올린 이유 듣기

진행자: "안건을 올린 이유를 말씀해주시겠습니까?"

제안자: "영어 시간이었어요. 그런데 옆에서 자꾸 연필을 두드리니까 집중이 안
　　　　돼요. 그래서 하지 말라고 했는데도 계속해요. 이렇게요." (시연을 보인다)

진행자: "이 문제를 제안한 친구의 기분이 어떨까요?"

친구 1: "짜증 날 것 같아요."

친구 2: "신경 쓰일 것 같아요."

친구 3: "수업시간에 집중이 잘 안 될 것 같아요."

- 역할극 해보기

진행자: "역할극으로 해보겠습니다. 해주실 분?"

진행자: "자, 여기까지. 그럼 어떤 상황인지 다 아시겠죠?"

- 해결방안 선택하기

진행자: "이 문제를 어떻게 해결하면 좋을까요?"

친구 4: "쉬는 시간에 하도록 해요."

친구 5: "친구가 하지 말라고 하면 하지 않아요."

친구 6: "수업시간에는 하지 않아요."

■ 해결방안 떠올리기
진행자: "선택해야 하는데, 3개밖에 없네요."
친구 7: "다 같은 이야기에요. 수업시간에 참고 쉬는 시간에 하면 친구한테 그런
　　　　말 안 들을 거고 존중할 수 있어요."

■ 역할극 다시 해보기
진행자: "이걸로 다시 역할극 해보겠습니다."

■ 소감 나누기
진행자: "오늘 학급회의를 하고 난 소감을 말해주세요."
제안자 "속이 후련하고 벌써 해결된 것 같아요. 그런데 걱정도 되는데 잘 지켜졌
　　　　으면 좋겠어요."
친구 8: "제 역할극이 완벽했다고 생각해요."
친구 9: "역할극을 하니까 실감이 났어요."

■ 피드백
교사: "선생님도 오늘 학급회의를 보면서 느낀 점을 말하고 싶어요. 우선, 정말
　　　놀라워요. 우리 반 스스로 학급회의를 진행할 수 있으니까. 정말 선생님이
　　　바라던 부분이에요. 스스로 문제 해결하기. 그리고 이상한 것은 선생님이
　　　진행할 때보다 더 발표를 잘하네요? 또 시간도 훨씬 적게 걸리네요. 오히
　　　려 여러분끼리 하는 걸 더 좋아하는 것 같기도 해요. 하나 걱정되는 부분이
　　　있어서 말하고 싶은데, 괜찮을까요? 안건을 올린 친구 이야기는 잘 들었어
　　　요. 친구들 말대로 불편하고 신경 쓰였을 것 같아요. 그런데 해당되는 그

친구의 이야기는 들어보지 못해서 조금 걱정돼요. 지금 그 친구는 어떤 마음일까요?”

친구 10: “창피할 것 같아요.”

친구 11: “민망할 것 같아요.”

교사: “네. 아마 조금은 창피하고 자신의 이야기를 한다는 점에서 민망할 것 같아요. 다음에 학급회의를 하면 어떻게 하면 공평할까요? 네. A 친구의 이야기를 들었으면 B 친구의 이야기도 듣고 B 친구의 이야기도 같이 공감해주면 좋겠어요. 그리고 오늘도 모두가 참여하는 학급회의 만들어준 진행자 그리고 학급회의에 열심히 참여한 친구들에게 정말 고마워요.

| 학급회의 Q&A |

김성환

1. 학급회의 시간이 너무 소란스러워요

학급회의 시간에 소란스러우면 그 문제를 학급회의로 다룹니다. 또 다른 방법으로는 평화지킴이나 소음측정자처럼 소란스러운 것을 해결하는 역할을 정하는 것도 방법입니다. 마지막으로 발언을 할 때 손을 들고 발언하는 것이 아니라 순서를 정해 돌아가며 발언하는 것도 좋은 방법입니다.

2. 교사가 이끌고 싶은 마음이 큽니다

교사가 이끄는 것은 괜찮습니다. 이끈다는 것은 영어로 lead이고 교사는 교실의 leader이기도 합니다. 다만 교사의 의견대로 끌고 가는 것이 아니라 회의의 일정이나 원칙, 과정을 민주적으로 이끌고, 소수가 발언을 독점하지 못하도록 이끌어야 합니다.

3. 회의 결정이 너무 힘들어요

첫 번째 방법은 3R1H로 해결책을 걸러내는 방법이 있습니다. 해결책이 3R(Related, Reasonable, Respectful), 즉 문제와 관련이 없거나 실현이 어렵거나 존중하지 않는 방식이라면 제외합니다. 그리고 마지막은 'Helpful'로 우리의 성장에 도움이 되지 않는다면 해결책으로 선택하지 않는 방법이 있습니다.

두 번째로는 학생들의 의견을 모두 적고 교사가 비슷한 것끼리 묶는 방법이 있습니다. 또는 떠드는 문제에 대한 해결책처럼 ① 떠드는 친구에게 신호를 준다, ② 뒤에 잠깐 서 있는다, 처럼 꼭 하나의 해결책을 선택하지 않고, ①번을 해봐도 되지 않으면 ②번을 하는 방법도 있습니다.

세 번째로 해결책을 여러 개 선택하고 문제 상황에서 당사자가 결정하는 선택 돌림판처럼 만들 수도 있습니다.

마지막으로 각 해결책의 좋은 점과 나쁜 점을 이야기 나누는 방식은 아이들의 생각을 넓고 깊게 만드는 방법이어서 추천합니다. 이후 과정은 다수결로 결정하면 됩니다.

(초등학교 저학년의 경우에는 '이해가 돼요', '도움이 돼요', '기분이 좋아요'라고 좀 더 쉬운 말이나 그림으로 바꿔서 제시하는 게 아이들이 이해하기 좋다.)

4. 회의가 길어져요

회의 시간을 30분으로 정하고 정해진 시간이 지나면 회의를 종료하는 것도 방법입니다. 너무 길어지면 책상이 없는 자리 배치에서 소란스러워지고 경청이 힘들어집니다. 아이들이 집중할 수 있는 시간은 30분 정도이며, 회의가 길어지면 집중시키기 위해 너무 많은 에너지를 써야 합니다. 다루지 못한 안건은 다음 회의에서 다루면 됩니다. 정해진 시간에 효율적으로 결정하는 것도 아이들이 배워야 할 사회적 기술 중 하나입니다.

5. 학급회의 안건지 팁

학급회의 안건지를 나누어주고 먼저 고마웠던 점을 빈 칸에 써보게 한 다음 오늘의 안건을 살펴보고 원을 만들면 학급회의가 좀 더 효과적으로 진행됩니다.

| 학급회의 예시 |

– 2017년 9월 22일 –

1. 마음 나누기 (*친구나 교사에게 감사했던 것 쓰기)

---

2. 지난 회의 결과 살펴보기

　가. 의자를 올리지 않고 가는 문제

3. 이번 주 안건(*회의 상황을 체크하면 참여도가 높아짐)

　가. 모둠별 청소가 불편하다. – 찬경

　나. 일부러 넘어지게 발을 건다. – 수진

　다. 줄넘기를 만졌더니 나보고 치우라고 한다. – 병묵

라. 물건 갖고 위협한다. – 현주

마. 놀이할 때 밀치고 얼굴을 때린다. –성환

바. 보드게임을 해도 되지만 땅바닥에 누워있고, 오목하고 길을 막는 행동이 불편하다.

   양치할 때 특히 불편하다. – 현웅

사. 안건을 쓰면 이상한 내용, 다른 글씨로 바뀐다. – 진화, 유림, 진수

아. 우리 반도 뭘 가져와서 먹고 싶다. – 대영

23. 긍정의 수업문화 만들기
_ 실수와 격려의 수업문화, 수업 가이드라인

양은석

　수업은 어렵다. 아이들이 무슨 생각을 하는지 모르겠다. 내가 하는 말을 잘 알아듣고 있는지 궁금하다. 학생에게도 수업은 어렵다. 학교 밖에는 재미난 게임과 오락거리가 넘쳐나는데, 현실은 좁은 교실에 앉아 온종일 수업을 들어야 한다.

　가르쳐야 할 것이 많다. 공부할 준비가 안 된 학생이 점점 많아지는 것 같다. 학생들이 적극적으로 참여해서 의미 있는 배움이 일어나기를 기대한다. 하지만 그렇게 되지 않을 때는 자책하기도 한다. 그럴 때면 비난의 화살이 아이들에게 향하기도 한다. 실수나 실패에서 배우기보다 실수나 실패를 두려워하는 분위기로 흘러간다. 자율과 통제 사이에서 나는 종종 길을 잃었다.

　여전히 수업은 어렵다. 하지만 긍정훈육에서 얻은 지혜로 학생들에게 자율적인 기회를 부여한다. 때로는 책임감을 강조하기도 한다. 안전하고 존중받는 울타리 안에서 자유가 주어지면 아이들은 더 잘할 수 있다. 실수와 실패가 용납되는 긍정의 수업문화를 통해 자유롭게 수업에 참여하되, 가이드라인을 통해 적절한 울타리를 세워줄 필요가 있다.

몇 해 전 『틀려도 괜찮아』라는 책이 출간되었다. 내가 그리던 수업의 풍경이었다. 나는 마음이 들떠서 곧바로 아이들에게 책을 읽어주었다.

"애들아, 우리 교실에서는 틀려도 괜찮아. 실수해도 괜찮아!"

책을 아이들과 같이 읽으면 우리 교실이 그림책의 교실처럼 될 줄 알았다. 그러나 달라진 것은 없었다. 수업도 아이들도 나도 모두 그대로였다. 틀려도 괜찮기 위해서, 실수해도 괜찮아지기 위해서 무엇을 해야 하는지 고민하지 않았다.

마음껏 도전하고 실수하거나 틀려도 괜찮아지려면 무엇이 필요할까?

바로 안전한 환경이다.

교사로부터 안전해야 한다

먼저 다음 질문에 답해보자.

"학생이 수업과 상관없는 쓸데없는 말을 한다면 어떻게 하시겠습니까?"

이 질문에는 함정이 있다. 질문의 전제가 잘못되었다. '수업과 상관없는 쓸데없는 말'은 없다. 교사가 그렇게 생각할 뿐이다. 학생의 모든 참여는 환영해야 한다. 달리 말하면 '쓸데없는 말'이라는 생각 자체가 틀리면 안 되고, 실수하면 안 된다는 생각일 수 있다. 교사가 그런 생각을 하면 학생들은 그런 교사의 의도를 알아채고 교사가 의도하는 답만 하려고 한다. 교사는 수업과 관련된 이야기하기를 의도했지만, 학생들은 의도와 다르게 교사가 생각한 답만 찾게 된다. 교사의 의도는 선했지만, 결과적으로 목적을 달성하지 못하게 된다.

학생이 용기 내어 자기 생각을 말하고 실수할 수 있으려면 생각과 발언의 자유가 있어야 한다. 그것을 가장 먼저 가로막는 것은 교사의 판단이다. 판단을 내려놓고 아이들의 말을 존중하고 집중해보자. 수업의 실마리는 바로 그 '쓸데없는 말'에서 시작될 것이다. 단, 반복적으로 수업을 방해하는 행동은 제외이다.

틀린 답을 말하거나 엉뚱한 답을 했을 때, 당황해서 앞이 깜깜해졌을 때를 떠올려보자. 그 와중에 친구가 "그것도 모르냐?"라고 한마디 한다면? 혹은 귓속말을 하며 손가락질하며 비웃는다면? 아마도 다시는 발표하고 싶지 않을 것이다. 실수해도, 틀려도 괜찮은 수업문화가 정착되려면 친구들이 비난하지 않아야 한다.

이를 위해 다음과 같이 수업할 수 있다.

- 실수 경험 나누기
 - 실수했던 경험, 틀렸던 경험을 자유롭게 이야기 나누어본다. 수업 중에 잘하지 못해서 비난받았던 경험을 이야기해본다.
- 실수가 나쁜 것일까?
 - 실수나 실패를 통해 성공한 이야기를 들려준다.
 - '실수나 실패를 통해 성장할 수 있음'을 이야기 나눈다.
- 수업 중 실수에 대처하는 법
 - '틀린 답 말하기', '엉뚱한 소리 하기', '나만 틀리기', '대답 못 하고 얼어있기' 등의 상황에서 친구가 당황할 때 친구를 존중하고 격려하기 위해 어떤 말과 행동을 해야 하는지 생각하고 이야기 나눈다.
 - 그중에서 꼭 지켜야 할 것을 우리 반 원칙으로 정한다.
- 나에게 실수란?
 - 실수나 실패에 대해 다시 정의 내려 본다. 실수와 실패에 대한 생각의 변화가 있는지 이야기 나눈다.
 - 수업에서 이루어지는 대화가 자유롭고 풍성해지기를 기대하고 있음을 교사가 표현한다.

수업 중에 겪은 두려웠던 상황에 대해 이야기 나누어 봄으로써 모두가 편안하고 안전한 교실을 만드는 데 동참해야 함을 일깨워줄 수 있다. 교사 혼자 교실의 문화를 만드는 것이 아니라 우리 모두가 함께 만들어가야 함을 알 수 있다. 나아가 실수했을 때 격려할 수 있는 행동이나 말을 생각해보는 것도 좋다. 모든 배움의 기회는 바로 실수나 실패에서 시작된다.

수업 가이드라인

가이드라인은 학급의 목표를 달성하기 위한 구체적인 길잡이 역할을 한다. 수업을 할 때도 가이드라인은 필요하다. 수업할 때 꼭 지켜야 할 사항은 무엇일까? 이를 함께 떠올려보고 이야기 나누어보면 즐겁고 의미 있는 수업이 될 수 있다.

교사가 해야 하는 가장 중요한 일은 학생이 배우는 즐거움을 알아가도록 돕는 것이다. 수업은 즐거워야 한다. 또한, 수업은 의미 있어야 한다. 나의 삶과 관련 있는 의미 있는 수업을 통해 학생들은 자신을 이해할 수 있고 타인을 이해하며 세상을 이해할 수 있다.

즐겁고 의미 있는 배움이 일어나는 수업을 위해서는 교사와 학생이 모두 노력해야 한다. 교사와 학생이 공동의 책임이 있음을 이해시키고 무엇을 해야 할지 논의하는 자리를 마련해보자.

먼저 우리가 원하는 수업은 무엇인지 알아볼 필요가 있다. 즐겁고 의미 있는 수업이 될 수 있고, 꿈을 실현할 수 있는 수업이 될 수도 있다. 학생과 교사가 함께 원하는 수업의 상을 그려보자. 그 수업의 상을 가이드라인으로 만들 수 있다.

이후 그것을 달성하려면 어떤 덕목이 필요할지에 관해 이야기 나누어본다. 필자는 참여하기, 함께하기(돕기), 용기 내기를 가장 중요한 항목으로 꼽는다. 다음으로 각각 항목에 맞추어 할 수 있는 말과 행동을 이야기 나누어본다.

하루를 시작할 때마다 가이드라인의 한 항목씩을 읽어보며 목표를 정해볼 수 있

즐겁고 의미있는 수업		
참여	"저의 생각은 --입니다." "같이 풀어보자." "알려주세요."	· 바라보고 귀 기울이기 · 질문, 발표 손 들기
돕기	"내가 도와줄까?" "친구야 괜찮아?"	· 발표하는 친구 기다려 주기 · 응원의 동작 보내기 · 비웃거나 비난 않기
용기	"잘 모르겠어요." "도와주세요." "다시 한번 말해주세요." "틀려도 괜찮아."	· 정답이 아니어도 손들어 발표하기 · 노력한(실수한) 친구에게 박수치기, 엄지척으로 격려하기

다. "오늘은 친구가 발표할 때 손을 들지 않고 기다려주는 것을 목표로 정해 보아요." 하루가 끝날 때마다 그날의 목표를 돌아보는 시간을 가져보자. 즐겁고 의미 있는 수업을 위해 매일 하나씩 실천하다 보면 참여하고 서로 도우며 어려운 것에 도전하는 수업문화가 자리할 수 있을 것이다.

수업 약속

가이드라인은 학급 구성원 모두가 공동체의 목표를 이루기 위한 약속을 정하는 것이다. 이에 비해 수업 약속은 목표를 위해 개인이 수업에 어떻게 임해야 하는지를 살펴보는 작업이다.

학생의 수업 약속

학생은 수업시간에 어떻게 해야 할까? 수업시간에 학생이 하는 행동을 보며 임기응변으로 대처할 때가 많았다. 그때그때 상황에 따라 내 생각을 얘기하다 보면 내가 과연 학생에게 원하는 것이 무엇인지 헷갈리는 경우도 있었다. 학생이 수업 중에 무엇을 어떻게 해야 하는지 교사가 먼저 명확하게 기준을 정할 필요가 있다. 그렇지 않으면 그때마다 다르게 대처하여 학생에게 혼동을 줄 수 있다.

빈 종이 한 장을 갖다 놓자. 그리고 수업 중에 나는 학생들이 어떻게 행동하기를 바라는지 한번 적어보고 정리해보자. 학생에게 나누어주고 학생들과 함께 읽으며 이야기 나누어본다. 함께 읽으며 수정이 필요한 부분은 수정을 하고 덧붙일 내용이 있으면 덧붙일 수 있다.

학생의 약속	할 수 있는 행동
1. 틀려도 괜찮아. 실수해도 괜찮아. 공부는 도전이다.	- 틀리더라도 비난하지 않고 틀린 용기를 격려한다. - 틀린 까닭을 생각한다. - 정답이 아니더라도 용기 내어 발표한다. - 정답을 찾는 것보다 내 생각을 정리하는 것에 초점을 둔다. - 모르면 모른다고 말한다. 모르는 것이 부끄러운 것이 아니라 모르는 것을 숨기는 것이 부끄러운 것이다. - 어려운 문제라도 나만의 방식으로 먼저 풀어본다.
2. 수업에 책임을 진다.	- 소리 내어 대답하고 글을 읽는다. - 질문에 적극적으로 대답한다. 선생님이 질문하면 모두 대답할 준비를 한다. 대답할 수 있도록 끝까지 노력한다. - 발표할 때는 또박또박, 천천히, 큰 목소리로 발표한다. - 발표하는 사람을 바라본다.(눈, 귀, 무릎) - 과제를 시간 안에 끝낸다.(시간을 생각하며 과제를 한다)
3. 다른 사람의 의견을 존중한다.	- 다른 사람이 말할 때는 손을 들지 않는다. 말이 끝나면 손을 들어 자신의 말을 한다. - 다른 사람의 발표를 귀 기울여 듣는다.
4. 친구와 함께 배운다.	- 친구와 시험점수를 비교하지 않는다. 나의 과거 점수와 비교한다. - 모르는 것을 비난하지 않는다. - 내가 알면 가르쳐 준다. 안다고 잘난 체하지 않는다.(누구나 다 잘하는 것이 있다)
5. 나만의 공부 방법을 스스로 찾는다.	- 쉬는 시간이 끝나면 자리에 앉아서 호흡을 조절하거나 공부할 부분을 읽는다. - 앉아 있는 것이 좀이 쑤시면 뒤로 나가 서서 듣는다. - 궁금한 것은 질문한다.

교사가 학생들에게 원하는 것이 명확할 때 학생들은 그 안에서 편안하게 생활할 수 있다. 그리고 무엇을 어떻게 해야 하는지 자세히 알려줄수록 학생이 그것에 따를 가능성이 크다. 학생에게 어려운 개념인 실수와 도전, 존중과 책임, 협력이 학생들이 이해하기 쉬운 언어로 자리할 수 있다.

교사의 수업 약속

학생이 수업시간에 지켜야 할 일에 대해서 분명히 하고 약속을 정했다면, 이번에는 교사 차례이다. 수업을 준비하고 실행할 때 어떻게 해야 하는지 구체적으로 생각해보고 정리해보자.

학생의 수업 약속 이야기를 꺼내기 전에 먼저 교사의 수업 약속을 나누는 자리를 가져보자. 학생이 수업을 통해 교사에게 원하는 것이 무엇인지 귀 기울여 들을 수 있다. 교사가 먼저 약속을 한 후에 학생의 약속 이야기를 한다면 수월하게 이야기를 나눌 수 있을 것이다.

분류	교사의 약속	구현 방법(교사가 해야 할 것)
수업계획 및 연구	수업내용을 충분히 익히고 계획하여 수업을 한다.	– 수업을 미리 계획한다. – 질문을 다양화한다. – 핵심내용과 수업방법을 정리한다.
	교사 자신이 좋아하는 수업을 만든다.	– 나만의 수업을 만들어본다. – 나만의 교육과정을 만든다.
	학생이 틀리고 실수할 것을 예상하고 참고한다.	– 오개념, 난개념을 예상한다. 그것을 활용하여 어떻게 수업을 이끌어 나갈지 대처 방안을 정한다.
교사 태도	학생을 믿고 한 아이도 놓치지 않는다.	– 학생에게 성공의 경험을 제공한다.
	학생은 잘 모르고 틀릴 수 있다.	– 틀려도 괜찮다는 점을 학생들과 공유한다. – 학생이 잘 모르거나 틀렸을 때 비난하지 않는다. – 틀린 것을 통해 배울 수 있다는 점을 알려준다.
	교사는 돕는 사람이다.	– 학생이 의욕을 북돋을 수 있도록 격려한다.

학생들이 교사에게 바라는 약속을 교사가 실행하기가 쉽지 않을 수 있다. 학생 입장에서는 교사가 원하는 것을 실행하는 것 또한 어려울 수 있다. 교사도 완벽하지 않다. 마찬가지로 학생도 로봇이 아니다. 완벽을 요구하기보다 서로를 이해하고 공감하며 약속을 지킬 수 있도록 노력해나가는 것이 중요하다.

24. 자유학기제 활동에서 만난 PDC

고영애

동아리 활동 수업 의뢰를 받다

교사 대상 강의를 끝내고 나오는데 선생님 한 분이 달려 나와 붙잡고 물었다.

"선생님, 혹시 학생 강의도 해주실 수 있나요? 아이들에게 적용해보면 좋을 것 같아서요."

"시간이 되면 그럴게요." 그렇게 답하고 돌아왔다.

지난 3년간 내가 가르치는 아이들과 적용해본 PDC는 참으로 놀랍기도 하고 좋았다. 실패한 경험보다 성공한 경험이 많았고, 명예퇴직 하기 전인 2016학년도에는 한 해 동안 아이들에게 화내거나 분노하지 않고, 감정에서 물러나 해결책에 집중하여 차분히 지도하는 모습으로 변해가는 나 자신을 발견했기 때문이다. 이제는 천천히 변해가는 아이들을 기다려줄 수 있을 정도로 마음의 여유가 생겼고, 그에 따라 나에 대한 믿음도 강해졌다. 하지만 아이들과 지속적으로 만나 긍정적인 변화를 경험할 수 있었던 교사 시절과 달리, 6차시 동안 짧게 이뤄지는 교육 활동의 효과는 어떨지 궁금했다.

그 선생님이 요청한 강의는 자유학기제 기간 중 동아리 활동 시간으로 중학교 1

학년 대상이었다. 초임 교사인데다가, 동아리 아이들은 운동장에서 체육 수업 비슷하게 운동을 할 거라고 기대했기 때문에 집중하기가 힘들어서 수업에 애를 먹고 있었다. PDC 수업을 받고서 아이들이 조금 더 서로 배려하고 협력하는 수업으로 변하길 기대한다고 했다. 그래서 6차시에 걸친 활동으로 무엇보다도 상대방의 입장에서 존중받는 느낌을 받는 활동을 중심으로 계획안을 만들었다.

소통하고 배려하는 활동을 중심으로 계획하다

여러 반에서 모인 동아리 학생들은 무엇보다도 끼리끼리만 놀고 소통하려는 경향이 더 뚜렷하다. 더구나 한 달에 두 번 정도 만나는 동아리 활동은 경험이 많은 선생님에게도 힘든 수업이다. 사춘기가 한창인 중학교 저학년은 교사의 손길과 에너지를 더 많이 들게 한다. 특히나 힘으로 상대를 누르려는 경향을 보이는 아이들은 강하고 힘을 보여주는 언어를 많이 사용하기에, 서로 격려하고 존중하는 언어를 사용하는 것과 상대방의 입장에서는 어떤 생각과 감정이 들고, 어떤 결심을 하게 되는지 경험하는 교육이 필요하다고 판단했다.

한 번에 2차시씩 3회에 걸쳐 활동했다. 의사소통활동, '용기 up, 용기 down' 활동과 가이드라인 만들기를 하면 배려와 존중에 대해 좀 더 깊이 생각하리라 기대를 하며 계획안을 작성했다. 평가는 각 활동이 끝나고 나면 30초 정도의 짧은 소감 나누기로 했다.

차시	주제	운영목표
1~2	존중하는 의사소통 기술	상호 존중하는 의사소통의 기술을 체험하고 토의한다.
3~4	용기 up, 용기 down	용기가 생기게 하는 것들과 용기를 꺾는 것들에 대해서 생각한다.
5~6	가이드라인 만들기	구성원 문제점을 진단하고 수업 가이드라인을 만들어본다.

차시	운영내용
1~2	· 아이스브레이킹: 의사소통 온도계 / 손님 초대하기 　– 의사소통 온도계: 마음에 상처가 되거나 마음을 차갑게 하는 말과 따뜻한 격려가 되거나 마음이 따뜻해지는 말을 듣고 몸으로 체험해보기 　– 손님 초대하기: 초대할 친구를 정중하게 모셔오기 활동 후 손님의 느낌 나누기 · 학급에서 친구들에게 듣는 차가운 온도와 따뜻한 온도의 말을 생각하고 포스트잇에 적기 · 분류하기 · 함께 공유하기 · asking and telling 활동 　– 활동지를 가지고 역할극을 한 후에 소감 나누기
3~4	· 아이스브레이킹: 스타놀이 / 스노우볼 　– 스타놀이: 친구를 스타로 만들어주기 위해서 팀원이 이름을 외치며 응원하기 　– 스노우볼: 자신이 격려받고 싶은 이야기를 적어서 랜덤으로 던지고 받은 친구가 문구를 읽고 격려하기 · '용기 up, 용기 down' 활동 　– 학급에서 생기는 다양한 상황, 선생님과 수업시간에 일어나는 다양한 상황을 제시하고 그 상황에서 용기를 주거나 꺾는 말들에 대해서 토의하기 · 함께 공유하기 　– 모둠이 발표한 자료를 바탕으로 추가하거나 수정하기 · 역할극 　– 상황별로 역할극을 통해서 전체 학생들과 나눈다. · 소감 나누기
5~6	· 아이스브레이킹: 의미 있는 만남 / 번개 박수 　– 의미 있는 만남: 주어진 쪽지의 미션을 3번 성공한 후 자리에 앉기 　– 번개 박수: 두 사람이 마주 보고 실수 없이 10개의 박수로 마음 맞추기 · 학급의 문제점을 진단하기 　– 모든 학생이 학급의 문제점을 생각해보고 학급의 지향하는 주제 적기 · 분류하기 　– 학생들이 쓴 내용을 유목화하기 · 모둠활동 　– 공통된 주제별로 모여서 내용을 토의하여 모둠별 가이드라인 적기 · 발표 후 동의 얻기 　– 모둠별로 발표하고 동의 여부 묻기, 수정 및 삭제하기 · 동의한 가이드라인에 사인하기 · 소감 나누기

　담당하는 선생님에게 수업 전에 준비물을 부탁드렸고, 원 모양으로 앉아서 할 수 있도록 사전에 환경을 만들어 줄 것을 부탁드렸다. 나와 처음 만나는 아이들이기에 조금 더 세밀한 준비가 필요했다. 수업은 5, 6교시로, 점심 식사 후 배정된 시간이라서 조금 일찍 가서 아이들이 운동장과 주차장에서 뛰어노는 것을 지켜보며 나부터 눈으로 먼저 익혔다.

아이들을 만나 함께 활동하며 실천하다

　첫 만남은 참 설레는 것 같다. 종이 울리고 아이들이 하나둘씩 들어오더니 동그랗게 놓인 의자들을 보고는 어색해했다. 선생님들도 원으로 마주 보며 앉는 것을 어색하거나 불편해했다. 시작종이 울리고 시간이 조금 지났는데도 4명이 아직 들어오지 않았다. 담당 선생님께서 아이들을 찾아오라고 했고, 나머지 아이들이 들어왔다.

　"종이 울렸는데, 왜 안 들어왔어? 못 들었니?"라고 묻자 한 아이가 "운동장에서 할 줄 알았죠~" 하면서 입을 삐쭉 내민다. 운동장에서의 놀이 활동을 기대한 아이들은 실망한 모양이다. 내 머릿속에서는 '어떻게 수업 속으로 아이들을 들어오게 해야 하나?'라는 생각이 먼저 들었다. 수업의 맥락을 보고 계획을 수정해가는 것도 교사의 전문성이라는 생각에 주제에 맞게 조금 계획안을 수정했다.

　수업을 시작하기 전에 원 모양으로 앉은 이유를 설명해주었다.

　"같은 높이에서 서로 존중하는 마음으로 수업하기 위해 원으로 앉았어요. 수업시간에는 저도 여러분을 최선을 다해 존중하겠습니다. 여러분도 처음 보는 선생님이지만, 저를 최대한 존중해주기를 부탁드려요. 그래 줄 수 있는 사람은 가슴에 엄지척 해주실래요?"

　나의 주문이 끝나자 아이들은 가슴에 엄지를 올려주었다. 딱 한 아이가 올리지 않아서 다가가 물어보니 지금 하려고 했다며 곧 엄지를 올려주어 모두가 약속한 가운데 수업이 시작되었다.

수업 전에 서로 존중하는 태도로 수업에 임하겠다는 약속을 했기 때문에 실제로 수업 중에 옆 사람과 장난을 치거나 친구들 이야기를 경청하지 않을 경우에는 단호함을 보일 수 있었다. 처음 약속을 하고 시작하니 아이들이 조금씩 존중하고 경청하는 태도를 보여주었다.

존중하는 의사소통 기술 수업

수업 문 열기로 존중을 경험할 수 있는 '손님 모셔오기'를 진행했다. 존중받는 느낌을 몸으로 느껴보고 경험해 볼 기회를 주고 싶었다. 미션은 손님을 모셔올 때 최대한 정중하고 공손할 것을 주문했다.

① 의자를 인원수보다 한 개 더 준비한다.
② 빈 의자를 사이에 두고 두 사람이 일어나서 모셔올 손님을 의논한 후 정중히 모셔온다.
③ 손님이 떠나면 빈 의자를 사이에 두고 다음 팀이 손님을 모시러 간다.
④ 손님으로 초대받은 사람은 두 손을 가슴으로 껴안아서 표시한다.
⑤ 초대받지 않은 사람이 없을 때까지 진행한다.
⑥ 활동이 끝난 후 초대받고 가는 마음이 어땠는지를 이야기한다.

아이들의 반응은 중요한 사람이 된 기분이다, 기분이 좋다, 존중받는 기분이다, 연예인이 된 기분이다 등으로 긍정적이었다. 친구에게 손님처럼 대해주고 자신도 손님처럼 대우해주는 수업이면 좋겠다고 주문했다. 존중이란 그런 기분을 느끼게 해주는 거라는 말도 덧붙였다. 이 수업은 조금 성공한 것 같았다.

학급 내에서 갈등이 일어나는 많은 이유 가운데는 자신의 감정을 건드리는 말을 하거나 들었을 경우가 많다. 하여 교실에서 주로 주고받는 언어에 대해 생각해보는 시간을 갖고자 했다. 교실에서 들었던 따뜻한 말과 차가운 말을 적어보게 했다. 색깔이 다른 두 가지의 포스트잇을 준비하여 나눠주었다. "여러분이 교실에서 들었거나 사용했던 따뜻한 말은 핑크색 포스트잇에, 마음이 상하거나 서운했던 말은 파란색 포스트잇에 적어주세요"라고 주문했다.

① 두 가지 색깔의 포스트잇을 준비하여 나눠준다.
② 따뜻한 말과 차가운 말을 적게 한다.
③ 교사는 칠판을 2등분하여 포스트잇을 붙일 수 있도록 제목을 달아준다.
④ 학생들은 두 개의 포스트잇을 제목에 맞추어 붙인다.
⑤ 전지를 두 장 붙이고 기록할 학생 2명과 적힌 내용을 읽어줄 학생 2명을 선정한다.
⑥ 학생 1이 큰 소리로 또박또박 읽어주면, 학생 2가 전지에 기록하여 보여준다.
⑦ 중복되는 말은 적지 않아도 된다.
⑧ 교사는 소감이나 특징을 학생들에게 말하게 한다.

활동이 끝난 후 전지를 바라보니 차가운 말에는 욕설, 비하, 비난하는 말로 가득했으며, 따뜻한 말은 차가운 말의 1/3 정도밖에 되지 않았다. "여러분, 우리가 어떤 말을 더 많이 알고 사용하고 있는지 보이나요?"라고 발문을 하자, 한 남자아이가 큰 소리로 "어~ 차가운 말이 너무 많아. 따뜻한 말이 저것 밖에 안 되는 거야?"라고 말했다. 그러자 아이들이 칠판을 보면서 끼리끼리 소곤거렸다. 느낀 점을 얘기해보라고 했더니 한 아이가 이런 소감을 말했다.

"따뜻한 말을 생각하려고 해도 잘 생각이 안 나요. 저도 잘 사용 안 한 것 같아요. 근데 차가운 말은 많이 생각났어요. 저는 자주 사용은 안 하지만, 많이 들었던 것 같아요."

그 말이 끝나자마자 몇몇 학생이 바로 "에~~ 무슨 소리야. 구라치지마"라고 비난하는 말을 했다. 그러자 어디선가 "바로 그게 차가운 말이야"라는 소리가 들렸고 많은 아이가 "맞아. 차가운 말 말고 따뜻한 말을 해야지"라고 말했다.

다소 소란스러운 시간이 지나갔지만, 아이들은 무심코 던지는 차가운 말에 대해 생각하는 것 같았다. 아이들이 말을 하거나 듣는 과정에서 따뜻한 말인지 차가운 말인지를 생각하는 계기가 되었으면 한다. 이런 장면을 통해서 아이들이 조금씩 콩나물 같은 성장을 하는 게 아닐까 싶다.

다음 활동으로 학생들을 교사인 나를 중심으로 마주 보게 두 줄로 세우고 '의사소통 온도계' 활동을 진행했다. 교사가 들려주는 말을 듣고 따뜻하다고 느껴지면 한 발짝 앞으로 이동하고, 차갑다고 생각하면 한 발짝 뒤로 이동하면 된다. 특별하게 느껴지는 게 없다면 그 자리에 서 있으면 된다.

① 교사가 학생들의 일상생활에서 많이 사용되는 말을 준비해간다.(따뜻한 말, 차가운 말 활동 후 정리하여 준비해도 좋을 듯하다)
② 준비한 말을 상황을 봐가면서 한 문장씩 읽어준다.
③ 활동이 끝난 후 소감을 나눈다.

활동 중에 교사의 말을 듣고 한 학생이 차가운 말이라 생각하고 뒤로 이동하면서 그 자리에 가만히 있는 친구를 비난하는 말을 했다. 그래서 같은 내용이라도 느낌이 다를 수 있다는 것을 얘기했다. 타인의 다양한 생각에 대해서 서로 존중하는 것이 중요하다는 것을 알게 하는 것도 의미 있는 교육 활동이라고 생각한다.

계획한 것보다는 시간이 많이 흘렀다. 구성원 모두가 30초 이내의 전체적인 수업 소감을 나누는 것으로 수업이 끝났다. 자신들이 차가운 말을 많이 사용하고 있음을 인정하고 따뜻한 말을 사용하도록 노력하겠다는 소감도 있었고, 틈만 나면 장난하거나 수업을 듣지 않는 몇몇 학생은 기대와 달랐는지 지루했다는 소감도 있었다.

전체적으로는 수업에 대해 긍정적인 소감이 많았으며, 무심코 던지는 말에 대해서 다시 생각해보겠다거나 격려하는 말을 많이 사용해야겠다는 결심을 하는 아이도 있었다. 언어의 온도에 대해 생각해보는 기회가 되긴 한 것 같아 담당 선생님의 지속적인 활용을 부탁하며 돌아왔다.

'용기 up, 용기 down' 활동

수업 문 열기를 위해 '스노우볼' 활동을 했다. 중학교 1학년으로서 한 학기가 끝나가는 시점에 격려와 지지가 필요할 것 같았다. 교복을 입고 중학교 생활을 시작하면서 긴장했을 아이들에게 친구들의 격려가 가장 좋은 선물일 것 같아서 아이스브레이킹으로 넣었다.

① A4 용지를 준비하여 한 장씩 나눠준다.
② 자신이 격려받고 지지가 될 것 같은 말을 쓴다.
③ 종이를 동그란 눈 모양으로 구긴다.
④ 공놀이하듯 던진다.
⑤ '멈춰!'라고 교사가 외치면 자신에게 가장 가까운 종이 공을 줍는다.
⑥ 돌아가면서 종이의 문구를 크게 읽는다.
⑦ 자신의 문구가 나왔을 때 상황이나 내용을 이야기해줄 수 있는 사람이 있다면 듣는다.
⑧ 격려가 되었는지 소감을 묻는다.

아이들이 가장 듣고 싶어 하는 말은 '괜찮아~', '힘내!', '넌 잘할 수 있을 거야' 등이었다. 이런 말들이 차가운 말인지 따뜻한 말인지를 발문하여 지난 시간과 자연스럽게 연결시켰다. 격려가 되는 말은 따뜻한 말임을 상기시키고 생활 속에서 많이 사용해줄 것을 부탁했다.

1. 친구가 교과서를 빌려가서 안 가져 왔을 때

용기 DOWN ⬇	용기 UP ⬆

2. 친구가 내 물건을 허락 없이 사용할 때

용기 DOWN ⬇	용기 UP ⬆

3. 모둠활동 할 때 무임승차하는 친구에게

용기 DOWN ⬇	용기 UP ⬆

4. 청소시간에 청소 안 하고 도망가는 친구에게

용기 DOWN ⬇	용기 UP ⬆

5. 급식시간에 새치기하는 친구에게

용기 DOWN ⬇	용기 UP ⬆

6. 과제를 베끼기만 하는 친구에게

용기 DOWN ⬇	용기 UP ⬆

본격적으로 상황을 중심으로 용기를 주는 말과 용기를 꺾는 말이 무엇인지를 스스로 탐구하고 알아보는 주된 활동을 했다. 모둠별로 토의를 거쳐 역할극을 한 후 생각-느낌-결심을 묻는 활동이다. 토의할 상황은 중학생 수준에 맞는 것을 PDC 공부 모임에서 준비했다. 중학교에서 많이 발생하는 문제를 중심으로 만들었다.

① 예시를 교사가 먼저 해준다.(예: "물건 빌려가서 잘 돌려주지 않는 친구에게 용기를 주는 말이 뭘까요?")
② 모둠을 구성한다.(A,B,C,D,E,F 또는 가.나.다.라.마.바 등으로 외친 후 같은 소리끼리)
③ 모둠별로 준비된 과제물 학습지를 나누어준다.
④ 제한 시간을 알려준 후 토의하게 한다.
⑤ 토의가 끝난 후 역할극을 준비하게 한다.(토의한 장면을 실감나게 해야 한다)
⑥ 역할극을 한 후 실제 듣고 난 소감을 묻는다.
⑦ 모든 활동이 끝난 후 전반적인 소감 나누기를 통해 평가한다.

아이들은 실제로 자신들이 들었던 말을 가감 없이 작성했다. 용기를 꺾는 말에는 많은 욕설이 나왔고, 실제로 경험한 것처럼 실감나게 연기했다. 용기 꺾는 말을 듣고 연기하는 아이 대부분이 그런 말을 들으니 친구가 미웠고 친구하기가 싫었다는 말을 남겼다. 반면에 용기를 주는 말을 들으면 미안해지는 마음이 생긴다는 아이, 다음에는 물건을 빌릴 때 말을 하고 빌려가야겠다는 아이도 있었다. 아무렇지도 않았다는 아이는 없었다. 자신들이 쓰는 언어와 행동을 다시 생각해보는 기회가 된 것 같았다. 아이들이 아이들끼리 서로 소통할 때 많이 사용하는 말도 알게 되는 기회이기도 했다. 예상 외로 아이끼리는 습관적으로 욕을 많이 한다는 사실에 나도 많이 놀랐다.

활동지를 교실에 붙여두고 아이들이 연습하는 기회를 가졌으면 좋겠다는 생각이 들었다. 담임교사라면 수업 중 사용했던 활동지를 교실에 붙여두고 학급에 문제가 발생했을 때, 활동지를 통해 자신의 말과 행동을 되돌아보고 문제 해결을 위해 필요한 말을 연습하는 기회로 삼는 것도 의미가 있을 것이다.

4차시에 걸쳐서 존중과 배려에 대해 생각해보는 수업을 진행해보니 첫 시간에 비해 아이들이 조금 더 차분하고 소란스러움이 가라앉는 것 같았다. 두 번째 방문에는 달려와서 인사도 먼저 건네주는 아이들도 생기고, 끊임없이 수업 밖으로 도망가는 아이에게는 관철하기 기술을 활용하기도 했으며, 쉬는 시간을 활용하여 상담도 진행했다. '나는 네가 친구의 말을 경청해주었으면 고맙겠어'처럼 나-메시지 전달법을 활용하여 수업 태도에 대해 얘기를 나누었더니 마지막 수업시간에는 노력하는 모습을 보여주기도 했다. 규칙을 지켰을 경우에는 관철하기 4단계인 '노력해주어서 고마워'처럼 격려했더니 노력하는 모습을 보여주는 것 같았다. 수업 중간에 '샘~, 저 열심히 하고 있는 거 보이죠?'라고 말하는 듯 웃기도 했다. 하지만 노력하는 모습이 처음보다 나아졌을 뿐 경험이 적은 선생님들에게는 여전히 힘든 아이일 것 같다는 생각이 들었다. 더 많은 시간이 필요할 것 같지만, 변화가 있을 거라는 확신은 들었다.

활동을 마치고 다시 성찰하다

애초에는 가이드라인을 만들어보려 했으나 수업을 진행하는 과정에서 아이들에게 규칙보다 더 중요한 것이 있는 듯했다. 동아리 활동 시간에 가장 힘든 것이 무엇인지 적어보게 하여 공유했다. 몇몇 아이가 무심코 하는 격렬한 놀이나 행동들이 타인에게 문제가 된다는 것을 알게 하는 시간이 필요하다는 판단에 계획을 변경한 것이다.

아이들끼리 개발한 놀이가 있는데 몇몇 아이가 그 놀이를 힘들어했다. 힘이 있는 아이는 놀이라고 생각했고, 당하는 아이는 놀이가 아닌 강요라고 생각하는 것 같았다. 한쪽은 놀이일지라도 상대편은 힘들 수 있다는 것을 알게 해주어야 할 것 같았다. 힘든 점을 쓰게 한 후 어떻게 해결해나갈 것 인지에 대해 토의하는 시간을 가졌다. 그 후 행동 빙산 이론에 근거한 활동을 하고 소감이나 생각, 감정, 결심이 어떠했는지 나누는 시간을 가졌다. 마지막으로 6차시에 걸친 전 활동에 대한 소감을 소감문 형식으로 적게 하여 교사인 내가 읽어주었다. 서로 동의하지 않은 놀이는 놀이가 아니라는 것에 대해 수긍해주었던 시간이었다.

소감을 나누어보니 자신들이 사용하는 언어에 대해 생각하는 시간이 되었다거나 친구들에게 용기를 주는 말을 해야 한다는 것을 알게 되었다는 등의 긍정적인 반응이 주로 여학생들에게서 많이 나왔다. 역할극 하는 것이 어려웠다는 반응도 있었다. 담당 선생님은 아이들이 마지막 시간에 보여준 참여 태도에 놀라워하면서도 희망을 품는 것 같았다. 함께 참여하면서 아이들이 조금씩 달라지는 것을 느낀 것 같았다. 2학기 수업에 용기를 가지고 도전해보라는 격려의 말을 전하고 헤어졌다.

중학교 1학년 아이들은 그야말로 천방지축이다. 특히 남학생들은 가만히 앉아 있는 것 자체가 고역처럼 보일 정도로 역동적이다. 그리하여 우발적인 사고도 자주 일어난다. 그럼에도 불구하고 지속적인 교육은 아이들을 한 번 더 생각하고 행동하게 만들기에 선생님들의 끊임없는 도전이 필요하다. 대부분의 아이는 교사가 하는 말을 안 듣는 것처럼 하면서도 듣고 있기 때문이다. 교사가 꾸준히 강조하는 것들은 공기처럼 아이들에게 스며들어 간다고 믿는다.

교실의 문화를 바꿔 가는 일은 즉시 효과가 나타나지는 않지만, 노력하는 만큼 과거보다 나아진다. 내가 다시 담임교사를 한다면 교실 곳곳에 토의된 것들을 붙여두고 끊임없이 도전하게 하고 싶다. 완벽해지기 위해서가 아니라 오늘보다 더 성장하게 만들고 싶기 때문이다.

나에게도 숙제는 있다. 학교에서는 감정에서 물러나기가 잘 되었다. 그런데 집에서는 아직도 갈등이 발생했을 때 감정에서 물러나는 것이 빠른 시간 내에 잘 되지 않기에 여전히 연습 중이다. PDC는 실천하는 것이 핵심이다. 내 삶에서 실천해가는 것이 중요하기에 연습이 필요하다.

생각보다 PDC의 힘이 강력하다는 것을 지난 3년간 체험했고, 지금도 체험하고 있다. PDC는 학교에서뿐만 아니라 생활 속에서 필요한 것이기에 모든 사람이 체험해보길 권한다.

25. 감성 톡톡 PDC로
어울지기 한마음 되기

황영주

　새 학교로의 전입, 곧이어 생전 처음 해보는 영어 전담에 이후 학년부장까지 눈코 뜰 새 없이 바빴다. 그런 가운데 교육과정을 작성하면 반드시 PDC로 재구성해보겠다는 원대한 생각은 어느새 흐지부지 사라져버렸다. 그렇게 3, 4월이 지났다.
　그러다 함께 PDC를 공부하는 선생님들의 '완벽함이 아닌 의미 있는 첫걸음에 집중하라'는 조언으로 교육과정 속에서 PDC를 시도해보고자 했다.

교육과정과 연계한 구체적 실천 방안

　먼저, 5학년 교육과정과 연계한 PDC 수업을 위하여 월별 기준으로 3월은 새 학기, 4월은 감정 알기, 5월은 가정과 연계하여 부모님 격려의 시간을 가져보기로 했다. 국어와 도덕 및 미술 교과를 '어울지기 한마음'이라는 주제 중심으로 교과를 통합하여 재구성했다. 또한 교육부 지정 핵심 역량 신장 및 교수-학습-평가 일체화를 수업에 반영했다.
　3월 국어 1단원 '인물의 말과 행동'에서 이야기를 읽고 작품 속 인물의 감정을 감정 카드를 활용해 찾아보는 활동으로 연계했다. 실제로 학생들에게 감정을 나타내는 단어를 물어보면 10개 정도밖에 대답하지 못했다. 그런 점에서 먼저 감정을 제대로 알기부터 시작하여 이야기 속 인물들의 감정을 감정 카드에서 찾아내어 감정의 다채로움을 맛보는 시간을 가졌다.

도덕 2단원은 감정 카드와 연극 기법인 마임을 활용하여 2인 1조가 되어 상대방의 감정을 몸짓으로 표현하고 감정 카드로 맞추는 활동을 했다.

4월 한 달 간 비밀 천사(마니또) 활동을 통하여 격려 편지 쓰기를 했고, 5월에는 단오 세시 풍습과 연계하여 격려의 단오선을 제작하고, 아이들이 직접 낸 의견을 받아 친구 사랑의 날 주간 행사로 격려 포스터를 제작하고 게시했다. 또한 5월에는

[교육과정 속 PDC 주제 중심 재구성]

주제	어울지기 한마음 되기	핵심역량	자기관리역량, 창의적사고 역량, 심미적 감성역량, 공동체 역량, 의사소통 역량
재구성 이유	국어과, 도덕과, 미술과에 흩어져 있는 고운 마음을 가지고 친구들과 잘 지낼 수 있는 중요한 덕목을 하나로 묶어 PDC의 감격해 카드를 활용하여 전 방위적으로 학생들이 소속감과 존중감을 가질 수 있도록 재구성함		
배움 목표	감사와 격려를 통해 학생들이 자신의 감정을 인지하고 상대방의 감정을 존중할 수 있다.		

과목	단원	PDC 기법	2009 교육과정 핵심 성취기준	평가 방법
국어	1. 인물의 말과 행동	감정 카드	국1655-3. 문학 작품 속 인물의 삶을 통해 다양한 삶의 모습을 이해할 수 있다.	관찰
도덕	2. 감정, 내 안의 소중한 친구	감정, 해결 카드	도611. 다양한 감정이 발생하는 원인을 알고 자신의 감정 표현의 결과를 합리적으로 예측하며 때와 장소 및 상대에 맞게 감정을 조절하여 바람직하게 표현할 수 있다.	실기
국어	6. 말의 영향	격려 카드 격려 샤워	국1618-1. 자신의 말이 상대에게 미칠 영향이나 결과를 예상하여 적절한 표현 방식을 사용하여 말할 수 있다.	관찰
미술	2. 소통과 디자인	격려 카드로 무대책	미6122-1. 시각 이미지를 활용하여 의미를 전달할 수 있다.	포트폴리오

[격려 부채 단오선]

[감정 마임]

[격려 샤워]

[꿈 격려 무대책]

효도 과제와 연계하여 가족에게 격려의 말 나눔 시간을 갖게 했다.

미술 단원은 진로와 연계하여 장래 희망 책을 만들면서 자신에게 해주는 격려의 말이 담긴 꿈 무대책을 제작해보기도 했다.

수업 후 성찰

교사는 늘 목마르다. 학급과 학교에서 일어나는 다양한 문제를 해결해줄 오즈의 마법사의 요술 구두를 늘 꿈꾼다. 나 또한 학생들과 웃음이 끊이지 않는 매일이 그림 같은 교실이라고 말할 수는 없다. 그러나 이전과 다르다면 긍정훈육 교사로서의 마음가짐을 가지게 된 점이 가장 큰 변화라고 생각된다.

어느 날인가 한 달에 한 번 하는 우리 반 비밀 천사가 살포시 내 책상에 올려둔 '선생님 힘내세요, 선생님은 존재 그 자체로 소중해요'라는 글을 보고 울컥한 적이 있었다. 격려라는 믿음의 울타리가 둘러싸인 학교라는 배움터에서 자신의 존재를 인정받고 지지받는다면 더 이상 학교가 학생들에게 두려움의 공간이 아님을 경험하게 될 것이다.

26. PDC에 도덕 교육과정 녹이기

신수진

　내게 '도덕'은 아주 편하면서도 허전한 교과이다. 당연한 이야기라 평소에 늘 해왔던 말이지만, 제대로 가르치고 있는지 확신이 없었다. 공부할 게 없어 보이면서 너무 광범위해서 공부할 게 제일 많은 교과다. 그래서 훌륭한 선생님들의 도움을 받아 그 허전함을 메워 왔다. 1차시, 2차시 분량 정도는 재구성하는 즐거움도 느꼈다. 어떨 때는 놀이와 게임으로 지루하지 않고 재미있게 수업을 했다.

　그런데 일 년이 지나고 나면 허무했다. '내가 교육과정을 잘 알고 가르쳤던가?' 고민되기 시작했다. 누구보다 열심히 실천해왔지만, 코앞에 있는 교육과정을 잘 따르기만 했을 뿐, 주도하진 못했기 때문이다. 스스로 계획하고 체계적으로 실천할 필요성을 느꼈다. 반면, PDC는 평화롭고 민주적인 교실을 만들기 위한 세부적인 절차가 안내되어 있다. 'HOUSE OF PDC'에 터 닦기, 기초 쌓기, 집짓기의 순서가 제시되어 있어서 도덕 교과와 쉽게 연계할 수 있는 장점이 있다.

　교육과정을 분석해보면 단원별로 세부내용이 겹치거나 비슷한 부분이 있다. 예를 들어, 6학년 1학기 3단원 「갈등을 대화로」에서 '협동'을, 2단원 「알맞은 행동」에서 '절제'라는 가치를 배운다. 친구 사이에서 일어난 갈등을 해결하기 위해서는 먼저 자신의 감정을 알아차리는 것이 필요하다. 일단 불편한 감정을 가진 나를 이해하고 말과 행동을 스스로 조절하는 힘을 기르면 대화로 풀어나가기가 쉽다. 그런 점에서 협동과 절제는 다르지만 동시에 필요한 가치이다. 그리고 6단원「공정한 생활」단원은 학급 규칙 만들기를 통해 조화로운 생활을 추구한다는 점에서 학기 초 안전한 공동체 만들기에 필요한 가치 덕목이라 생각했다.

교육과정이 어떻게 실제 PDC 활동으로 구현될 수 있을까? HOUSE OF PDC에 제시된 '동의에 기반한 가이드라인', '의미 있는 역할', '하루 일과 만들기', '자기조절' 활동은 협동과 절제라는 덕목을 제대로 보여주고 있다. 읽고 쓰는 데 그치는 것이 아니라 경험하고 체험하기에 적합하다.

그렇다면 교과서의 모든 내용을 PDC 활동으로 대체할 수 있을까? 그렇다고 생각하지 않는다. 중요한 활동이나 내용이라 생각되면 교과서에서 따로 읽고 넘어가야 한다. 그래서 참고할 만한 자료에 활용할 자료를 개인적인 의견으로 빼두었다. 지도서는 '지', 교과서는 '교'라고 나름의 표시를 만들어 빨리 찾을 수 있도록 했다.

PDC에서는 문학작품과 함께 공부하도록 권장한다. 아이들 동기유발에도 좋을 뿐만 아니라 마음을 울린 이야기는 어떤 배움보다 오래 기억되기 때문이다. 관련 그림책은『학급긍정훈육법 실천편』에 제시된 것과 개인적인 의견을 첨부했다.

도덕과 평가는 쉽지 않다. 그래서 매 활동을 공책에 기록으로 남겼다. PDC 활동을 하고 난 후 공책에 느낀 점, 배운 점을 기록하여 감정적인 체험을 이성적으로 정리하는 시간을 갖도록 했다. 기록을 모아 한 학기에 2번씩 교사의 의견을 적어 부모님께 보냈는데, 부모님께서 공책과 활동지 모음집을 찬찬히 살펴보시고 다시 돌려준 이야기들은 글로 표현할 수 없을 정도로 감동이다. 공책에 적힌 아이의 마음이나 생각이 때론 성적표보다 정확하고 자세한 피드백이 될 수 있다고 생각한다.

지금 보여주는 도덕 교육과정 재구성표는 나만의 도덕 교육과정임을 확실히 해둔다. 하지만 "PDC 활동을 하면 도대체 수업은 언제 하지?"라고 생각하고 부담스럽고 버겁게 여기는 선생님들에게 하나의 방법이 되었으면 한다.

<table>
<tr><th rowspan="2">시기</th><th colspan="5">교과서 · 지도서 분석</th></tr>
<tr><th>주제
(총시수)</th><th>가치</th><th>단원
(시수)</th><th>성취기준</th><th>활동 순서</th></tr>
<tr><td>3</td><td rowspan="3">안전한
공동체
만들기(8)</td><td rowspan="2">협동</td><td>3. 갈등을
대화로(2)</td><td>도624. 갈등의 원인과 해결을 위한 대화의 중요성을 이해하고 갈등을 평화적으로 해결하려는 태도 가지기</td><td rowspan="2">-평화롭고 행복한 교실 만들기(학급 규칙 만들기)</td></tr>
<tr><td>4</td><td>6. 공정한
생활(2)</td><td>도634. 조화롭게 살아가기 위해 공정한 행동의 중요성 알고 공정한 사람이 되기 위해 노력하는 태도 가지기</td></tr>
<tr><td>5</td><td>절제</td><td>2. 알맞은
행동으로
(4)</td><td>도614. 절제하는 생활의 의미와 중요성을 알고 자신과 사회를 위해 절제하는 생활 태도 가지기</td><td>-절제의 의미와 중요성
-친구들의 고민해결 방법 토의하기
-절제를 위한 행동기술 배우기</td></tr>
<tr><td rowspan="2">6</td><td>존중하는
말하기(3)</td><td>배려</td><td>5. 배려 봉사하는 우리(3)</td><td>도623. 공감과 배려의 의미와 중요성을 알고 봉사하는 삶을 실천하려는 태도 가지기</td><td>-배려와 봉사의 의미, 중요성</td></tr>
<tr><td>자존감과
소속감(4)</td><td>자긍심

자기계발</td><td>7. 크고
아름다운
사랑(4)</td><td>도642. 성인이 말하는 사랑, 인, 자비의 의미와 중요성을 이해하고 일상생활에서 실천하려는 태도 가지기</td><td>-사랑, 인, 자비의 의미</td></tr>
<tr><td rowspan="2">7</td><td rowspan="2">평화로운
문제해결 (2)</td><td>협동</td><td>3. 갈등을
대화로(1)</td><td>도624. 갈등의 원인과 해결을 위한 대화의 중요성을 이해하고 갈등을 평화적으로 해결하려는 태도 가지기</td><td>-갈등의 의미, 원인, 종류</td></tr>
<tr><td></td><td>1. 소중한
나, 참다운
꿈(1)</td><td>도613. 자긍심의 의미와 중요성을 알고 자긍심을 바탕으로 삶을 목표 세우기, 성취하기 위해 노력하는 태도 가지기</td><td>-자긍심의 의미와 중요성</td></tr>
</table>

참고할 만한 자료	HOUSE OF PDC		차시	관련 그림책	평가
	터닦기	동의에 기반한 가이드라인	2	넌 할 수 있어 꼬마기관차	(지)p.202 학습지
		의미 있는 역할	2		
-서준호 선생님의 마음 흔들기 -(교)p.42~43 정조대왕의 절제	터닦기	학급 일과 만들기	1	소피가 화나면 정말 화나면 화가 나는 건 당연해 기분을 말해봐 눈물 바다 사르르 풀어주는 파랑	체크리스트
		자기조절(감정차트)	1		
		자기조절 (긍정적 타임아웃 공간 만들기)	2		
-(지)p.282 배려 일대기	터닦기	의사소통기술(bugs&wishes)	2	소중한 친구 미안해 미안해 요술쟁이 젤리 할머니 내 말 좀 들어주세요	관찰 및 체크리스트
		의사소통기술(경청기술)	1		
-(교)p.175 아낌없이 주는 나무 -(교)p.164~167 예수, 공자, 부처의 이야기	터닦기	상호존중(상처받은 영대)	1	보이지 않는 아이 고함쟁이 엄마 시애틀 추장 무파로의 아름다운 딸들 아모스 할아버지가 아픈 날 잃어버린 진실 한 조각	체크리스트
		다름 존중하기(4가지 동물)	2	성격이 달라도 우리는 친구 달라서 좋아요 크레용이 화났어	관찰 및 포트폴리오
		협력 놀이(매듭풀기, 공 옮기기, 등)	1	길 아저씨 손 아저씨 우리집, 우리 나무 돌멩이 수프 으뜸 헤엄이	
-(지)p.105 문장완성하기 -(교)p.31 참고 EBS 칭찬의 폐해	터닦기	실수와 실수로부터 회복하기, 격려하기	2	우리 선생님이 최고야 바보 야쿠프 나쁜 말이 불쑥	관찰 체크리스트
		학급회의에 임하는 마음가짐	1	문제가 생겼어요 양동이 아줌마가 들려주는 날마다 행복한 이야기	

시기	주제 (총시수)	가치	단원 (시수)	교과서 · 지도서 분석	
				성취기준	활동 순서
9	자존감과 소속감(4)	자긍심 자기계발	8. 모두가 사랑받는 평화로운 세상(2)	도636. 서로 돕고 평화롭게 살아야 하는 이유 알고 평화로운 세상을 만들기 위해 노력하는 태도 가지기	−평화의 의미와 중요성
			1. 소중한 나, 참다운 꿈(2)	도613. 자긍심의 의미와 중요성을 알고 자긍심을 바탕으로 삶을 목표 세우기, 성취하기 위해 노력하는 태도 가지기	−사랑과 처벌
10	문제해결과 처벌(4)	인류애 평화	8. 모두가 사랑받는 평화로운 세상(2)	도636. 서로 돕고 평화롭게 살아야 하는 이유 알고 평화로운 세상을 만들기 위해 노력하는 태도 가지기	−인류애 실천한 사람 본받기 −평화와 인류애 실천하는 방법 찾기
			6. 공정한 생활(2)	도634. 조화롭게 살아가기 위해 공정한 행동의 중요성 알고 공정한 사람이 되기 위해 노력하는 태도 가지기	−불공정한 문제 해결 방법 찾기 −공정한 세상을 만들기 위한 노력
11	평화로운 문제해결 (9)	협동	1. 소중한 나, 참다운 꿈(1)	도613. 자긍심의 의미와 중요성을 알고 자긍심을 바탕으로 삶을 목표 세우기, 성취하기 위해 노력하는 태도 가지기	−자긍심의 의미와 중요성
			3. 갈등을 대화로(1)	도624. 갈등의 원인과 해결을 위한 대화의 중요성을 이해하고 갈등을 평화적으로 해결하려는 태도 가지기	−평화적인 갈등 해결 방법 찾기(또래중재, 등)
			4. 평화통일(4)	도635. 보편적, 상생적 통일의 의미와 중요성을 이해하고 통일을 위해 노력하는 자세 가지기	
12			5. 배려 봉사하는 우리(3)	도623. 공감과 배려의 의미와 중요성을 알고 봉사하는 삶을 실천하려는 태도 가지기	−생활 속에서 배려, 봉사 실천하기

참고할 만한 자료	HOUSE OF PDC		차시	관련 그림책	평가
-(교)p.169 장발장 -(교)p.172 장기려 박사 -다큐 아이의 사생활 2부 '도덕성'	기초 쌓기	원으로 만들기	1		(지)344 학습지
		칭찬 감사 나누기	2	우리 엄마 우리 형 괜찮아	
		다름 존중하기	1	개구리와 두꺼비와 함께 종이봉지 공주 It's okay to be different	
(교)p.204	기초 쌓기	존중하는 의사소통기술 (나–전달법)	2	자칼마을의 소년시장	관찰 포트폴리오
		해결책과 논리적 결과, 선택 돌림판	2	지각쟁이 존	
	기초 쌓기	문제해결4단계	1		관찰
		브레인스토밍과 역할극, 안건과 학급회의 형식	1		
		어긋난 목표차트 이해하고 활용하기	4	고릴라 왕과 대포	
-친한 친구 프로젝트 -(교)p.128 띠앗활동	집짓기	격려와 감사 나누기 지난 회의 결정사항 확인하기 안건 다루기 계획하기	3	어떡하지? 혼나지 않게 해주세요	체크리스트

3장

PDC
학교 이야기

27. 교사 문제 해결 14단계
_ 동료의 문제를 함께 해결해요

김성환, 이선혜

PDC 매뉴얼을 보면, 모든 활동은 선택 활동으로 제시되어 있는데 유일하게 필수 활동으로 나와 있는 것이 '교사 문제 해결 14단계'입니다. 미국 트레이너 과정에서도 반드시 시연해야 할 만큼 PDC 모든 기술이 녹아 있는 활동입니다. 하지만 PDC에 나와 있는 매뉴얼만 보고는 진행하기가 쉽지가 않다는 이야기가 많았습니다. 그래서 좀 더 자세하게 풀어서 활동 방법을 안내할까 합니다.

우선 유의할 것은 문제 상황을 겪는 교사가 부담을 느끼지 않도록 해야 합니다. 그를 위해서 해결책을 말할 때, 당사자를 보고 말하지 않는 것과 "이런 방법을 사용했으면 좋았을 텐데요" 등 충고하는 식으로 말하지 않는 것입니다.

그럼 교사 문제 해결 14단계 활동 방법을 살펴보겠습니다.

1. 우리는 함께 문제를 해결하며 성장합니다. 서로 고마움을 나눌게요. 특히 용기를 내어 문제 상황을 나누어 주시는 것에 감사합니다.

2. 전지에 다음의 내용을 적습니다.

   "몇 학년인가요?" "이름은?" 만약 실명을 이야기하는 것이 불편하다면 가명을 쓸 수 있습니다.

3. 문제를 한 단어나 한 문장으로 말해주세요

4. 문제가 마지막으로 일어났을 때를 설명해주세요. "당신은 어떤 말을 했고 아이는 어떤 말이나 행동을 했나요?" "무슨 일이 일어났나요?"

(주의사항: 이때 아이의 가정환경 등을 지나치게 이야기하는 것은 그 아이에 대한 판단이나 선입견을 불러올 수 있으니 유의해야 합니다)

5. 그 상황에서 선생님의 감정은 무엇이었나요? 어긋난 목표행동 차트 2번째 칸 교사의 감정을 참고하세요.

6. 감정을 확인했다면 바로 왼쪽 칸 아이의 목표를 확인하고 다섯 번째 칸 신념을 함께 살펴봅니다.(예를 들어, 목표가 지나친 관심 끌기라면 아이의 신념은 '내가 사람들의 특별한 관심을 받을 때 소속감을 느껴요'입니다)

7. 새로운 방법을 선생님들과 찾아보려 합니다. 동의하시나요?

(만약 동의하지 않는다면 활동을 여기서 멈추어야 한다)

8. (문제 당사자를 보며) 선생님은 학생 역할과 참관자 역할을 할 수 있습니다. 학생 역할을 해보는 것이 학생의 마음을 이해하고 문제를 해결하는 데 더 도움이 될 수 있습니다. 어떤 역할을 하고 싶으신가요? 교사 역할을 해주실 분 계신가요? 역할극의 3가지 원칙을 따라 해 볼게요. "짧게 하기, 과장하기, 즐기기"

9. (학생 역할을 한 선생님에게) 학생으로서 어떤 생각이나 감정, 결심이 들었나요?(이때 반드시 학생 역할자부터 소감을 물어야 합니다) 다른 학생 역할을 한 선생님들과 교사 역할자에게 소감을 묻습니다.

10. 해결책을 말씀해주세요. 문제 당사자 선생님을 보지 마시고 진행자인 저를 보고 말씀해주시고 해결책은 전지에 쓰도록 하겠습니다.

11. (당사자를 보며) 선택하고 싶은 해결책을 한 가지 골라 주시기 바랍니다.

12. (당사자를 보며) 이번에는 교사 역할, 학생 역할, 참관자 역할을 할 수 있습니다. 어떤 역할을 하고 싶으신가요? 역할을 정하고 역할극을 합니다. 역할극 후 학생 역할자부터 생각, 감정, 결심을 나눕니다.

13. 선택한 제안으로 실천하고 일주일 후 다시 이야기를 나누어요.

14. 활동을 통해 배운 점은 무엇인가요? 또 감사했던 것도 이야기 나누어주세요.

2014년 처음으로 교사 문제 해결 14단계를 선생님들과 해보며 '잘 될까? 부담을 주는 것은 아닐까?' 하는 다양한 걱정을 하기도 했습니다. 어떤 학교에서는 미궁으로 빠지기도 했고 어떤 학교에서는 불편한 상황을 겪기도 했습니다. 이 14단계를 믿고 꾸준히 실천했고 시간이 흘러 이제 왜 이 활동이 필수 활동인지에 대해 '아하!' 하게 되었습니다.

서울 신규 교사 연수에서 한 여자 선생님이 고민을 말했습니다. "수업시간 너무 크게 이야기하는 남학생 때문에 너무 힘들어요. 그 아이를 달래기 위해 떡볶이를 함께 먹기도 하고, 화를 내어 보기도 했지만, 문제가 해결되지 않아요"라고 이야기했고, 신규 교사들은 원을 만들어 교사 문제 해결 14단계를 함께 진행했습니다. 그 선생님은 역할극을 하며 그 아이의 마음을 이해하게 되었다고 이야기를 해주었습니다. 해결책은 그 학생에게 '소리통' 역할을 주는 것이었습니다. 목소리가 작은 아이들이 이야기를 하면 그 학생이 큰 목소리로 이야기해주는 역할이었지요. 일주일이 지나고 그 선생님을 다시 만났습니다.

"강사님, 그 아이가 바뀌었어요. 그 해결책 완전 좋아요."

"어떻게 되었는데요?"

"아이가 친구의 이야기를 크게 이야기하기 위해 경청하기 시작했어요. 그리고 칠판에 메모한 것도 관심 있게 보기 시작했어요. 그런데 더 놀라운 것은 그 아이가 경청을 하니 공부가 재밌어진다고 말했다는 거예요."

교사 문제 해결 14단계는 아이들의 실제 문제를 해결할 수 있습니다. 제가 PDC 매뉴얼에서 좋아하는 문구가 있습니다. "Trust the Process." 과정을 신뢰하고 실천하시기 바랍니다.

이선혜

2014년 교직경력 20년 만에 정말 최악의 아이들을 만났다. 좀 더 유능한 교사가 맡았다면 그럭저럭 괜찮았다고 했을지 모르나, 나에게는 최악의 아이들이었다. 그러나 결론적으로 는 해피엔딩으로 교사에게 성장을 준 아이들이었지만 말이다.

1. 당시 환경

1) 교사의 환경: 주로 도시에서 근무한 나에게 시골 학교에서의 첫 근무는 낯섬과 적응을 위한 발버둥이 있었던 곳이다. 그 어떤 선생님도 맡지 않으려고 남겨둔 반과 매우 번거 롭고 방과후 코디도 없는 방과후 업무와 아무도 맡지 않는 매주 2회 살펴야 하는 오케스 트라 지도를 맡았다.(참고로 나는 음악에 무식자)

2) 아이들의 환경: 공부는 뒷전, 욕설, 싸움, 감정조절 실패, 분노 폭발, 반항적, 강한 ADHD 성향의 남자아이가 2명 있었고, 4학년 반의 성별 구성이 여자는 8명, 남자는 18명으로 여자보다 배는 많았던 에너지 강한 남자아이들의 날뜀, 흥미 위주로 자신들이 하고 싶 은 것만 하려는 아이들, 예의 없음, 쉬는 시간에 친구와 싸우고 무거운 철제 의자를 던지 고, 교실에 있는 야구 방망이를 휘두르고, 가위의 뾰족함이 흉기가 되어 친구들에게 공 격하며, 결국 2층 창문 밖으로 나가서 자살하겠다고 뛰어내리는 남자아이의 소동 속에 서 교사인 나는 그 아이의 팔을 잡고 한참을 설득해서 흥분을 가라앉힘. 체육대회 때 코 너별 활동에서 우유갑 쌓기가 재미없다고 우유갑을 함부로 여기저기에 던져버리고, 여 왕 닭싸움을 할 때 심판 선생님이 심판을 잘못 봤다고 "씨X" 등의 욕을 하며, 결국은 재 미없다고 남자 5명은 "우리끼리 놀자" 하고 따로 강당으로 탈출해버림 등등

2. 교사 문제 해결 14단계를 만나다

정말 우연히 아무 생각 없이 뭔지도 모르고 PDC 교사 연수에 참여하게 되었고, 내 현재 상황의 괴로움에 대한 돌파구가 너무도 필요했다. 특히 여러 건의 학생들과의 어려움 속에서 김ㅇㅇ라는 아이에 대한 내 무기력함을 해결하는 것이 필요했다.

1) 사회자의 진행으로 내가 김ㅇㅇ로 인하여 가장 불편했던 상황에 대해 간결하게 이야기를 했다.

2) 한석봉 선생님(PDC는 소속감이 높아지도록 의미 있는 활동 역할을 별명처럼 지어준다)이 칠판에 대본처럼 적어주셨다. 이것을 보기만 해도 내 상황이 객관적으로 들여다보여서 마음속에서 일차적인 정리가 되었다.

3) 사회자는 김ㅇㅇ에게 상처받고 힘들어하는 나에게 구경만 할 것인지, 학생 역할을 할 것인지, 선생님 역할을 할 것인지 물어보셨다. 나는 학생이 어떤 마음일지 궁금해서 학생 역할을 한다고 했다.

4) 내가 학생이 되어 '나'를 연기하는 지원자 선생님을 마주하며 내 말과 행동에서 어떤 부분이 학생을 아프게 했는지, 어떤 부분이 학생의 마음을 더 닫게 했는지 알 수 있었다.

5) 역할극이 끝나고 함께 계셨던 선생님들이 문제 해결 아이디어를 10가지 정도 내주셨고, 그중에서 내가 제일 맘에 드는 해결 방법을 한 가지 고르라고 하셨다. 내가 고른 방법은, 괴로운 문제에만 파묻혀 있을 땐 미처 생각하지 못했던 방법이었다. 이를 통해 진수를 충분히 이해하지 못해서 내가 더 상처받았다는 생각도 들었고, 앞으로 그 방법으로 하면 훨씬 학생과의 관계가 원만해지고 나도 상처받지 않겠다는 깨달음을 얻었다. 드디어 탈출구를 찾았다는 기쁨이 내 마음속에 일었다.

6) 내가 고른 해결 방법으로 또 다른 지원자 선생님께서 교사 역할을 해주셨고, 나는 다시 학생 역할을 했다. 그런데 실제 상황으로 역할극을 할 때 학생으로서 느꼈던 거부하고 싶은 마음이, 두 번째 내가 고른 방법으로 말하고 행동하는 선생님을 만나면서 많이 풀

리고 기분이 좋아졌다. 진수를 보다 잘 이해할 수 있었고, 무기력하고 분노했던 감정이 사라졌다. 무엇보다 문제 해결을 위한 실천 의지가 내 마음속에 일어났다.

7) 교사 문제 해결 14단계를 마치며 서로 감사 나누기를 하며 역할극으로 에너지를 쏟았던 것을 정리했다.

마음속에서 눈물도 나고, 충격도 받고 휘청하는 느낌도 받았던 교사 문제 해결 14단계였다. 그리고 그 어떤 심리치료보다 효과가 있었다. 힘들고 상처받은 나를 새롭게 일으켜 세워준 활동이었다. 그 이후로 나는 PDC를 더 깊이 공부하여 퍼실리테이터 6개월 과정까지 익히게 되었고, 그 이후로 만난 아이들과는 신기할 정도로 순탄하고 행복하게 교직 생활을 이어가고 있다. 우선 교사 자신이 너무 행복하고, 이런 행복감을 아이들도 잘 흡수하고 따라준다. 교사의 생각만으로 통제하고 학생들의 소리를 더 귀담지 못했던 지난날을 회상하며 2014년에 만난 그 유난하고 독특했던 아이들이 나를 성장시켰음에 너무도 감사하다.

28. 3R1H를 적용한 학년 규칙 만들기

공병묵

3R: Related(문제와 관련이 있는가), Reasonable(실현 가능한가), Respectful(존중하는 방식인가)

1H: Helpful(아이의 성장에 도움이 되는가)

학년 초 6학년 교사들 간의 가이드라인을 만들고 나서 6학년 전체 학생들과 규칙 만들기를 시도했다. 그동안은 주로 학급에서 규칙을 만들거나 아니면 교사가 정한 규칙을 아이들이 일방적으로 따르는 방식이었는데, 올해는 6학년 아이들 모두가 모여 함께 규칙을 만들었다. 다음은 2015년, 2016년 실시한 서림초 6학년, 서홍초 6학년 규칙 만들기의 절차이다.

교육과정 시간 확보

학년 초 교육과정에서 학년 규칙 만들기 4시간을 확보하기는 쉽지 않았다. 교육 과정 재구성을 통해 창의적 체험활동 2시간과 국어 1시간, 체육 1시간을 배정하여 학년 규칙 만들기를 했다. 4시간 중 3시간은 규칙 만들기, 1시간은 학년 놀이 활동 으로 했다. 2015년 서림초 6학년의 경우 하루에 4시간을 실시했는데, 뒤로 갈수록 아이들의 집중력이 떨어졌다. 2016년 서홍초 6학년은 2시간씩 2일에 걸쳐 규칙 만들기를 했다.

규칙 만들기의 원칙

그동안 아이들은 처벌과 보상에 익숙한 환경에서 생활했다. 함께 규칙을 만들라고 하면 처벌 중심으로 만드는 경우가 많다. 그래서 규칙을 만들기 전에 아이들과 함께 규칙 만들기의 원칙을 공유했다. 원칙은 PDC의 문제 해결 방식인 3R 1H와 학교 생활규칙의 범위를 벗어나서는 안 된다는 것이다.

규칙의 영역 정하기

규칙 만들기의 원칙을 공유하고 이번에는 어떤 부분에 대한 규칙이 필요한지 결정했다. 그래서 결정한 것이 SNS 사용 규칙, 시간에 대한 규칙, 공간에 대한 사용 규칙이다. 특히 SNS 사용 규칙은 먼저 아이들과 카카오톡 사용 때문에 힘들었던 점을 충분히 이야기한 후 결정했다.

브레인스토밍

6학년 5개 반을 총 10개의 모둠으로 나누어 각 영역에 대한 규칙을 모둠별로 협의를 통해 결정했다. 이때 되도록 '~하지 않기'보다는 '~하기'의 긍정적인 언어로 기술할 것을 주문했다.

결정하기

10개 모둠에서 정한 규칙을 모두 발표하고 규칙을 정했다. 이때 동의 절차가 중요한데, 아이들과 사전에 90%의 찬성이 있는 것만 규칙을 정하기로 합의했다. 아이들이 제시한 모든 규칙에 동의 절차를 거쳐 규칙을 정했다.

아이들이 다니는 공간에 함께 정한 규칙을 게시하여 항상 볼 수 있도록 했다. 규칙을 어기는 아이들이 있으면 게시된 곳에 데리고 와 규칙을 읽도록 하고 있다.

평가하기(교사)

규칙 만들기를 마치고 동학년 선생님들이 모여 평가하는 시간을 가졌다. 다음은 규칙 만들기 활동에 대한 선생님들의 평가 내용이다.

- 좋았던 점
  - 스스로 규칙을 정한 점
  - 새로운 시도였다.
  - 중간 놀이 활동을 함께 정한 것
  - 충분한 토의와 토론을 통해 규칙을 정한 점
  - 수정 가능하다고 언급한 점

- 아쉬웠던 점
  - 시간이 오래 걸려 집중력이 떨어졌다. 하루에 다하기보다는 2~3일에 하는 것이 더 효과적일 것이다.
  - 사전에 안내해서 아이들이 미리 생각해보았으면 더 좋았을 것이다.
  - 진행도 아이들이 하면 어떨까?
  - 빔프로젝터를 설치해서 결정사항을 한눈에 볼 수 있으면 좋겠다.

다모임(서림초 사례)

규칙을 만들고 나서 지켜지지 않는 규칙에 대해서는 다모임을 통해서 결정했다. 다모임은 전체 다모임과 여학생 다모임 또는 남학생 다모임으로 나눠서 실시했다.

1학기에는 주로 점심시간에 다모임을 했고, 2학기에는 월 1회 창체 시간에 회의시간을 편성하여 실시했다.

첫 전체 다모임은 규칙을 함께 만들고 얼마 지나지 않아 실시했다. 함께 정한 규칙 중 시간에 대한 규칙이 지켜지지 않았기 때문이다. 이때 아이들에게서 나온 의견이 '시간을 알려주는 '시간 알리미'가 있었으면 좋겠다. 그리고 휴대폰을 보지 못하니 시간을 알 수 없다. 복도에 시계가 있었으면 좋겠다'였다. 그래서 반마다 한 명의 '시간 알리미'를 정해서 종 치기 2분 전에 시간을 알려주게 했고, 학년 복도에 시계를 설치했다.

두 번째 전체 다모임은 9월 초에 실시했다. 1학기 동안 실천한 학년 규칙에 대한 이야기를 주로 나눴다. 이때 아이들은 "처음에는 조금 불편했는데, 6학년이 모두 공평하게 규칙을 적용하니 좋았다"와 "다른 학년은 이런 게 없는데 6학년만 있어서 불편하다"라는 의견을 이야기했다.

여학생 다모임은 화장실 낙서와 화장실 휴지 사용에 대한 규칙이 지켜지지 않아 실시했다. 이 과정에서 낙서한 아이들을 잡아내는 일은 하지 않았다. 아이들에게 충분한 믿음을 표시한 후 지켜줄 것을 당부했다. 이때 아이들로부터 '화장실 각 칸에 휴지가 있으면 좋겠다. 그리고 공식적인 건의 공간이 있었으면 좋겠다'는 의견이 나왔다. 학교에 건의해서 여학생 화장실 각 칸에 휴지걸이가 생겼다. 그러던 중 6월 말 경에 또다시 화장실에서 낙서가 발견되었다. 이번에는 낙서한 아이들을 찾아내서 주의를 주는 것이 좋겠다는 의견이 있었다. 하지만 동학년 선생님들과 논의한 끝에 아이들을 믿고 이야기하자는 의견이 많아 여학생 다모임을 통해 화장실 사용에 대해 함께 이야기를 했다.

이후에도 함께 이야기하여 해결해야 할 문제가 생기면 전체 또는 여학생과 남학생으로 나눠서 다모임을 통해 해결하고 있다.

서림초 6학년은 어떤 문제가 생겼을 때 다모임을 통해 해결하려고 노력한다. 또 6학년 모든 반이 같은 생활 규칙을 적용하고 있다. 교사의 일방적인 해결책이 아닌 상호존중을 통해 함께 문제를 해결하는 것이 처음에는 교사도 아이들도 모두 낯설었지만 이젠 조금씩 익숙해져 가고 있다.

건의합니다

일상적인 많은 문제와 아이들의 욕구를 다모임으로 해결하기에는 시간이 많이 부족하다는 생각이 들었다. 그래서 학년 복도에 '건의합니다'라는 공간을 만들었다. 평소에 아이들의 불만이나 해결하고 싶은 일들을 이 공간을 통해 이야기를 나누기 위함이다. 아이들의 어떤 내용을 쓰더라도 일단은 공감해주고 해결하기 위해 노력했다. '건의합니다'에 이런 내용도 있었다.

'급식 시간에 고기가 나오면 이쑤시개도 함께 주세요.'

위 내용을 보고 동학년 선생님들이 '아이들이 지나친 요구를 하는 것이 아니냐, 아이들의 의견을 너무 받아줬더니 우리에게 많은 요구를 한다'는 의견이 있었지만, 결국 그 건의에 "일단 양치질을 하고 그래도 불편하면 협의실로 오세요"라고 답해주었다.

그러던 중 1학기 말쯤에 전담 선생님에 대한 불만의 글이 올라오는 일이 있었다. 이 일을 계기로 '건의합니다'를 기록할 때 반드시 실명으로 쓰게 했다. 실명으로 하면 이 공간이 형식적인 공간이 되지 않을까 하는 의견도 있었지만 그건 기우였다. 전보다는 건의 수가 줄어들긴 했지만, 여전히 아이들은 이 공간에 자신들의 목소리를 내고 있다.

29. 동료 교사와 함께한 Win-Win PDC 실천 사례

장금수

동료 교사와 함께 PDC를 실천한 이유

2년 전 이맘때쯤 후배 교사 컨설팅으로 만난 교직경력 2년 차 선생님께서 털어 놓은 고민은 "아이들과 친구 같은 선생님이 되어주고 싶었는데, 아이들이 정말 친구로 대하는 것 같아요"였다. '아이들 생활지도에 도움이 될 만한 아이디어가 없을까?' 자료를 찾던 중 매력적인 책 한 권이 눈에 들어왔다. '친절하고 단호한 교사가 되는 비법, 학급긍정훈육법'

첫 번째 장을 펼쳐 김성환 선생님의 옮긴이의 글을 보는 순간 PDC가 후배의 고민을 해결해줄 수 있을 것 같은 설렘에 하루 만에 책을 다 읽었다. 하지만 어떻게 PDC에 접근해야 할지 막막했다.

그러던 중 김성환 선생님의 1 Day 클래스를 알게 되어 참여했는데, PDC의 기본 철학과 PDC 교사로서의 실천 방법을 통해 그간 교사로서의 아이들과 만나온 내 모습을 되돌아보는 기회가 되었다. 그리고 작년에는 PDC를 좀 더 깊게 이해하고자 퍼실리테이터 4기 과정에 참여하면서 1학년 아이들에게 조금씩 실천한 결과 아이들의 마음이 따뜻해지고, 서로 존중하고 성장하는 모습을 발견할 수 있었다. 이

때 느낀 교사로서의 행복감은 말로는 표현할 수 없다.

2017년, 나에게 PDC를 선물해준 그 후배와 같은 학교에 근무하게 되어 PDC의 매력을 나누어주고 싶은 마음과 저학년에서 실천하기 어려웠던 여러 PDC 활동을 함께 적용해보는 기회를 갖고 싶어 6학년 도덕 수업을 팀 티칭(Team teaching)으로 해보는 것을 제안했고, 후배 역시 PDC를 배워보고 싶단 얘기에 우리의 Win-Win PDC 항해가 시작되었다.

Win-Win PDC의 실천 방법과 수업 사례

주 1회 도덕 수업시간을 활용, 도덕 교육과정을 재구성하여 PDC 실천 방법과 연계한 수업을 적용해보고, 수업 후 학생들의 배움에 도움이 되었던 점, 개선할 점을 함께 생각해본다.

일시	활동 내용
3. 23.	– '토끼와 거북이' 이야기 듣고 생각 나누기 – 주먹 펴기 활동하기 – 도덕 수업 관련 PAST & FUTURE 활동하기 – 우리가 바라는 모습을 만들기 위해 도덕 수업시간에 해야 할 것 & 하지 말아야 할 것 규칙 정하기
3. 30.	– '協' 한자 살펴보고 협력의 의미 나누기 – 텔레파시 박수를 통해 협력 연습하기 – 협력을 통해 교과서 분석하기
4. 6.	– 지난 시간 교과서 분석한 것 되돌아보기 – '도덕성'의 의미 생각 나누기 – 콜버그의 도덕성 6단계 살펴보기 – 나의 가치관 살펴보기 – '도덕성'과 관련된 실험 동영상 보기(EBS) – '도덕성이란' 정의 내려보기

일시	활동 내용
4. 13.	– 3월 23일에 정한 PAST & FUTURE, 규칙 점검하기 – 도덕성의 정의에 대한 의견 나누기 – 콜버그의 도덕성 6단계 되돌아보기 – 목소리 크기 규칙 정하기 – 일주일 동안 목소리 크기 규칙을 실천해보고 다음 시간 보완 내용 공유하기
4. 20.	– 지난 시간에 만든 목소리 규칙 되돌아보기 – 6학년 1반에 필요한 일과 규칙 항목 정하기 　(예) 아침활동, 쉬는 시간, 수업시간, 이동시(전담, 점심) – 항목별 일과 규칙 브레인스토밍하기 – 일주일 동안 연습해보고 다음 시간 보완 내용 공유하기
4. 27.	– 지난 시간에 만든 일과 규칙 되돌아보기 – '상황의 힘' 동영상을 보고 3의 법칙 이야기 나누기 – 원 만들기 규칙 정하기 – 원 만들기 연습하기 – 원 만들기 되돌아보기
5. 11.	– 일과 규칙 지키기 되돌아보기(상황에 지배 vs 상황을 지배) – 감정 관련 기사 나누기(덴마크 사람들이 행복한 이유! 이 수업 때문) – 알고 있는 감정 단어 나누기 – 1분 동안 알고 있는 감정 단어 종이에 써보기 & 점검하기 – 원으로 만들기 – 감정과 친해지기 놀이하기 　· 몸으로 말해요 　· 상황을 말해요 – 감정퀴즈 놀이하기 – 1분 동안 알고 있는 감정 단어 종이에 써보고 & 재점검하기
5. 18.	– 감정표현의 중요성 인식하기(EBS 동영상) – 일주일 동안 내가 느꼈던 감정 1분 동안 써 보기 – 원으로 만들기 – 감정 스피드 게임하기 – 감정에 대한 소감 나누기
5. 25.	– 일주일 동안 내가 느꼈던 감정 관련 퀴즈 해결하기 　· 일주일 동안 6학년 1반 친구들이 가장 많이 느꼈던 감정은? 　· 두 번째로 많은 13명의 친구가 느꼈다고 생각하는 감정은? 　· 앞으로 6학년 1반에서 좀 더 느끼고 싶은 감정은? – 원으로 만들기 – 일주일 동안 느꼈던 감정 중 공유하고 싶은 감정 감격해 카드에서 고르기 – 친구의 상황을 듣고 감정 알아맞히기
6. 1.	– 선생님의 감정 찾기 　· 선생님이 지난 목요일에 쓴 일기 속 상황을 듣고 감정 찾기 – 원으로 만들기

6. 1.	– 6학년 1반에서 느끼고 싶은 감정 vs 느끼고 싶지 않은 감정 나누기 　· 6학년 1반 친구들이 (상황)에 (감정)은 느끼고 싶어. 　· 6학년 1반 친구들이 (상황)에 (감정)은 느끼고 싶지 않아. 　예) 6학년 1반 친구들이 어떤 반응을 할까 기대하는 감정은 느끼고 싶어./ 6학년 1반 친구들이 나의 말을 듣지 않아 불편한 감정은 느끼고 싶지 않아. – 격려의 의미 알기 – 감격해 카드 중 듣고 싶은 격려 고르기 　· 친구들에게 격려의 말 해주기 　· A: 제가 듣고 싶은 격려는 (격려의 말)입니다. 　· 전체: (A)야, (격려의 말)! 　· 감정과 격려에 대해 이야기해 본 소감 나누기
6. 2.	– 김춘수의 '꽃' 시 나누기 　· 6학년 1반 친구들은 모두가 소중하고 특별한 존재 – 광고 나누기(스위첸 광고) 　· '사람만이 가지고 있는 따뜻한 힘' 은 마음 – 격려 거울 버튼 만들기 　· 나에게 해주고 싶은 격려의 말 쓰기 　· 색연필, 스티커 등으로 꾸미기 　· 거울 버튼 완성하기 　· 스스로에게 격려의 말 해주기
6. 15.	– 2주 만의 도덕 수업, 선생님과의 만남 관련 감정 나누기 – 배움의 4단계 관련 이야기 나누기 　· 감정 배우기 관련해서 우리의 단계는? – 원 만들기 – '자기조절' 의미 알기 – '소피가 화나면, 정말 정말 화나면' 함께 읽기 – 기분이 나빴을 때, 화나게 했을 때 떠올리기 　· 그때는 언제였을까? 　· 그때 했던 말이나 행동은 무엇인가? 　· 다른 사람이 느끼는 감정이나 생각이 중요했는가? – 손바닥 뇌 이론 익히기 – 친구에게 손바닥 뇌 이론 설명하기
6. 22.	– '수학여행' 동안 느꼈던 감정 나누기 – 원 만들기 – 지난 시간에 배운 손바닥 뇌 이론 익히기 – 뇌과학 이론 좀 더 배우기 (거울 뉴런) – 진정하기 vs 회복하기 방법 브레인스토밍하기
7. 13.	– '언품' 이야기 나누기 – 격려 가랜드 만들기 　· 지난번 만든 격려 거울 버튼: 자기 스스로에게 　· 오늘 만들 가랜드: 주변 사람들이 (친구들, 선생님) – 한 학기 동안 도덕 시간을 통해 배운 내용 살펴보기 – 도덕수업이 도움이 되었던 점 vs 개선할 점 나누기 　· 2학기 도덕 수업 운영에 반영하기

후기: 도움이 된 점과 개선할 점

학생

학생들은 도덕 수업이 도움이 된 점에 관해 다음과 같이 말했다.

- 도덕성에 대해 많은 것을 알게 되었다.
- 평소에 잘 알지 못했던 친구들의 속마음이나 감정을 알 수 있었고 계속 배우고 싶다.
- 거울 버튼을 만들어 들고 다니고 볼 때마다 자기 자신에게 말하니깐 기분이 좋아졌다.
- 자신의 감정을 조절하는 방법을 알게 되었다.
- 손바닥 뇌 이론이 인상적이었다.
- 자기 성찰을 하게 되었다.

개선해야 할 점으로는 '친구들이랑 원을 만들어 감정 표현 시 오해를 풀 수 있는 활동을 좀 더 해보고 싶다', '역할 놀이를 하고 싶다', '더 자주 하고 싶다'는 의견을 주었다.

동료 교사

동료 교사는 도움이 된 것으로 다음과 같은 것을 꼽았다.

- 막연했던 PDC 활동과 수업의 접목 방법을 알게 되었다.
- 아이들이 도덕 수업에 적극 참여하려는 모습이 좋았다.
- 나 자신을 되돌아보는 기회가 되었다.

그리고 'PDC 교사로 거듭나기 위해 본인의 성찰과 노력이 좀 더 필요한 것 같다'
와 '도덕 수업에서 다룬 내용을 다른 수업이나 활동에 적용하여 지속적으로 실천해
야겠다'는 의견을 주었다.

PDC 실천 교사

- 저학년에게 적용해보기 힘들었던 여러 활동을 고학년에게 적용할 수 있었다.
- 평소 고학년 수업에 자신이 없었는데, 고학년 수업에 대한 자신감이 좀 더 생긴
  것 같다.
- PDC를 동료 교사와 함께 나눌 수 있어서 행복했다.

위와 같은 도움이 되는 점과 함께 '아이들과 동료 교사의 개선점을 반영하여 2학
기 도덕 수업을 동료 교사와 함께 준비하고 실천해야겠다'고 다짐했다.

30. 긍정훈육으로 여는 학부모 총회

박현웅

(※ 김성환 선생님께서 정리하신 것을 우리 반에서 하려고 조금 다듬어 보았습니다.)

3월이면 공식적으로 처음 부모님들을 만나는 행사인 학부모 총회가 열립니다. 학부모 총회를 준비하면서 어떤 마음이 드나요? 긴장되거나 불안한가요? 아니면 부모님들을 만날 생각에 설레시나요?

학교나 학급운영에 필요한 단체를 조직하기도 하고, 담임의 교육관이나 일 년의 교육계획을 전하기에 빠듯하지만 부모님과 함께 일 년을 계획하는 자리로 여긴다면 이 시간이 그리 길지 않아도 아주 의미 있으며, 좋은 관계를 만드는 기회가 될 수 있습니다.

PDC에서는 수평적인 관계에서 학부모와 교사의 관계가 시작합니다. 교사가 일 년을 어떻게 지내고 싶은지에 대해 설명하는 것에 앞서 부모님들은 '어떤 학급을 원하는지?' 또 '학생들이 어떻게 성장하길 바라는지?'를 나눌 좋은 기회입니다.

이 과정이 잘 정리된다면, 교사에 대한 신뢰가 생깁니다. 부모님께서 교사로부터 존중과 배려를 경험하면, 우리 아이들도 이렇게 존중과 배려를 받으며 성장할 수 있는 교실이라고 믿을 것이고, 이런 경험을 통해 신뢰가 만들어집니다.

자리 배치는 원으로 해두고 모든 의자는 평등하게 같은 모양으로 합니다. 원 한

가운데는 천을 깔고 그 위에 꽃 화분이나 향초를 놓아두고, 잔잔한 음악을 틀어두면 더 좋습니다. 따뜻한 차도 한 잔 준비하면 더욱 좋습니다.

큰 종이 2장, 자석이나 테이프, '비우고 채우고' 활동지, 그리고 종이비행기 활동을 위해 참여하는 학부모 수만큼의 A4 종이와 사인펜을 준비합니다.

뒤에 소개할 활동은 교사가 자신의 교육철학을 일방적으로 설명하는 것보다 훨씬 강력하게 존중과 협력을 경험하게 하는 방법입니다. 준비는 간단하지만, 부모님들에게 PDC 교사가 생각하는 교육철학과 방법을 효과적으로 전달할 수 있습니다.

부모님들께서 오시면 따뜻한 차도 한 잔 권해드리며, 마음 따뜻하게 기다리게 합니다. 모두 자리에 앉으시면 활동을 시작합니다.

"아이들이 하루를 시작하는 방법으로 오늘 부모님들과의 만남을 열어도 될까요? 활동하시면서 아이들이 '이런 기분이겠구나!' 하고 느껴보시면 좋겠습니다."

"눈을 감고 천천히 코와 입으로 호흡해보십시오.(음악 – 릴렉세이션) 나만 들을 수 있는 크기의 숨소리로 내 숨을 느껴보십시오. 숨이 들어오는 것이 가슴까지 느껴지시나요? 배 깊숙한 곳까지 느껴지시나요?"

"지금 기분은 어떠신가요?"

1분 정도 호흡을 하고 나서는 옆에 계신 부모님과 짝이 되게 합니다.

"짝을 만나면 짝의 모습을 잠시 자세히 살펴보십시오. 그런 다음 누구 부모님인지 서로 인사 나누시고, 서로의 첫인상에 대해 1분 정도 이야기하는 시간 드리겠습니다."

충분히 이야기 나누셨다 싶으면, 다음으로 이어갑니다.

"두 분이 손바닥을 마주 대어보세요. 손이 좀 더 따뜻하신 분이 먼저 물어보고, 조금 덜 따뜻하신 분이 대답하는 역할을 하겠습니다. 서로 지금 기분이 어떠신지,

오늘 어떤 마음으로 오시게 되었는지 물어봐 주십시오.”

서로에게 물어보고 이야기 나눈 다음, 한 문장 정도로 지금의 기분이나 마음을 정리해서 다 함께 이야기 나눕니다.

“아이들도 하루를 시작하며, 어떤 마음인지 어떤 기분이 드는지 까닭과 함께 말하며 하루를 시작합니다.”

“아이들도 아침에 만나면 서로 인사 나누고 시작하는데, 부모님들께서도 서로 ‘반갑습니다’ 하면서 악수 인사 나누고 시작해도 될까요?” 하고 잠깐 서로 눈 마주치며 인사합니다.

주먹 펴기 활동

서로 소감을 나눈 두 사람이 짝을 짓습니다. 애교 가위바위보를 알려드리고 가위바위보를 합니다. 이긴 사람은 주먹을 쥐고 진 사람은 20초 안에 짝의 주먹을 펴야 합니다.

- “애교 가위바위보를 하시는데요, 가위는 ‘사랑의 권총’, 바위는 주먹을 쥐고 두 주먹을 볼 옆에 귀엽게 갖다 댑니다. 보자기는 두 팔을 머리 위로 하트 모양으로 만듭니다.” 다 같이 연습을 한 번 해본 뒤, “시작! 3판 2승으로 하겠습니다. 이긴 분 손 들어주시겠어요?”
- “이긴 분은 한 주먹을 말아 쥐고 지신 분은 20초 안에 주먹을 펴셔야 합니다.“
- “주먹을 펴는 데 성공하셨나요? 느낌이 어떠셨나요?”
  “초면에 왜 이렇게 힘을 쓰셨나요?”라며 부드러운 분위기를 만듭니다.
- “혹시 ‘주먹 좀 펴 주실래요?’ 하고 요청하신 분계신가요?”

이 활동을 다음과 같이 말하며 정리합니다. “일 년을 지시와 명령, 상과 벌보다는 협력을 통해 학생들과, 부모님과도 만나고 싶습니다.”

텔레파시 손뼉

텔레파시 손뼉은 두 사람이 말하지 않고 눈빛으로만 소통합니다. 내 손뼉을 한 번 치고, 상대방과 두 손바닥을 한 번 마주칩니다. 그런 다음 내 손뼉을 두 번치고, 상대방 손바닥을 두 번 마주칩니다. 이런 식으로 틀리지 않고 10번까지 성공하면 됩니다.

- "일 년을 함께 지내려면 우리의 호흡이 참 중요합니다. 그래서 우리가 텔레파시가 통하는지 손뼉으로 확인해보겠습니다."(텔레파시 손뼉을 보여줍니다)

- "10단계까지 성공하면 됩니다. 만약 틀리면 그 단계부터 시작하면 됩니다. 역시 틀렸어도 이야기하지 않고 합니다. 성공하신 분은 짝과 두 손을 맞잡고 하늘로 '와!' 하고 올려주시기 바랍니다."
- "어떤 생각과 느낌이 드셨나요? 분위기가 밝고 긍정적으로 바뀐 것을 느끼시나요?"
- "일 년을 텔레파시 손뼉처럼 서로 협력하고 맞춰가며 긍정적으로 지내고 싶습니다. 저의 이런 텔레파시를 받아주실 거죠?"

- "눈을 잠시 감아보십시오. 그리고 아까처럼 천천히 호흡을 해주십시오. 호흡하시면서 내 아이를 처음 만난 그때를 떠올려보세요. 그리고 자라오면서 이 아이와 어떤 일들이 있었는지도 생각해보세요. 유치원에 다닐 때, 초등학교 저학년, 중학년 때는 어땠나요?"

- 아이의 이름과 아이가 잘하는 점이나 고마운 점, 강점을 A4 크기의 색깔 종이를 한 장 골라 씁니다. 여러 가지 색깔의 종이를 준비합니다.

- 비행기 모양으로 접습니다.

- "비행기를 만들었으니 어떻게 할까요? 우리 아이들처럼, 또 아이들의 장점이 날아오를 수 있기를 바라는 마음으로 날려봅시다." 음악이 멈출 때까지 재밌게 종이비행기를 위쪽으로 날려보세요."

- 마무리할 때는 "내가 접은 것이랑 다른 색깔의 비행기를 하나 잡습니다"라고 합니다.

- 돌아가면서 소개하기: "먼저 소개하고 싶은 부모님 계신가요?"

- 손을 드신 부모님부터 종이비행기를 폅니다. 그리고 소개합니다.
  "＿＿＿＿＿(장점)＿＿＿＿＿한 세현이 어머니"까지 말하면 모두가 다 함께 "반갑습니다"라고 반갑게 말하며 손뼉 칩니다. 소개를 받은 세현이 어머니가 종이비행기를 펴고 다음 소개를 하며, 이어 소개하기를 끝까지 계속합니다. 그리고 마지막에 교사는 "이런 장점들을 가진 아이들의 담임교사 OOO입니다"라고 소개합니다.(이 활동은 PDC의 스노우볼 활동과 제인 넬슨의 따뜻한 환영 활동을 변형하여 만들었습니다)

눈송이 색깔 종이 A4 크기

자녀의 이름:

자녀의 장점, 강점, 고마운 점:

- "자녀의 장점에 대해 이야기를 나누었는데 어떤 생각이나 느낌이 드시나요?"

교사는 다음과 같은 말로 정리합니다.

"저는 학생의 단점에 초점을 두기보다는 저마다 다른 학생들의 장점을 살려주는 교육을 하길 원합니다. 모두 다른 장점을 가진 우리 아이들의 장점이 함께 어우러지는 학급을, 또 공동체를 경험한다면 다른 사람들의 삶을 부러워하지 않고 자신의 강점을 키우며 살아갈 수 있습니다."

비우고 채우고(Past & Future)

- 준비한 종이를 옆으로 나누어 주세요. 종이에 '비우고 채우고'라고 적혀 있습니다.

자녀의 이름 : ( )	
비우고	채우고

(※ 위의 자료는 교사가 활동을 한 뒤 학부모 상담과 교육과정 편성에 참고합니다.)

- "부모님들께서는 자녀가 비웠으면 하는 것 하나와 채웠으면 하는 것 하나를 적어주시기 바랍니다. 시간은 1분을 드리겠습니다."

- "먼저 발표하실 분 있나요? 아이들도 이렇게 발표하려고 손드는 일이 쉽지 않겠지요? 먼저 용기 내 주시겠어요?"(없을 경우에는) "저는 잘 기다립니다. 먼저 용기 내어 손을 들어주신 부모님이 발표하고 옆으로 차례로 발표하겠습니다." 이때 토킹 피스를 준비해서 아이들이 발표하는 법대로 해보게 해도 좋습니다. "패스하셔도 좋고, 패스하신 분은 마지막에 발표를 합니다."

- 전지를 한 장 준비하고 한쪽에는 '비우기', 한쪽에는 '채우기'라고 미리 적은 뒤 부모님 한 분께 나온 의견을 적어주실 것을 부탁합니다. 이때 같은 의견이 나온다면 두 번, 세 번 등을 적어 어떤 것들을 비우고 싶어 하는지, 어떤 것들을 채우고 싶어 하는지를 눈으로 잘 볼 수 있게 합니다.

- 역할극을 해봅니다. "두 분씩 짝을 짓습니다. 먼저 왼쪽에 앉은 부모님께서는 잠깐 눈을 감아보세요. 이렇게 비워지길 바라고 또 채워지길 바라는 내 아이가 25살이 되어, 내 눈앞에 있습니다. 어떤 모습으로 앉아 있을까요? 눈앞에 계신 분은 자녀라 생각하고, 눈을 감은 부모님이 눈을 뜨시면 부모님께 말을 걸어보세요. 해보고 나서는 역할을 바꿔 해보겠습니다."

- "역할극을 해보시면서 어떤 생각이 드셨나요?"

  "부모님들은 칠판에 적은 '비우기와 채우기'를 보고 어떤 생각과 느낌이 드시나요?"

마지막은 다음과 같은 말로 맺습니다.

"교사인 저의 역할은 학생들 한 사람 한 사람이 어떤 것을 비우고 싶고 채우고 싶은지에서 출발합니다. 그래서 한 사람 한 사람 학생들의 비워야 할 것과 채워야 할 것을 물어보았습니다. 저는 이것을 바탕으로 어떻게 성장을 돕고, 힘이 될 수 있을지를 고민하겠습니다. 그리고 무엇보다 비우고 채우는 데에만 급급하지 않고, 우리 반에 함께 생활하는 아이 하나하나 소중히 만날 생각입니다. 시간이 오래 걸릴 수도 있습니다만, 여기 계신 부모님들과 함께 협력하며 배려하고 노력할 것입니다.

주먹을 펴면서 힘으로 제압하지 않았듯이 저는 아이들을 격려하고 협력하는 방식으로 비워야 할 것들을 비울 수 있도록, 채워야 할 것을 채울 수 있도록 기다리고, 격려하고 돕겠습니다. 부모님께서도 함께해주실 거죠?"

"부모님들께서 말씀하신 것을 적은 포스터는 교실 게시판에 붙여두고 종종 살펴봅니다. 그럼 이제 제가 학급 운영을 위해 부탁드릴 말씀을 간단히 드리도록 하겠습니다."

그리고 여기서부터는 학급운영에 관한 이야기를 합니다.

31. 젊은 선생님들의 좌충우돌 학부모 모임 도전기

김상우

학부모 모임을 결심하다

PDC를 배우고 난 이후에 나의 학급경영에는 많은 변화가 있었다. 친절하며 단호한 교사의 모습을 배우며, 단호함이 두려워 아이들에게 친절하기만 했던 나 자신을 돌아보았다. 교실 속 아이들의 모습도 행동 뒤에 나타난 신념으로 이해하게 되면서 조금 더 문제 해결에 가깝게 접근하게 되었다. 또한 막연히 사회적 기술이 중요하다는 생각은 하고 있었지만, 그것을 교실에서 구현해낼 방법을 모르고 있었는데, PDC에서 제시하는 활동들을 통해서 사회적 기술을 가르칠 수 있는 방법을 배우게 되었다.

PD 과정을 아내와 함께 수강하면서는 우리 가정에 아이가 있다면 어떻게 친절하며 단호하게 양육할 수 있는가에 대해서 생각해보게 된 좋은 시간이었다. 그러다가 '학교에서 배운 사회적 기술들을 부모님들과 함께 나누고 아이들이 집에서도 학교와 같은 철학을 가지고 양육 받을 수 있으면 얼마나 좋을까?'라는 생각이 들었다.

학부모 모임을 하면서 들었던 걱정

학부모 모임을 해보고 싶었지만, 크게 두 가지가 걱정되었다.

첫째, '아이를 키워보지 못한 내가 학부모 모임에서 무엇을 전해줄 수 있을 것인가?' 하는 걱정이 들었다. 학교에서 아이들을 만나는 것과 집에서 만나는 것은 분명히 다른 부분이 많을 것이라는 생각이 들었다.

둘째, '시간을 들여서 학부모 모임을 하고 싶은 학부모들이 몇 명이나 있을까?' 싶은 걱정도 함께 들었다. 혁신학교도 아닌 우리 학교에서 저녁에 학부모 모임을 한다는 것은 여러 가지 어려움이 예상되는 일이었다.

첫 번째 걱정은 제인 넬슨의 긍정의 훈육 서문이 많은 격려를 해주었다.

연구 모임의 참석자들은 누구도 전문가가 아니다. 모두 자유롭게 실수를 공유한다. 연구 모임에서 부모와 교사는 자신이 혼자가 아니라는 것을 배운다. 아무도 전문가 역할을 내세우지 않을 때 모임은 보다 효과적으로 운영된다. 모임을 이끄는 사람들은 참석한 사람들에게 질문하고 모임이 지속되도록 책임을 질 뿐, 답을 제공해줄 책임까지 지지 않는다.

누구도 전문가가 아니어도 된다는 것, 실수를 공유하고 함께 답을 찾아가는 과정 자체가 의미가 있을 것이라는 생각이 들었다.

둘째 걱정은 미리 우리 학부모들에게 홍보하는 시간을 가지면서 해결이 되었다. 학년 말에 모임 선생님 중 한 분께 제안해서 희망하는 학부모를 대상으로 PD 모임 설명회를 열었다. 설명회는 다음과 같이 진행했다.

1. 주먹 펴기 활동
2. 질문하기, 설명하기
3. 격려와 감사 나누기
4. 내년도 모임 참여 여부 조사하기

그러고 나서 부모님들께 내년 모임에 관한 설문을 받았는데, 20명 중 6분이 긍정적인 반응을 보이셨다. 그래서 용기를 갖고 진행할 수 있었다. 또한 학년 초에 있는 PDC를 활용한 학부모 총회를 통해서도 함께 공부하고 싶은 학부모들을 모집할 수 있게 되었다. 그래서 본교 교사 9명, 학부모 9명으로 모임을 시작했다.

강사님은 어디 계신가요?

첫 모임은 3월에 시작했다. 3월에 학부모님들과 선생님들이 함께 모이니 어색한 기운이 흘렀다. 한 어머니께서 처음에 '강사분은 어디 계신가요?'라고 물어보셔서 함께 『긍정의 훈육』 서문을 읽자고 제안했다. 서문을 읽으며 우리 모임에서는 누구도 전문가가 아니며, 함께 고민하고 답을 찾아가는 과정이 의미 있을 것임을 말씀드렸다. 그 후 티셔츠 만들기 활동을 통해 이름표를 만들고 내용을 함께 나누고 앞으로 모임의 일정에 대해 말씀드렸다.

처음에는 부모님들을 만나는 것이 너무 어색하고 또 우리의 전문성 없음이 드러날 것이 두려운 마음이 컸지만, 점점 모임이 진행될수록 교사의 입장에서, 학부모의 입장에서 함께 아이들을 이해할 수 있는 좋은 시간이었다는 생각이 든다.

사업비용은 서울시 교육청에서 추진하는 마을공동체사업 중 학부모동아리 지원 사업에 지원하여 300만원의 지원금을 받았다. 교재는『긍정의 훈육』,『긍정의 훈육 실천편』을 사용했다.

기본 진행은 처음 모임을 제외하고는 다음과 같은 순서로 진행했다.

월 1회, 19:00~21:30
- 30분: 지난 시간에 배운 것 적용 및 근황 나눔
- 10분: 마음을 열 수 있는 게임이나 활동
- 40분: 이번 회차 담당 교사가『긍정의 훈육』발제 및 질문 나눔
- 10분: 휴식
- 30분: 활동편 활동 나눔
- 10분: 정리 및 소감 나눔

학부모 모임을 고민하는 선생님들께

학교에서 교사와 학부모가 함께 모임을 한다는 것은 일단 서로에게 두렵고 떨리는 일인 것 같다. 더구나 우리 모임에 참석한 선생님 대부분은 서른 살 내외의 미혼이었다. 과연 우리가 학부모에게 무엇을 줄 수 있을지 고민이 되었다.

그러나 모임을 진행하면서 부모님과 선생님들 모두 진정한 소통을 하고 싶어 한다는 것을 느꼈다. 긍정의 훈육 철학은 그런 면에서 부모님과 함께 공유하기에 좋은 소재라는 생각이 들었다. 긍정의 훈육 모임을 통해 학부모님들은 교사를 신뢰하게 되면서 교사가 학급에서 하는 교육 활동을 더 믿어주었고 가정에서도 같은 철학으로 자녀를 양육하게 되었다.

긍정의 훈육 마지막 장에 제인 넬슨도 가르치는 내용을 제대로 실천하지 못했을 때 좌절감을 느끼게 된다고 고백했다. 제인 넬슨의 진솔한 고백과 완벽한 교사도

없고 완벽한 부모도 없으며 실수는 배움의 멋진 기회라는 것이 나에게 늘 격려가 되었다.

학부모 모임을 고민하는 선생님들께 일단 한 번 도전해보시라고 권해 드리고 싶다. 부모와 교사로서 긍정의 훈육을 고민하고 실천하는 과정에서 느낄 수 있는 사랑과 기쁨은 무엇과도 바꿀 수 없는 소중한 경험이기 때문이다.

참여한 선생님 소감

학부모 모임 첫날, 서로 마주 보며 동그랗게 앉아 이야기를 나누기 시작할 때의 그 떨림을 잊을 수가 없다. 조금 어색하고 부담스러웠지만, 아이를 잘 교육하려면 어떻게 해야 하는지에 대해 치열하게 고민하는 교사와 학부모들의 모임 속에 내가 속해 있다는 자랑스러움과 기대감으로 인한 떨림이 아니었을까? 처음 학부모 모임을 함께 하자고 제안받았을 때는 사실 걱정도 많이 되고 부담스럽기도 했다. 하지만 만남이 계속되면서 걱정보다는 말로 표현하기 힘든 뿌듯함과 감사함이 내 마음을 가득 채우는 것을 느낄 수 있었다.

나는 학부모 모임을 통해 배운 것이 참 많다. 먼저, 학부모와 교사 사이에 신뢰 관계를 형성하는 것이 얼마나 중요한지 다시 한번 느끼게 되었다. 모임의 구성원 모두가 같은 목표를 가지고 있어서였을까? 우리 모임에서는 서로에 대한 신뢰가 빠르게 형성될 수 있었던 것 같다. 그러한 신뢰 관계를 바탕으로 아이와의 관계에서 있었던 어려움이나 고민, 속에 있는 이야기를 털어놓고 모두가 함께 그것에 대해 고민해보고 이야기를 나누었다. 부담스러울 수밖에 없는 학부모와 교사의 만남 속에서 눈물을 보일 만큼 힘든 속내를 털어놓을 수 있다는 것만으로도 나에겐 신선한 충격과 배움으로 다가왔다. 서로 믿고 속마음을 터놓고 이야기를 나누다 보면, 나도 모르게 마음이 홀가분해지고 편안해졌다. 나의 걱정을 이야기하고, 교사와 학부모의 시각에서 함께 고민할 수 있는 공동체가 있다는 것만으로도 정말 큰마음의 위안을 얻을 수 있었다. 교사와 학부모 사이에 신뢰 관계가 형성되지 않았다면, 이 모든 일이 가능하지 않았으리라 생각한다.

학부모 모임을 하면서 교사로서 행복함을 느끼게 해준 말이 있다. 바로 '우리 선생님'이라는 말이다. 학부모가 담임교사에게 '우리 선생님'이라고 칭하는 것은 어찌 보면 너무나 당연한 일이다. 하지만 학부모님께서 '우리 선생님'이라고 이야기해주실 때마다 왠지 모르게 가슴이 따뜻해졌다. 학부모와 교사는 아이를 긍정적으로 훈육하기 위해 '우리'라는 공동체 의식을 가지고 함께 나아가야 하는 존재이다. 요즘 학부모와 교사의 관계에서 일어나는 안 좋은 이야기가 심심치 않게 들릴 만큼 학부모와 교사가 '우리'로 묶인다는 것은 참 힘든 것 같다. 그래서인지 '우리 선생님'이라는 말은 내게 큰 감동으로 다가왔고, '우리 반 아이들', '우리 반 학부모님들'을 생각해서라도 교사로서 최선을 다해야겠다고 다짐하는 계기가 되었다.

학부모 모임은 이제 막 교사로서 첫발을 내디딘 나에게 내가 주는 가장 큰 선물이 된 것 같다. 또한 내 삶에서 다른 사람들에게 당당하게 이야기할 수 있는 자랑거리가 되었다. 교사로서의 삶, 또 앞으로 내가 겪게 될 학부모로서의 삶에 대해 정말 큰 배움을 얻을 수 있었다. 말로 표현할 수 없는 감동과 벅차오름을 느껴보기도 했고, 마음의 위안도 얻으면서 나를 한 층 더 성장하게 했던 행복한 시간이었다. 함께한 동료 선생님들과 학부모와의 시간은 평생 잊지 못할 것 같다. 나에게 이런 큰 선물을 준 우리 학부모 모임의 모든 구성원에게 깊은 감사의 인사를 전하고 싶다.

- 수명초 홍연주 선생님

<u>참여한 어머니 소감</u>

Q. 학부모 모임에 참여하게 된 이유는?

'긍정의 훈육'이라는 책의 제목이 너무 신선했습니다. 긍정적으로 어떻게 훈육을 할 수 있을까 하는 호기심에 참여하게 되었습니다.

Q. 학부모 모임에서 함께 나눈 것 중 어떤 것이 의미가 있었나요?

모임 중 한 선생님의 용기로 시작된 내 부모의 양육방식에 관해 얘기하는 시간이 참 기억에 오래 남습니다. 서로 공개하기 힘든 어렸을 때의 상처를 얘기하며 같이 아파해주며 공감해주니 한층 가까워졌고, 지금 내 양육방식이 닮고 싶지 않았던 내 부모의 양육방식과 아주 흡사함을 알게 된 좋은 시간이었습니다. 옛날 내 상처가 내 아이에게 전달되지 않기를 소망합니다.

Q. 학부모 모임에 참여하고 난 후 가정에서 어떤 변화가 있으셨나요?

나는 내 변화를 모르겠는데 저희 아이가 "엄마는 모임에 갔다 오면 좋아지더라!" 라고 합니다. 뭐가 좋아졌냐고 물으니 "음~ 말투?"라고 합니다. 저희 아이도 뭔가 딱히 변한 건 모르겠는데 저의 부드러운 말투가 좋은가 봅니다. 아이가 잘못을 했을 때 '욱' 하며 소리치고 싶지만, 한번 심호흡을 한참 하고 왜 그렇게 했는지를 먼저 묻는 여유도 생겼습니다. 화가 난 마녀의 모습에서 미소 천사로 변하는 것이 참으로 힘든 여정이지만, 아이의 표정 속에 평안함이 있는 것을 보니 나에게 '아주 칭찬해' 도장을 찍어주고 있습니다.

Q. 학부모 모임에 참여하는 것을 걱정하는 선생님과 부모님들께 어떤 조언을 주

실 수 있으신가요?

주변 분들이 선생님과 공부하는 모임이 괜찮은지 물어봅니다. 내용은 좋아서 함께 하고픈데 선생님 앞에서 이런저런 이야기를 한다는 것이 꼭 채점 맞는 기분인 것 같아 그런가 봅니다. 처음엔 저도 그랬으니까요. 어려운 선생님 앞에서 이야기를 늘어놓은 것이 강심장 아니면 참 쉬운 일은 아니었습니다. 그러나 한 회 한 회 지날 때마다 어설픈 우리 엄마들의 이야기를 들으시며 같이 웃고 아파하시고 위로해주시고 하물며 감동까지 받으셨다는 선생님의 말씀에 어려움보다는 선생님에 대한 긍정적인 믿음이 커졌습니다.

아이가 변했으면 하는 마음에 시작한 모임이 내가 변하는 귀한 모임이었습니다. 학교(선생님)를 향한 시선도, 아이를 향한 훈육방식도 책의 제목처럼 '긍정'으로 바뀌었으니까요. 어느 광고 카피처럼 '좋은데, 아주 좋은데, 뭐라고 말할 수가 없네!'라고 말하고 싶습니다.

도전해보세요. 내가 변하니까 가정(교실)이 변하고 사회가 변하고 나라가 변하고 세상이 변하지 않을까요? 아이에게 웃음을 되찾아주면 어떨까요?

Q. 학부모 모임이 발전하기 위해서는 어떤 노력이 더 필요할까요?

너무 많은 인원보다는 10명 내외의 소그룹으로 진행하면 어떨까 생각해보았습니다. 시간은 한정되어 있는데 나누고 싶은 이야기가 많아서 계획된 시간보다 더 늦게 끝났습니다. 그래서 방과 후에 지친 선생님들을 더 힘들게 하는 것이 아닌가 하는 걱정도 있었습니다.

– 수명초 오○○ 학생 어머니

32. 긍정훈육의 학교 문화를 함께 만들어가는 청송초 학부모 PD 클래스

이정선

2016년 4월, 혁신학교 시작과 유난히도 힘든 우리 반 아이들로 우왕좌왕하던 차에 만난 PDC는 내게 사막에서 만난 오아시스와도 같았다. '이렇게 좋은 걸 이제야 알다니!' 하는 마음에 배움과 동시에 학급 아이들, 동료 교사들과 함께했다. 지금 생각하면 어리숙하지만, 열정 만큼은 그 누구보다 컸다.

그러다가 문득, '소규모인 우리 학교에서 학부모들도 함께 해보면 더 좋을 텐데...?' 하는 생각이 들어 10월 중순쯤 전년도 담임을 맡았던 학부모에게 넌지시 이야기를 건넸다.

"어머니, 지금 제가 하고 있는 공부가 너무 재미있고 좋은데, 학부모 모임 해보시겠어요?"

"무슨 공부인데요?"

"PDC라고 학급긍정훈육법인데 지금 교실에서 아이들과 활동하고 선생님들도 매주 한 번씩 함께 공부해요. 무엇보다도 제가 너무 즐거워요."

"그래요? 한 번 해볼까요?" 하시더니 친한 어머니들을 중심으로 회원을 모으셨고 학교에서도 정식으로 가정통신문을 보내 6명의 회원이 모였다. 전교생이 39명인 우리 학교 어머니 30명 중 6명, 즉 20%의 어머니가 함께 공부를 시작하게 된 것이다.

만약 내가 '완벽해야만 시작할 수 있다'고 생각했다면 우리 학교에서 PDC는 아직도 먼 이야기일 것이다. '완벽'이라는 단어에는 내가 많이 알아 가르친다는 마음이 전제되어 있고 배우는 사람도 '잘 해야 한다'는 부담감을 가지게 된다. 그냥 좋아서, 나누고 싶어서, 함께 배우며 성장한다는 마음만으로 시작했다.

1. PDC 초보, 학부모 공부 모임을 무조건 시작하다

2016년 11월 3일, 오후 7시~10시까지 3시간 동안 한다고는 했지만, 담임-학부모, 교사-학부모, 학부모-학부모로 맺어진 관계인데 어디서부터 어떻게 시작을 해야 할지 속으로는 고민이 많았다. 하지만 김성환 선생님이 주신 자료와 퍼실리테이터 4기에서 했던 활동들로 시작하기로 했다.

첫 번째 모임

PD 클래스 첫 모임에서는 다음 활동을 했다.

① 공동체 놀이: 스타 팬클럽
② 나만의 티셔츠 만들기: 나의 장점
③ Two Lists: 자녀가 25살이 되었을 때 갖기를 바라는 성품과 인생 기술
④ 호기심 질문법: 설명하는 말과 질문하는 말

(※ 각 활동의 진행 방법은 『긍정 훈육법 실천편』 및 『학급긍정훈육법 활동편』 참고)

퍼실리테이터 공부를 하면서 내가 좋았던 활동은 회원들도 좋아했다. 공동체 놀

이를 하며 아이처럼 맑고 환하게 웃는 모습, 티셔츠 만들기로 지금과는 다르게 '한 사람'으로 온전히 상대방과 이야기 나누는 모습, 자녀에게 바라는 인생 기술에 대한 진지한 이야기를 들으며, 이 모임을 하며 '내가 오히려 더 많이 배우고 성장하게 될 것 같다'는 느낌이 들었다.

첫 공부 모임에 대한 소감은 다음과 같았다.

- 학창 시절로 돌아간 것 같아요.
- 나를 찾아가는 느낌이었어요.
- 즐겁고 행복하고 많이 웃었어요.
- 자녀에 대한 생각과 고민의 공감대가 형성되었어요.
- 좋은 시간이었고 아이를 대할 때 다른 방법들이 있다는 걸 알았습니다.
- 즐겁고 시간 가는 줄 몰랐습니다. 12월이 벌써 기다려지네요~^^

배움의 마중물 PD 특강, 긍정훈육의 깊이를 느끼다

두 번째 모임은 12월 1일, 오후 7시부터 9시까지 2시간에 걸쳐 '친절하고 단호한 부모의 긍정훈육법'이라는 주제로 김성환 선생님의 특강을 준비했다. 아직 공부를 다 마치지 못한 상태에서 시작한 학부모 모임이었기에 긍정훈육의 진수를 전하기 에는 내 역량이 많이 부족했다. 급한 마음에 김성환 선생님께 SOS를 보냈다. 잠시의 망설임도 없이 양평에서 청양까지 3시간이 넘는 거리를 달려오시겠다는 답변을 들었다. 천군만마를 얻은 느낌이었다.

긍정훈육의 기본 철학과 칭찬 vs 격려, 3B's, 감사하기, 감격해 카드로 감정을 읽고 서로 격려하기 활동 등 2시간 강의를 들었다. 다음은 모임을 끝내고 우리 밴드에 올라온 회원들의 글이다.

- 실천해 보겠습니다. 즐거운 시간이었습니다.
- 알면서도 실천이 잘 안 되었는데 이제 '연습하는 거다'라고 생각하고 해보려고요. 좋은 시간을 만들어주셔서 정말 감사해요. 선생님, 행복하고 빛나는 밤 되세요^^
- 저는 ○○, △△와 함께 카드를 가지고 서로의 감정을 알아보고 격려해주는 놀이를 통해 서로의 마음을 확인하는 좋은 시간을 가졌습니다. 실천하는 것이 그리 어려운 일이 아니라는 것을 알게 되었어요. 뜻있는 시간 만들어주셔서 감사합니다.~^^

어느 순간부터인가 누군가를 가르치는 것은 없다는 생각을 하게 되었다. 교사로서의 나, PDC 퍼실리테이터로서의 나는 스스로를 돌아보며 깨닫는 기회를 제공하고, 무언가를 해볼 용기를 가질 수 있도록 격려하며 함께하고, 부족함을 인정하며 함께 채워가고, 삶의 동반자가 되어 함께 걸어가는 역할을 할 뿐이다.

세 번째 & 네 번째 모임, 우리만의 틀을 세우고 이름을 짓다

동의와 가이드라인 정하기

김성환 선생님의 특강이 있은 후로 긍정훈육에 대한 어머니들의 관심과 열정이 높아졌다. 그 덕분에 회원도 한 명 더 늘었다. '우리에게 방학은 없다'며 매월 정기모임을 가지기로 했고, 새해 1월 7일 모였다. 우리도 하나의 클래스라 모임의 기초를 다지기로 계획하고 '우리 모임의 동의와 가이드라인–우리의 바람은 소통하는 학부모 PD 모임입니다'를 함께 정했으며, 그에 따른 '해야 할 말'과 '해야 할 행동'을 정했다.

세 번째 PD 클래스 활동

① 공동체 놀이: 점박이 가위바위보

② 지난 활동 실천 나눔

③ 마음 나누기

④ 우리 모임의 동의와 가이드라인 정하기

⑤ 의미 있는 역할 정하기

⑥ 『긍정 훈육법』: '용돈' 편

『긍정 훈육법』은 『학급긍정훈육법 문제해결편』과 구조가 비슷하다. 가정에서 일어날 수 있는 갖가지 유형별 사례를 통하여 긍정훈육의 관점에서 어떻게 바라보고 긍정적인 삶을 위한 기술들을 익히도록 할 것인지 제시하고 있다. 회원들과 가정에서의 상황들을 이야기하다 보면 자연스레 공감도 되고 집단 지성을 모아 바람직한 방향을 모색하게 된다. 다만, 우리나라에 맞지 않는 상황들이 있어 내가 미리 읽어보고 함께 이야기할 적당한 주제를 골라 제시하거나, 회원들에게 물어보아 다음 모임의 주제를 정하기도 했다.

'동의와 가이드라인'을 정할 때 충남 당진 원동초에서 근무하는 이효주 선생님의 조언이 많은 도움이 되었다. 공부를 하며 분위기에 심취하다 보면 자신도 모르게 깊은 내면의 이야기를 하고 나중에 후회한다거나, 이런 이야기들이 외부로 흘러나가는 경우가 생길 수도 있으니 '공부 모임에서 한 말은 비밀 지키기', '감당할 만큼만 이야기하기', '상처 되는 말 하지 않기' 등을 함께 의논해서 넣으면 좋다는 조언을 주셨다.

또, '선생님'으로 부르며 서로 존댓말을 쓰는 것이 좋겠다는 조언에 따라 우리는 모두 서로 인생의 선생님이니 존중하는 마음으로 '선생님'으로 부르자고 제안했다. 처음에는 어색했는데 부르다 보니 괜찮았다. 하지만 어머니들은 청양 지역에서 너무 오랜 기간 친하게 지내온 분들이라 잘 익숙해지지 않는 것 같다. 그래서 요즘에는 권장은 하지만 굳이 강요하지는 않았다. 반말을 한다고 해서 서로 존중하지 않는 것은 아니기 때문이다.

학부모 PD 클래스 활동 계획표

세 번째 모임까지 오면서 오른쪽에 나오는 표와 같이 틀을 마련했고, 2기에 접어든 지금도 활동 내용이 이 틀에서 크게 벗어나지는 않는다. 달라진 것은 2017학년도에는 월 2회 하기로 했으나 5월에 과로로 2주 정도 입원한 다음부터는 회원들께 양해를 구하고 오전 중 교과 시간으로 옮겨 매월 3주 화요일 오전 9시에서 10시40분까지 1시간 40분 정도 운영한다는 점이다. 시간이 줄어든 까닭에 오른쪽 표의 내용에서 골라 번갈아 운영했다. 회원들도 밤보다는 낮에 하는 걸 덜 부담스러워 했다. 가끔은 공부 모임이 끝난 후 간단히 점심을 먹으면서 즐거운 시간을 보내기도 한다.

공부 모임을 하다 보면 계획한 대로 시간 운영이 되지 않는다. 그날의 주제에 따라, 분위기에 따라 어떤 부분은 더 길게도 더 짧게도 이야기하게 되고, 때로는 계획

[2017년 초 학부모 PD 클래스 활동 계획표]

활동 주제	내용	시간(19:00~22:00)
공동체 놀이	가볍게 긴장을 푸는 시간 직장을 다니거나 아이들 보느라 늦게 오는 분도 있어 서두르지 않고 여유 있게 운영함	20분
마음 나누기	'감격해 카드' 실천 나눔	20분
『긍정 훈육법 실천편』	자녀의 가정생활과 밀접한 주제를 1편씩 선정하여 함께 읽고 이야기를 나눔	40분
휴식과 친교의 시간	제인 넬슨은 이 시간이 중요하다고 강조하여 간식과 편안한 수다의 시간으로 운영함	20분
문제 해결하기	『긍정 훈육법』	60분
소감 나누기	돌아가며 활동 소감 나누며 서로 격려하기	20분

했던 내용을 못 하기도 한다. 공부라는 것이 사람 사이의 상호작용이기에 자연스러운 현상이라 여겨 크게 스트레스받지 않는다.

우리 모임의 이름, '늘해랑'이 생겼어요

1월 모임을 끝내면서 우리 모임의 이름을 짓자는 제안을 하고 순우리말을 찾아보니 '늘해랑', '그린나래', '은가람', '가온누리' 등이 있어 추천했다. 한 달 동안 생각해보고 2월에 결정하기로 했고 2월 논의 결과 '늘해랑'이 뽑혔다. 그에 따라 2017학년도 '늘해랑' 새 회원 모집 홍보지도 만들고, 걸이용 포스터도 제작해서 3월 1학년 입학식 때는 회원들이 직접 학부모들을 대상으로 홍보 활동을 했다.

회원들께 사전에 부탁을 드리기는 했지만, 일부러 시간을 내어 입학식에 참석해서 PD 모임을 하며 느낀 점, 좋았던 점을 이야기하며 적극적으로 홍보하시는 모습을 보면서 많이 놀랐다. 모임의 이름이 생긴다는 것은 모임이 모두에게 특별한 의

미가 되고 자신의 일이 되는 것인가 보다. 모임의 이름을 짓는 것이 '나'의 자존감
과 '늘해랑에 대한 소속감'이 급상승하는 하나의 계기가 되었음을 알 수 있었다.

2. '늘해랑' 제2기, 학부모 PD 클래스 정착기로 접어들다

제2기 모임 운영

2017년 3월 9일, 신입 회원들과 함께 작지만 따뜻한 2기 개강식을 했다. 2기에는
모두 15명의 회원이 함께했다.

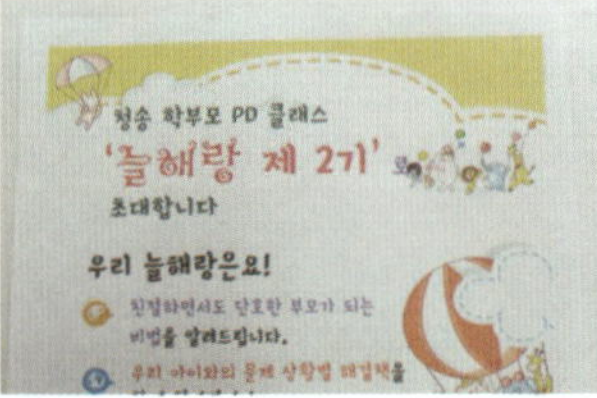

2기는 월 1회로 매월 3번째 주 화요일에 오전 9시에서 10시 40분까지 모이기로
했다. 총 15명(2016학년도 7명과 2017학년도 8명으로 구성)이며, 이 중 7명 정도가 꾸준히
참석하고 있다.

학급 학생과 달리 학부모 모임은 여러 연령대의 다양한 분들이 공존한다. 아이들
처럼 학교만 다니거나 할 일이 한 가지로 정해져 있지 않으며, 자발적인 모임이기
때문에 드나듦이 상대적으로 자유롭다. 집안일이 생겨 늦게 오시기도 하고, 때로는
직장에 취직이 되거나 자격증 시험 준비로 참석하고 싶어도 못 오는 분도 생긴다.
그래서 참석 인원에 마음을 쓰지 않으려고 하지만, 인원수에 따라 나도 회원들도
약간씩은 영향을 받는 건 사실이다. 그럴 때면 이런 마음으로 함께한다.

'우리 지금 여기에만 마음 써요. 오지 못한 분들은 얼마나 속상하시겠어요? 지금

여기만 생각하고 재미있게 활동하고 우리 밴드에 올려 함께 나눠요.'

다 참석하면 좋지만, 현실은 그렇지 못한 것이 학부모 모임이다. 더군다나 소규모 학교에서 모두가 꾸준히 참석한다는 건 얼마나 어려운 일인가? 어려운 사정에도 참석하려 애쓰시는 회원들에게 감사한 마음으로 '나를 포함해 2명만 되어도 한다'는 마음으로 항상 그 자리에서 우리 회원들을 맞이하고 있다. 그러고 보니 지난 모임에 한 회원이 내게 감동을 준 말씀이 생각난다.

"선생님이 항상 그 자리에 계셔서 오게 돼요."

교재

모임의 교재로 활용하는 것은 『미움받을 용기』, 『감격해 카드』, 『긍정 훈육법』, 『긍정 훈육법 실천편』, 『행동을 바꾸고 자존감을 높이는 부모의 말』, 『학급긍정훈육법 활동편』 등 모두 6가지이다. 『긍정 훈육법 실천편』을 보면 6주 과정이지만, 실제로 해보면 양이 많고 벅차기 때문에 긍정 훈육법의 원칙에 맞는지는 모르겠지만 『학급긍정훈육법 활동편』 등 다른 교재와 함께 적절히 활용하여 천천히 해 나가고 있다.

교재가 많아 한 번에 다 다루지는 못하는 것이 단점일 수도 있지만, 모두 긍정훈육의 내용을 담은 책이기에 여러 방법으로 접근할 수 있다는 것과 회원들과 지루하지 않게 오랜 기간 교류하며 함께 해나갈 수 있다는 장점이 있다.

활동 내용

2017학년도 '늘해랑' 학부모 PD 클래스에서 활동한 내용을 다음에 나오는 표에 정리해보았다.

일시	활동 내용
3. 9(목) 19:00~22:00	– 개강식 – 공동체 놀이(저와 함께 가시겠습니까?) – 마음 나누기(어릴 때 부모님과 감정을 나눈 경험이 있는지 이야기 나눔) – 아이의 자존감을 높이는 부모의 말 실습 – 제2기의 동의와 가이드라인 정하기(1기의 것에 보충하여 정하기) – 소감 나누기
3. 21(화) 09:00~10:50	– 공동체 놀이(인사 쪽지) – 아이의 자존감을 높이는 부모의 말 실습(아이의 마음 이해하기) – 손바닥 뇌 이론 알기 – 감정 조절판 만들기 – 소감 나누기
4. 6(목) 19:00~22:00	– 공동체 놀이(아이엠 그라운드) – 마음 나누기 – 가족회의(일과 정하기) – 긍정훈육법(형제자매 간의 경쟁) – 소감 나누기
4. 18(화) 09:00~10:50	– 마음 알아차리기(가족에 대한 나만의 인사이드 아웃) – 아이의 자존감을 높이는 부모의 말 실습(반항심을 부추기는 말) – 문제해결 카드(나만의 해결 방법 찾기) – 소감
5. 19(금) 특강 09:30~11:30	강사: 이금섭 원장(아이 미래 심리 언어 상담 센터) 주제: 아들러식 철학에 기반한 긍정의 훈육–격려와 가족회의 대상: 본교 회원 및 혁신학교 서남권 네트워크 학부모
6. 20(화) 09:00~10:50	– 마음 나누기 – 어긋난 목표행동 차트
7. 18(화) 09:00~10:50	– 마음 나누기 – 아이의 자존감을 높이는 부모의 말 실습(감정을 이해하고 대화의 물고 트기) – 『미움받을 용기』 1장(내 마음의 글귀 적고 이야기 나누기)
8. 20(화) 특강 09:30~12:30	강사: 이금섭 원장(아이 미래 심리 언어 상담 센터) 주제: 아들러식 철학에 기반한 긍정의 훈육–부모의 생활양식, 자녀와의 갈등 해결 대상: 본교 회원, 충남푸른빛고을 PDC 연구회 회원 및 혁신학교 서남권 네트워크 학부모
9. 19(화) 09:30~10:40	– 마음 나누기 – 내 마음과 우리 가족의 보석 찾기 – 아이의 자존감을 높이는 부모의 말 실습(절제) – 소감 나누기

함께 만들어가는 PDC 학교 문화

긴 시간은 아니지만, 주기적으로 만나 공부하면서 어느새 긍정훈육의 마음가짐이 생활화되고 있음을 나와 회원들 모두 느끼고 있다. 2018년도에는 교육 대상을 넓혀 이러한 행복을 청양군의 학부모들과도 함께할 계획이다.

학부모 PD 클래스를 일 년이나 운영하면서도 아직 PD와 PDC의 경계에 대해 헷갈리는 단계이지만, 이 모든 것이 단순한 교육 활동이라기보다는 하나의 문화를 익히는 과정이라는 생각이 강하게 들었다. 그래서 7월 1학기 학교교육과정 평가회 때 학생-교원-학부모 모두가 긍정훈육을 공부하고 실천하면서 정착되고 있어 충분히 가능할 것 같다는 설명과 함께 PDC를 학교 문화로 정하고 좀 더 적극적으로 실천하는 것이 어떻겠냐고 제안했다. 나눔과 배려, 협동이 강조되는 요즘 PDC만큼 적합한 것이 없다는 의견이 별 이견 없이 받아들여졌고 학교 신문에도 한 면을 PDC 이야기로 꽉 채워질 만큼 학교의 문화로 정착되고 있음을 알렸다.

문화란 어느 한순간에 만들어지는 것이 아니다. 아주 작은 것부터 시행착오도 겪으면서 내가, 우리가 함께 만들어가는 것이다. 항상 그 자리를 지키고 있는 소나무처럼 항상 그 자리에 함께하는 동료, 학생, 학부모들이 있어서 우리 모두의 PDC를 학교 문화로 함께 만들어가는 것이 가능할 것이다.

끝으로 청송초등학교 학교 신문에 실린 학부모의 글을 소개하며 마무리하고자 한다.

학부모 PD 클래스 '늘해랑-해처럼 늘 밝고 건강하게'

(…) 처음 만난 학부모들과 함께한 공동체 놀이 '인사 쪽지'로 낯섦을 밀어내고, '손바닥 뇌 이론', '감정조절판' 만들기 활동을 하면서 내 마음을 들여다보며 감정을 조절하는 법을 알게 되었다. '감격해 카드'로 내 감정을 알고 서로 이해하고 격려하는 시간, '어긋

난 목표 찾기'로 시작한 '어긋난 목표에 따른 격려의 말하기' 등의 수업은 내게 특별한 경험이었다. 칭찬이 다 좋은 것인 줄 알았는데 결과가 아닌 과정을 소중히 여기는 격려와 많이 다름도 알게 되었다. 요즈음 '늘해랑'에서 얻은 배움을 집에서 내 아이에게 적용하며 어느새 긍정적인 상호작용을 하며 함께 성장하고 있음을 느낀다. (…)

학부모 임○○

PDC로의 여행,
그리고 새로운 여행지

김성환

책으로 만나본 PDC로의 여행 어떠셨나요? 다시 강조하지만, 여행을 잘 해야겠다는 마음보다는 즐기겠다는 마음이었으면 좋겠습니다. 어쩌면 낯선 경험을 할 수 있지만, 그 경험은 교사로서의 삶을 풍성하게 하고 아이들에게도 많은 선물을 줄 것입니다. 전 올해 3년째 적용하며, 이제 PDC의 활동들이 제 것처럼 익숙해지고 있습니다.

그리고 하나 더! 실패한 수업, 실패한 활동이 있다면 아이들과 이야기를 나누고 다시 합니다. 이 활동이 이상한 것이 아니라 내가 준비가 덜 되었거나 아이들이 왜 이 활동을 하는지 모를 수 있기 때문입니다. 아이들과 이야기를 나누고 다시 하면, 대부분 그 전보다 만족스러운 결과를 얻었습니다. 실수는 배움의 기회라는 것이 말 뿐이 아니라 우리의 수업 속에서도 그러했으면 합니다. 아마 포기하지 않고 몇 년을 반복해서 실천하면 PDC가 내 것이 되어 더 이상 어색하지 않고 자유롭게 될 것입니다. 그때까지 함께 하겠습니다.

저는 PDC로의 여행을 통해 또 다른 여행지 두 곳을 알게 되었습니다. 그 두 곳을 여러분에게 소개해드릴까 합니다.

다른 여행지 1. PD(Positive Discipline), 긍정의 훈육

긍정의 훈육이 저에게 준 선물은 두 가지였습니다. 첫 번째는 제가 6학년 아들, 5학년 딸을 양육하는 데 정말 많은 도움을 받았습니다. 아니, 은혜를 받았습니다. 자녀가 있다면 긍정의 훈육을 추천합니다. 책이 지루하다면 현장연수로 만날 수도 있으며, 에듀니티연수원의 부모를 위한 긍정의 훈육 원격과정도 추천합니다.

두 번째는 학부모들과의 만남입니다. 학부모들을 대상으로 부모교육을 진행할 수 있는 콘텐츠를 만났고 그로부터 자신감이 생겼습니다. 이제는 부모님들을 이끌어줄 수 있게 되었습니다. 제 경험이 아니라, 연구 결과와 긍정의 훈육이라는 이론에 바탕에 둔 부모교육은 매우 강력했습니다. 많은 동료 교사가 학부모와의 관계에 어려움을 겪는 모습을 봅니다. 긍정의 훈육으로 부모님들을 이끌어주세요. 끌려다니는 것은 매우 힘든 일입니다. 어떤 문제가 일어나기 전에 학부모와 관계를 맺고 이끌어 준다면 문제가 발생해도 신뢰 안에서 잘 해결할 수 있을 것입니다. 에듀니티 연수원의 긍정의 훈육 세미연수 중 몇 가지 활동을 부모님들과 나누는 것만으로도 놀라운 변화가 시작됩니다. 선생님들과 이야기를 나누어보면, 부모교육을 하고 싶은데 준비가 안 되어서 주저하게 된다는 이야기를 가장 많이 듣습니다. 부모님들은 자녀 문제를 위해 시간을 내는 선생님의 마음에 감동합니다.

다른 여행지 2. EC(Encouragement Counseling), 자기 격려

2016년 PDC 공동 창시자인 린 로트를 만났습니다. 4일 연수과정에 참여하고 3일을 함께 여행했습니다. 린 로트가 만든 과정이 PDC의 심화 과정인 EC입니다. 쉽게 이야기하면, PD와 PDC에 있는 좋은 훈육방법과 격려, 지지 등을 나 자신에게 적용하는 과정입니다. 나를 만나는 과정이지요. 아무리 좋은 매뉴얼이라도 그것을 적용하는 교사, 부모가 흔들린다면 효과적이지 않을 것입니다. 그래서 저의 마지막 여행지는 EC, 즉 격려 상담이었습니다.

전 상담을 공부해본 적도 없었고 대학원을 다니지도 않았지만, 이 영역은 매우 쉽고 효과적이었습니다. 무엇보다 전문가가 아니라도 스스로 해볼 수 있었습니다. 또 창시자가 살아있으니 언제든 모르는 것은 물어볼 수 있습니다. EC를 통해 나를 만나니, 상담을 하고 싶은 아이들에게도 많은 도움이 되었습니다. 행동 아래 마음을 만날 수 있고, 구체적인 해결책을 찾을 수 있으며 지금의 삶을 업그레이드할 수 있었습니다. 스스로 말이죠. EC와 관련한 책을 2018년에 번역 출판할 예정입니다.

2013년에 만난 PDC, PD 그리고 2016년에 만난 EC. 이 모든 영역을 처음으로 개척하며 나아갔습니다. 그리고 여기에 함께하신 분들과 PDC에 대한 기록을 남겨보았습니다.

그리고 마지막으로 먼저 여행을 시작한 제 경험으로 11가지 팁을 정리했습니다. 긴 글 읽어주셔 감사합니다.

PDC 여행을 위한 11가지 팁

김성환

경력 2년 차 선생님을 만났다. 아이들에 대한 사랑과 열정이 넘친다. 수업 준비도 열심히 하여 아이들에게 좋은 수업을 하려고 노력한다. 이 선생님의 수업을 1교시부터 4교시까지 3일 과정으로 관찰했다. 교사에게 수업 내용도 중요하지만, 수업을 방해하는 행동들을 어떻게 대처하는지도 매우 중요하다.

수업시간에 장난감을 가지고 손장난을 하는 아이가 있다. 선생님은 수업을 하다 점점 그 행동이 불편해진다. 선생님은 다가가서 "우리의 규칙이 뭐였죠?"라고 물어본다. 아이는 교사가 돌아가자 다시 장난감을 만진다. 교사는 조금 더 불편해진 표정으로 "장난감을 가지고 놀면 어떻게 하기로 했죠?"라고 묻는다. 아이는 잠시 장난감을 집어넣다가 교사가 돌아가자 다시 가지고 논다. 교사는 감정이 불편해지고 "여러분 장난감에 대한 우리 반 규칙이 뭐였죠?"라며 전체에게 물어본다. 이 수업을 관찰하며 발견한 것은 수업에 집중하던 아이들이 조금씩 집중력이 흐려진다는 것이다. 수업 흐름이 자꾸 끊기며, 매끄럽게 진행되지 못하는 것이다. 교사는 끊임없이 질문을 하지만, 아이의 행동은 변하지 않는다.

식물이나 동물과 다르게 인간만이 타인을 바꾸려고 한다. 더 재밌는 사실은 어른만이 통하지 않는 방법을 고수하려 한다. "내가 몇 번이나 이야기를 했니?"라고 말하면서 말이다.

교사는 손장난을 하는 아이의 장난감을 부드럽게 뺏을 수 있다. 그리고 집에 갈 때 가져가라고 할 수 있다. 이는 질문하기 기술이 아닌 교사가 결정하고 결과를 부여하는 방식의 PDC 기술이다. 아이에게 기회를 주었고 그 기회에 대한 책임 있는 행동을 하지 않는다면, 그 아이에게는 교사가 결정을 내리고 행동을 해야 한다. 어떤 아이에게는 짧게 질문하는 것만으로도 행동의 변화를 이끌 수 있지만, 어떤 아이에게는 몇 번의 질문도 효과가 없을 수 있다. 내가 사용하는 방법이 그 아이에게 효과적이지 않다면, 그 방법을 고수하지 않고 다른 방법을 시도했으면 한다.

Tip 2. 친절하며 단호한 교사가 된다

주위 환경이나 요인들을 내가 모두 통제할 수는 없다. 그러나 어떤 태도를 취할지는 내가 결정할 수 있다. 친절하며 단호한 교사가 되는 것은 내가 할 수 있는 부분이다. 학생들을 변화시키려 하기 전에 내가 할 수 있는 부분에 초점을 둔다. PDC를 실천하며 친절하며 동시에 단호함을 유지하는 교사의 태도는 매우 중요하다. 친절하며 단호한 교사가 되는 구체적인 방법은 3가지를 존중하는 것이다.

1. 아이를 존중하라. – 친절함
2. 나를 존중하라. – 단호함
3. 상황을 존중하라. – 단호함

1. 아이를 존중하라

우리가 아이들을 만나는 이유는 사랑하기 위해서이다. 우리가 어떤 결정을 하고, 판단을 할 때 그 바탕에 아이들에 대한 사랑이 있어야 한다. 다만, 이 사랑이 허용적인 태도를 의미하는 것은 아니다. 나비가 알을 깨고 나오려는 순간 사랑이라는 이름으로 대신 이 알을 깨주면, 결국 나비는 자기 힘으로 날 수 없고 죽고 만다. 따라서 사랑이 대신해주기, 어려운 상황에서 구출하기 등을 포함하지는 않는다.

아이를 존중한다는 것은 아이를 수평적인 관계로 받아들인다는 것에 기초한다.

또 아이의 과제와 삶의 경계를 존중한다는 것이다. 우리는 아이들을 위에서 아이들을 컨트롤하는 컨트롤러가 아니라 아이들과 나란히 가며 아이들을 리드해주는 리더의 역할을 해야 한다.

2. 나를 존중하라

언제부터인가 우리는 좋은 교사가 되어야 한다는 강박관념을 가졌는지 모른다. 아이들의 잘못된 행동에 단호한 것은 교사의 존엄성을 지키는 일이다. 비록 그 순간 아이와 불편해지더라도 관계보다 교사의 존엄성을 지키는 것이 우선이다. 아이들의 불편한 말과 행동이 내 경계를 넘어 불편함을 준다면 'NO'라고 알려주어야 한다. 내가 좋은 관계를 유지하는 것도 결국 아이의 성장을 돕기 위해서이며, 좋은 관계가 아니라 상호존중하는 관계를 위해서이다. 나와 학생이 존중하는 관계를 맺는 것도 중요하지만, 나를 존중하는 것, 교사로서의 신념을 존중하는 것 또한 중요하다.

"난 너를 사랑해. (   ) 안 돼."

빈칸에 어떤 단어를 넣고 싶은가? '그러나'를 떠올렸다면, 이제부터는 '그리고' 또는 '그래서'를 넣어보자. '사랑해서, 그래서 안 된다'는 것을 명확하게 알려주자. 서로의 경계를 세워 우리가 함께 더불어 각자의 빛을 낼 수 있다.

3. 상황을 존중하라

마지막으로 상황을 존중해야 한다. 상황은 모든 개인의 바람을 이루기 위해 함께 만든 일정이나 과제이다. 다툼이 있다고 동의 없이 수업시간에 하던 것을 멈추고 문제를 해결하거나 계획된 일정을 자주 바꾸는 것은 상황을 존중하는 것이 아니다.

또한 교사는 아이들도 상황을 존중하게 만들어야 한다. 여자아이들이 관계 문제로 힘들어할 때도 공감해줄 수는 있지만, 그런 일로 그 아이와 짝을 안 한다거나 과제를 안 하는 것을 용인할 수는 없다. 우리는 함께 정한 약속과 일과를 존중해야 한다. 목소리가 큰 사람이 주도하는 교실이 아닌 절차와 상황이 존중되는 교실이 되어야 한다.

Tip 3. 내가 가치 있다고 믿는 것을 학생들도 믿을 것이라 착각하지 마라

PDC 책을 읽거나 연수를 받고 학급에서 실천했다가 실패했다는 이야기를 종종 듣는다. 교사는 기대에 차서 의미 있는 활동이라고 학생들에게 소개하지만, 학생들은 그 의미를 알지 못한다. 이런 수업을 하는 이유를 학생들의 눈높이에서 나누어야 한다. PDC에서는 이 과정을 '배움으로의 초대'라고 한다. 교사가 의미 있다고 여기는 것을 학생들도 당연히 의미 있다고 여기는 것은 교사의 관점이다. 교사의 의도를 나누어야 한다. 그렇지 않고 기대하는 것은 좋지 않다.

학급회의로의 초대라는 활동이 있다. 학급회의를 왜 하는지에 대해 학생들과 나누는 활동이다. 수업을 변형하여 '뿌리 깊은 나무 2화 명장면'(유튜브 검색)을 처음부터 4분 55초까지 보여주었다. 아버지 이방원(태종)과 아들 이도(세종)가 서로 다른 조선을 꿈꾸며 싸우는 장면이었다. 아버지 이방원은 힘으로 나라의 권력을 가지는 것만이 강한 조선을 만든다고 했고, 아들 이도는 아버지와는 다른 조선을 꿈꾼다고 말한다. 분노한 이방원은 도대체 그럼 너의 조선은 무엇인지 어떻게 만들지 방도를 이야기하라는 장면에서 화면을 정지시켰다. 그리고 학생들에게 발문했다.

"그럼 너희들은 어떤 교실을 만들지 방도를 말해 보거라."

아이들은 학급회의를 왜 해야 하는지, 그리고 함께 결정하고 책임을 공유하는 것이 얼마나 중요한지에 대해 공감을 하고 학급회의에 진지하게 참여하게 되었다.

PDC의 활동들은 교과서에 있는 활동이 아니다. 당연히 해야 하는 활동으로 학생들은 받아들이지 않는다. 따라서 왜 이런 활동을 하는지 아이들에게 이해를 구하고 학습으로 초대하는 과정은 매우 중요하다.

2014년 PDC가 대한민국에 소개되고 3년이 지났다. 3년의 세월이 지나며 점점 PDC 활동들을 수업이나 상황과 연계하여 할 수 있게 되었다. 어느 날 아이들이 "공평하지 않아요"라는 말을 해서 『학급긍정훈육법 활동편』에 있는 공평에 대한 이야기를 나누었다.

키가 가장 큰 지훈이와 가장 작은 민균이를 교실 앞에 불러 같은 높이에 있는 테이프를 떼게 했다. 키가 작은 민균이가 당연히 불공평한 게임이었다. "선생님은 똑같은 높이에 똑같은 테이프를 붙였어요. 공평한 거죠?" 아이들은 "아니요. 공평하지 않아요"라고 대답을 했다. "그럼 어떻게 해야 공평할까요? 선생님이 수학 시간 수학을 어려워하는 아이들을 먼저 돕는 것은 공평한 걸까요? 장애인 주차공간을 건물에 가까운 곳에 두는 것은 공평한가요?"라고 질문하며 공평에 대한 이야기를 이어갔다.

PDC를 믿고 2~3년 실천한다면 PDC 활동을 상황에 맞게 자연스럽게 적용할 것이다. 완벽하게 하려 하지 말고 완주하길 바란다.

Tip 5. PDC의 목적을 선명히 한다

PDC는 아이의 목적과 신념을 이끌어주는 방법을 알려준다. PDC를 공부하면서 아이들을 바라보는 관점에 대해 끊임없이 생각한다. PDC에서는 아이가 자신의 삶을 살 수 있도록 많은 활동을 제안한다. 하지만 목적을 학급을 통제하기 위한 도구로 삼을 경우 효과적이지 않다.

아이들은 좋은 반을 위해 모인 존재들이 아니다. 저마다의 성장을 위해서 모인 것이다. 개개인이 건강하지 않은데, 공동체가 건강하길 기대할 수 없다. 학생들을 통제하지 않고 이끌어주기 위해서임을 기억한다. (We control things and We lead people) 목적이 학생을 돕는 것이라면 성공과 실패는 없다. 효과적인 방법과 그렇지 않은 방법만 있을 뿐이다.

Tip 6. 비교하지 마라

우리는 끊임없이 비교한다. 우리 반과 옆 반을 비교하고 SNS 등을 통해 접하는 다른 학교의 교실과 비교한다. 비교하면서 남들보다 못한다고 느끼면 열등감을, 잘 한다고 느끼면 우월감을 느낀다. 열등감과 우월감을 반복해서 느끼는 것은 교사의 삶을 온전히 사는 것에 도움이 되지 않는다. 내가 좋은 교사인지 그렇지 않은 교사 인지 타인과 비교하지 말고, 내가 사용하는 방법이 효과적인지 아닌지, 학생들에게 도움이 되는지 아닌지에 대해 고민을 해야 한다. 그럼에도 우리는 옆 반 또는 SNS 의 다른 교사들과 비교를 하게 된다. 누가 시킨 것도 아닌데 말이다.

Tip 7. 절차를 신뢰하라

PDC는 30년 넘게 계속해서 실천하고 검증하고 발전해왔다. 상담사, 교사, 심리 학자들이 고민하고 만든 결과물이다. 그러기에 한 명이 자기 경험과 판단으로 하는 결정보다 신뢰할 가치가 있다. PDC를 실천하기로 마음을 먹었다면, 그 절차를 신 뢰하고 꾸준히 실천하길 바란다. PDC를 통해 학급의 변화는 물론 개인의 변화와 주위와의 관계도 더불어 성장하게 되는 선물을 받을 것이다.

Tip 8. '좋은 교사' 콤플렉스에서 벗어나라

PDC를 실천하며 아름다운 교실을 꿈꾼다. 하지만 아이들의 삶은 굉장히 역동적이다. 관계도 역동적이다. 남학생들은 힘을 원하고 여학생들은 관계를 원한다. 이런 역동적인 학급에서 학생들과 함께 지내는 시간이 항상 아름다울 수는 없다. 다시 말하지만, 좋은 교사가 필요한 이유는 아이의 변화를 돕기 위해서일 뿐이다. 좋은 교사 자체가 의미 있지는 않다.

자신이 좋은 교사인지 아닌지를 판단하는 것은 좋은 습관이 아니다. 내가 사용하는 방법들이 아이들에게 도움이 되는지 그렇지 않은지를 생각해야 한다. SNS에 올라오는 그림 같은 아이들의 모습은 많은 시간 중 그 교사가 기억하고 싶은 좋은 순간일 뿐이다. 그런 교실을 쫓지 말고 나의 과제를 충실히 하고 있는지를 되돌아본다. 내가 뿌리는 노력이 내 앞에서 꼭 결실을 맺는 것은 아니라는 것을 기억하며 나만의 길을 걸어가자.

Tip 9. 방법보다는 철학이 먼저다

2014년에 출판된 『학급긍정훈육법』은 PDC의 철학에 초점을 둔다. 2015년에 출판된 『학급긍정훈육법 활동편』은 철학을 구현하기 위한 활동들을 다룬다. 둘 중 무엇이 더 중요한지 묻는다면, 철학이 우선이라고 답하겠다. 아이를 보는 관점, 아이를 대하는 관점, 교사의 역할에 대한 관점이 우선이다. 활동과 기술은 그 철학을 구현하는 방법이다. 방법은 상황에 따라, 학생들에 따라 바꿀 수 있지만 철학은 양보할 수 없다. 그러니 활동에 매몰되지 말고 철학을 구현하기 위한 여행을 긴 호흡으로 즐겨야 한다.

어린 시절을 떠올려보면, 나는 상호존중의 방식으로 학교에서 교육을 받지 않았다. 상호존중의 방식인 PDC로 학생들을 만나야 한다는 것이 머리로는 좋은지 알지만, 힘든 아이들을 만날 때마다 우리 교실에서 정말 효과가 있을지 그리고 정말 힘든 아이에게 통할지 의심하게 된다. 그러면서 PDC를 실천하려는 내 신념도 함께 흔들린다.

PDC를 공동 개발한 린 로트는 PDC 심화 과정으로 격려상담(Encouragement Counseling)을 만들었다. 격려상담에 따르면 교사가 어린 시절에 해결하지 못했던 문제를 교실에서 마주하게 되면 그 문제를 과거의 자신의 문제로 받아들여 힘든 시간을 겪게 된다고 한다. 이미 어른이 되었지만, 해결하지 못했던 문제를 만나면 그때와 같은 방법으로 해결하려고 한다는 것이다. 즉 낙담한 상태에서 우리가 선택하는 방식은 나와 타인 그리고 세상에 대한 신념을 기반으로 이루어지기 때문에 신념이 바뀌지 않는 한 잘 바뀌지 않는다고 한다.

그래서 사실 PDC 과정도 내가 변화하는 데 많은 도움이 되었지만, 격려상담 과정은 나를 만나고 나를 사랑하는 데 많은 도움을 주었다. PDC에서 배운 기술을 나에게 적용했다. 학생들이 아닌 나에게 PDC를 적용하며 내 신념은 더 확고해졌다. 스스로에 대한 판단과 비난, 불만족, 비교를 멈추고 자기 자신을 따스하게 격려하며 나 자신과의 관계가 좋아졌다.

Tip 11. 운디드 힐러(Wounded Healer)

학급에 교사를 힘들게 하는 아이가 꼭 한 명씩은 있다. PDC 관점에서 보면, 소속감과 자존감을 잘못된 방식으로 찾으려는 아이이다. 그러나 이런 아이를 만나면

"저 아이에게 소속감을 주어야겠네"라고 생각하는 경우는 드물다. 오히려 빠른 시간에 불편한 행동을 멈추게 할 특단의 조치를 생각하게 한다.

하지만 기억해야 할 것은 우리를 힘들게 하는 많은 아이는 상처받은 아이이다. 이런 상처받은 아이들을 공감할 수 있는 사람은 바로 상처받은 사람일 것이다. 즉 상처받은 아이를 가장 잘 도울 수 있는 사람은 바로 상처받은 교사일 수 있다는 것이다. PDC 책을 찾거나 연수에 오는 많은 선생님에게서 나와 비슷한 상처를 느꼈고 그때마다 내 상처도 조금씩 아물어갔다. 너무도 깊은 상처에 PDC를 찾게 되었고, 그로부터 내 모습을 돌아보게 되었다. 빠른 시간에 아이의 행동을 변화시키는 방법을 선택하지 않고 시간이 걸리더라도 아이의 마음을 이해하고 장기적으로 효과가 있는 PDC를 선택한 내 선택을 지금까지 후회한 적 없다. 때론 성공하고 때론 실패한 PDC로의 여행 이야기를 책으로 정리하며 두 그루의 소나무가 떠올랐다.

그리고 나에게 묻는다.

"넌 어떤 소나무로 살고 싶은가?"
"어떤 모습으로 아이들 곁에 있고 싶은가?"

[PDC 지역 공부 모임]

지역	대상	모임 이름	연락처
서울	초등	서울초등 PDC 공부모임	simbbanggu@naver.com
인천	초등	행복씨앗 PDC 연구회	super68@ice.go.kr
	중등	친절하고 단호한 교사모임(친단모)	ohjonghwa2616@ice.go.kr
경기 화성	중등	마르스	mie2001@naver.com
경기 양평	초등	양평 PDC전문적 학습공동체(양피공)	silbia09@hanmail.net
경기 북부	중등	학급긍정훈육연구회	yokjo0126@korea.kr
충남	초중등	충남 PDC연구회	greeni630@hanmail.net
대전	초중등	PDC대전연구회	mir0824@hanmail.net
경북 구미	초등	구미PDC공부모임	swell7@hanmail.net
대구	초등	대구PDC공부모임	swell7@hanmail.net
울산	초등	울산PDC공부연구회	muse_sj@naver.com
광주	초중등	따뜻하게 함께 성장하는 모임(따함모)	dewy91@hanmail.net
부산	초등	부산PDC공부모임(소나행성)	adelide97@hanmail.net
제주	초등 초등특수	제주PDC공부모임	kerosi@hanmail.net